Dieter Buck

Genuss wandern

in Kärnten

Styria
VERLAG

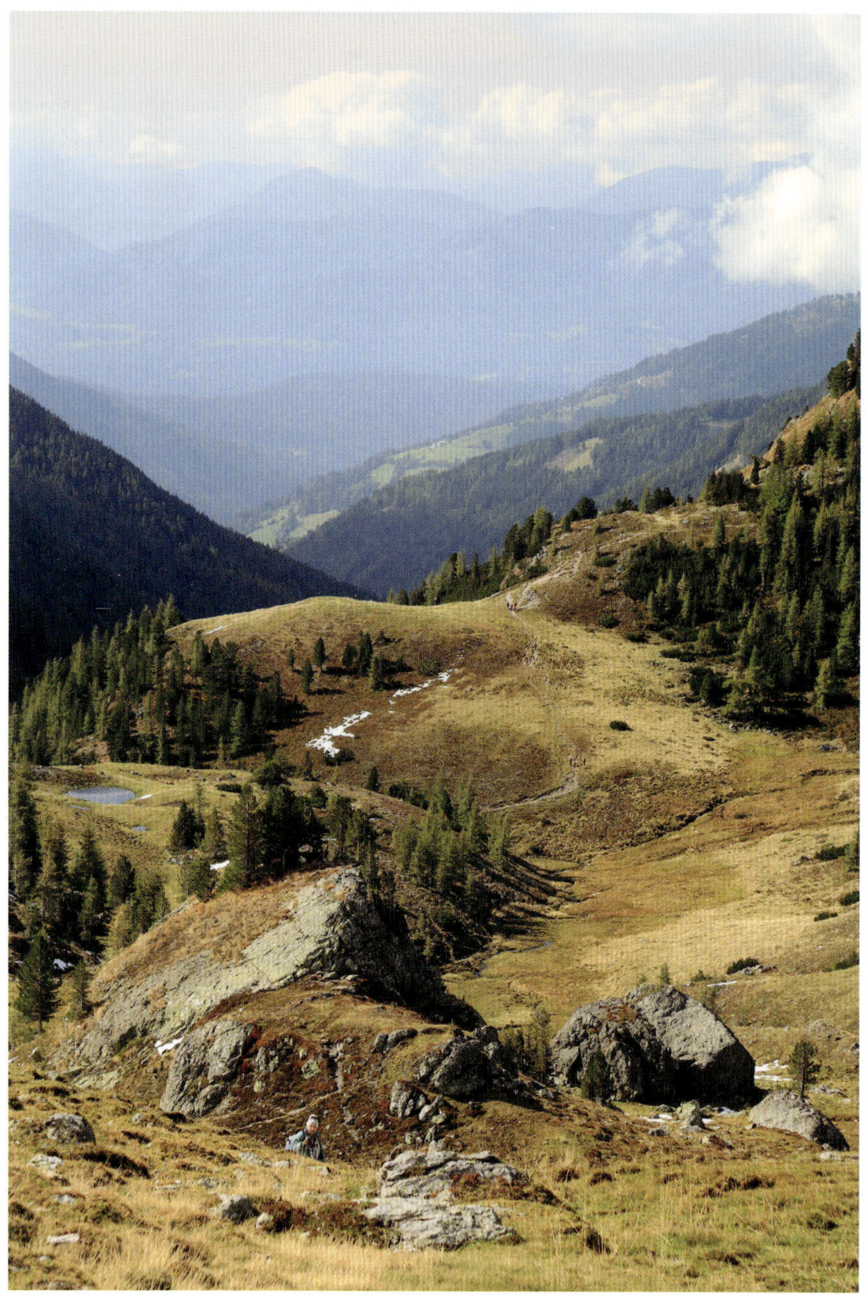

Typisch Nockberge: Gras- und Weideflächen wechseln sich ab mit Waldstücken. Und immer eine prächtige Fernsicht.

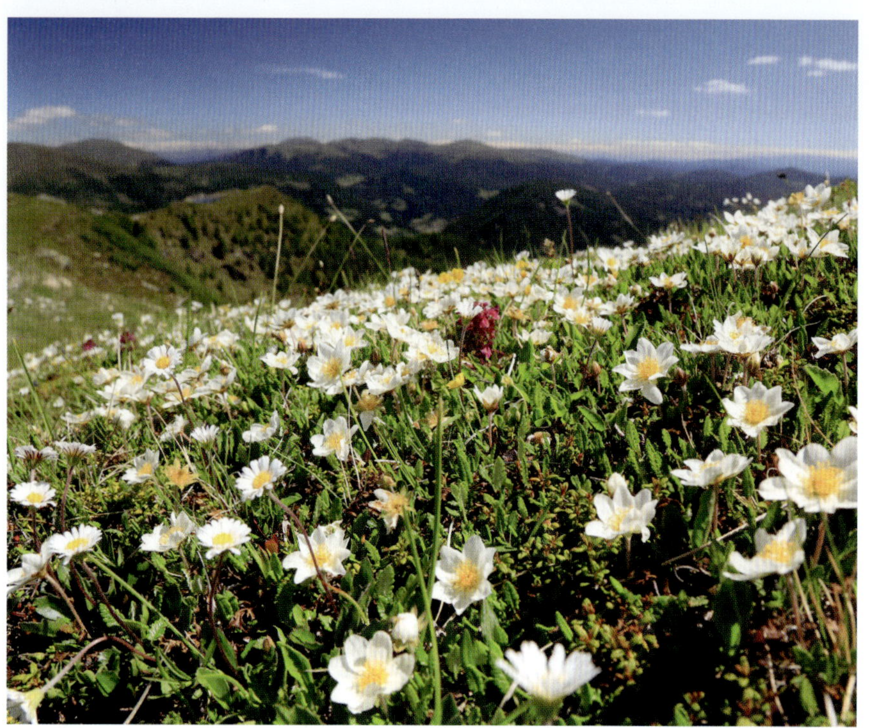

Frühsommerliche Pracht auf der Kaiserburg bei Bad Kleinkirchheim in den Nockbergen

Leicht, mittel oder schwer?
Die Schwierigkeitsgrade unserer Wanderungen

Die Wanderungen dieses Buches sind in die Schwierigkeitsgrade **leicht (weiß), mittel (hellblau) und schwer (dunkelblau)** eingeteilt. Dies sind natürlich subjektive Einschätzungen basierend auf der Erfahrung des Autors. Genusswanderungen sind ja, wie im Vorwort beschrieben, eher leichte, gemütliche Touren und keine hochalpinen, kräftezehrenden oder gefährliche Unternehmungen.

»Leichte« Touren sind eher kurz gestaltete Spaziergänge auf festen Wegen mit wenigen Höhenmetern.

Bei **»mittelschweren« Wanderungen** werden etwas mehr Höhenmeter gefordert, die Touren sind eine Spur länger und der Weg verläuft eher auf einem Naturweg.

»Schwere« Touren sind in diesem Buch jene mit den meisten Höhenmetern, mit mehreren Stunden Dauer und auf steilen, teilweise ausgesetzten Wegen. (In der allgemein bekannten alpinen Einordnung wären diese Wanderungen aber trotzdem eher als mittel deklariert worden.)

Orientierung ist wichtig
Mit den richtigen Karten unterwegs

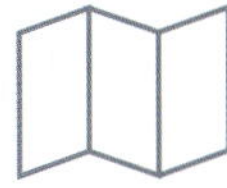

Die im Buch abgebildeten **Karten** bieten eine Grundorientierung auf der Tour. Wer umfassendere Informationen sucht, für den sind die gängigen Wanderkarten von Kompass oder Freytag & Berndt empfehlenswert (ideal in den Maßstäben 1:25.000 bis 1:50.000), zudem gibt es vereinzelt auch lokale Karten. Hinweise dazu finden Sie bei den Tourinfos.

Sehr nützlich sind auch **Apps für das Smartphone.** Hier sollten Sie darauf achten, dass Sie aus den jeweiligen Stores solche herunterladen, die auch offline funktionieren, also keine aktive Internetverbindung benötigen. Denn die ist im Wald, insbesondere weit weg von Siedlungen, in tiefen Schluchten, Tälern oder im Hochgebirge oft nicht vorhanden.

Tipp: Gut geeignet finde ich hierzu die kostenlosen Apps Maps.me und PhoneMaps, die recht zuverlässig anzeigen, wo man sich gerade befindet, wenn man mal die Orientierung verloren hat. Auch mit Komoot habe ich gute Erfahrungen gemacht.

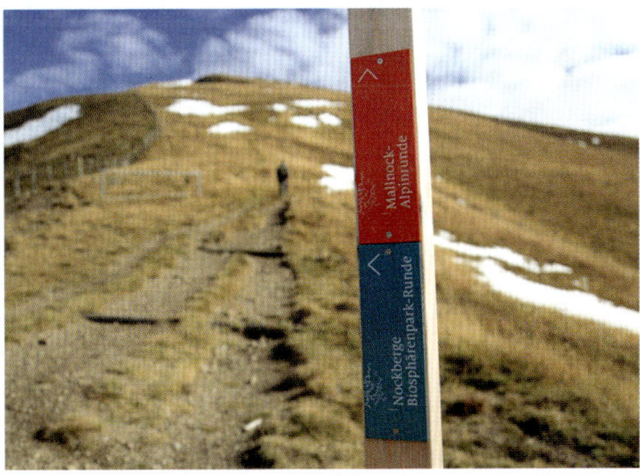

Auf frühsommerlicher Tour zum Mallnock

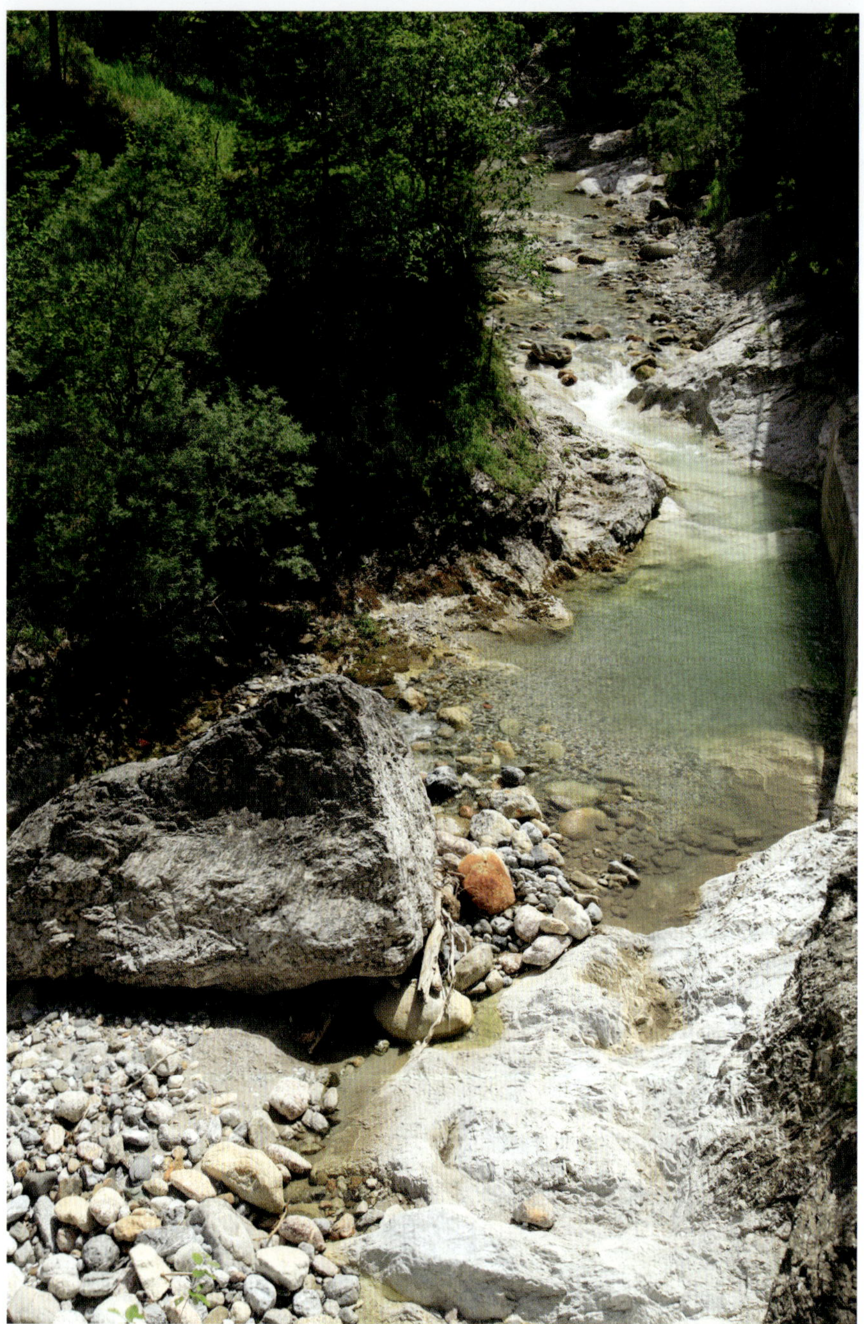

In der Trögener Klamm wechseln sich wilde mit eher lieblichen Abschnitten ab.

Liebe Leserinnen und Leser,

Kärnten ist ein wunderschönes Land. Es lockt seine Bewohner wie auch viele Urlauber mit seinen zahlreichen Seen, mit idyllischen Landschaften voller Wiesen, Wälder und Moore sowie mit einer herrlichen Bergwelt. Diese zauberhafte Landschaft will erkundet, erobert, sprich genussvoll erwandert werden.

»Genusswandern« ist das Motto dieses Buches und so finden Sie hier 50 genussvolle, manchmal beschauliche, manchmal etwas forderndere Wanderungen, die über ganz Kärnten verteilt sind. Diese führen aktive Genießer zu Seen und Wasserfällen, zu Burgruinen, durch flachere Landstriche und natürlich auch hinauf auf die Berge.
Eine Genusswanderung soll nicht allzu sehr anstrengen und nicht nur für geübte Alpinisten gedacht sein. Nein, Genusswanderungen sind im Großen und Ganzen gemütliche Wanderungen zwischen einer und maximal vier Stunden Gehdauer. Einige Touren verlaufen im Flachen, bei anderen sind die Anstiege moderat. Immer wieder liegt etwas Sehenswertes auf der Strecke, sei es nun eine Natursehenswürdigkeit wie ein Wasserfall oder eine kulturelle Sehenswürdigkeit wie eine Burgruine oder eine alte Kirche.

Die ausgewählten Wanderungen sind auch **für die ganze Familie** – von Kindern bis hin zur älteren Generation – geeignet. Gerade die Kleinen sind froh über Wanderziele, die Spannendes bieten, etwa Ruinen oder Wasserfälle. Ein Schwerpunkt des Buches ist daher das Thema »Wandern mit Kindern«. Das gleichnamige Kapitel bietet Anregungen zum Wandern mit allen fünf Sinnen und liefert praktische Ideen, welche Spiele man unterwegs spielen kann (Dinge sammeln, Geschichten erfinden, Pfadfinder spielen etc.). Mit dem Kneipp- und Mühlenwanderweg Kaning wird auch ein kindergeeigneter Lehrpfad erwandert. Die Wege sind größtenteils einfach und gut begehbar.

Ich wünsche Ihnen schöne, sonnige Wandertage bei Ihrer Genusswanderung in Kärnten und viele interessante Erlebnisse und Begegnungen!

Dieter Buck

Richtig wandern

»Ein einziger Tag auf hohem Berge bringt in das gewöhnliche Leben eine frohere und vielfältigere Abwechslung als die buntesten Vergnügungen im Thale.«

Peter Carl Thurwieser (1789–1865)

Der Mensch ist ein auf Bewegung ausgelegtes Wesen und schon der römische Schriftsteller Seneca wusste, dass es »schädlich für den Menschen ist, sich mit der Sänfte tragen zu lassen statt selbst zu gehen«. Wandern macht Spaß und ist nicht nur (wieder) modern, Wandern ist auch gesund. So haben Mediziner beobachtet, dass sich dabei die langsamen Hirnwellen verstärken. Das soll den Einfallsreichtum und die Konzentrationsfähigkeit verbessern. Auch sind die Natureindrücke im Gehirn beim Gehen am intensivsten.

Man kann zwar auch einfach loswandern, aber gerade wenn Sie sich im Gebirge bewegen, sollten Sie zur eigenen Sicherheit und der anderer gewisse Dinge beachten. Auch einen Einsatz der Bergrettung sollte man nicht durch eigene Unachtsamkeit »provozieren«.

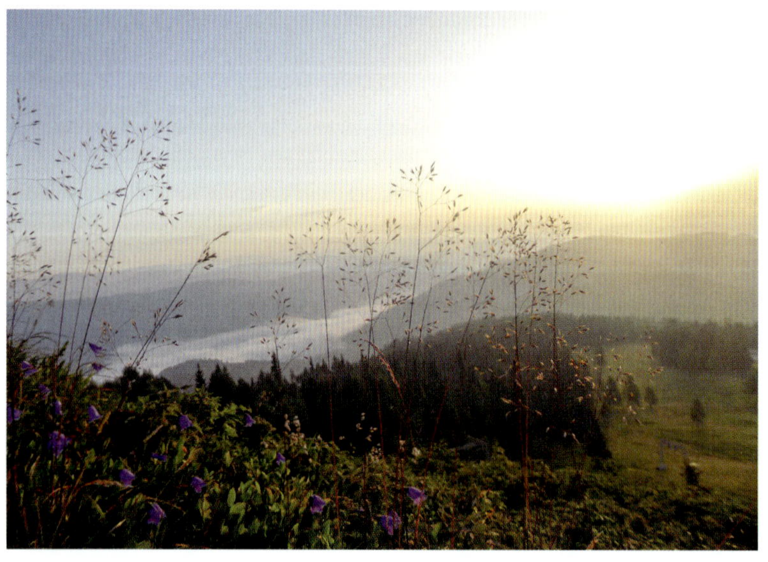

So wandern wir sicher

Gute Ausrüstung ist ein Muss (siehe Seite 12): Denken Sie bei der **Kleidung** daran, dass das Wetter im Gebirge schnell umschlägt, auch im Sommer kann Schnee fallen. Wer also an einem warmen Tag mit der kurzen Hose losgeht, sollte auf jeden Fall eine lange im Rucksack dabeihaben, ebenso Anorak, Pullover und Wollmütze. Bedenken Sie, dass in den Bergen die Temperatur pro 1000 Meter Höhenunterschied um 6 bis 10 °C sinkt. Die **Schuhe** sollten knöchelhoch sein und eine gute Gummiprofilsohle haben. Wichtig ist eine Kopfbedeckung bei Sonne, vor allem für Kinder!

Bereiten Sie Ihre Wanderung am besten anhand einer guten **Wanderkarte** vor (siehe Seite 7).

Der Schwächste und Langsamste einer Gruppe bestimmt das **Tempo.** Wenn Sie wenig geübte Wanderer sind, helfen Ihnen diese Richtwerte: Langsames Gehen in der ersten Viertelstunde wärmt am besten auf. Nach etwa zwei Stunden sollte man die erste Pause von etwa einer halben Stunde machen. Danach sollte wieder eine Einlaufphase folgen. Kurze Pausen (z. B. zum Fotografieren) sollten nur ein paar Minuten dauern, um den gleichmäßigen Gehrhythmus nicht zu unterbrechen.

Langsames Gehen von Anfang an ist in jedem Fall besser, als gleich loszurennen und dafür später schlapp zu machen. Die im Buch angegebenen Gehzeiten sind Richtzeiten. Für eigene Berechnungen sollten Sie im Aufstieg für 300 bis 400 Höhenmeter etwa eine Stunde rechnen, im Abstieg etwa 800 Höhenmeter; im Flachen schaffen die meisten etwa vier Kilometer in der Stunde.

Ganz grundsätzlich gilt die Regel: **Fit in die Berge gehen, nicht darauf hoffen, dass man in den Bergen fit wird.** Am Anfang eines Urlaubs beginnt man am besten mit kurzen, leichten Touren, um sich dann allmählich zu steigern. **Umkehren** ist keine Schande! Im Gegenteil, es zeugt von Verantwortungsbewusstsein und Entschlusskraft. Das kann notwendig sein, wenn das Wetter sich verschlechtert oder wenn man selbst oder ein anderer Teilnehmer (Kinder!) erschöpft ist.

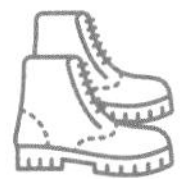

Ausrüstung

- Knöchelhohe **Bergschuhe** mit guter Gummiprofilsohle.
- Kleidung: Am besten **Funktionskleidung** nach dem Zwiebelprinzip. Ersatzkleidung mitnehmen.
- **Mütze** und **Handschuhe.**
- **Sonnenschutzmittel.**
- **Hut** gegen Sonne, Mütze gegen Kälteeinbruch.
- Evtl. **Höhenmesser** und **Kompass.**
- **Handy, Trillerpfeife.**
- Evtl. **Teleskopstöcke** (Vorsicht: Ständiges Gehen mit Stöcken schwächt das Gleichgewichtssystem).
- Geeignete **Wanderkarte.**
- **Essen und Trinken:** Nehmen Sie in jedem Fall ausreichend zu essen und vor allem zu trinken mit. Minimum (!) ist 1 Liter pro Tag und Person.
- **Rucksackapotheke** (Schmerzmittel, verschiedene Pflaster, Leukoplast, Bandagen, Dreieckstuch).
  Tipp: Sollte der Schuh am Fuß zu reiben beginnen, die Stelle sofort mit Leukoplast abkleben. Dadurch vermeidet man eine Blase, die ansonsten unweigerlich kommt.

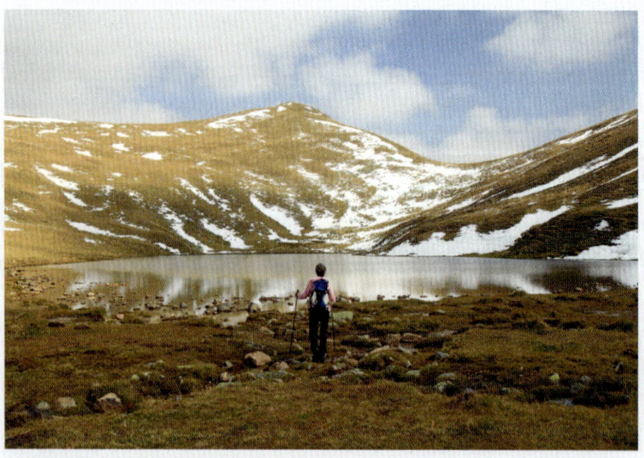

Am Friesenhalssee unterhalb des Königstuhls in den Nockbergen

Wege, Wetter und Orientierung

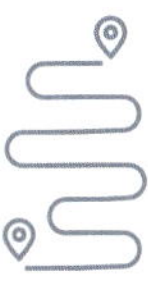

Hinterlassen Sie zu Hause oder in der Unterkunft eine Information, welches **Wanderziel** Sie haben. Seien Sie möglichst nicht alleine unterwegs und nehmen Sie **keine Abkürzungen.** Nicht nur, weil man dadurch die Natur schädigt – im Unglücksfall vermutet Sie auch niemand dort. Verbleiben Sie immer auf den **markierten Wanderwegen,** zur ungestörten Entfaltung der frei lebenden Tierwelt und zu Ihrer eigenen Sicherheit.

Haben Sie den **Weg verloren,** auf keinen Fall wild weitergehen! Am sichersten ist es, man geht zurück bis zur letzten Markierung.

In jedem Fall sollten Sie vor dem Aufbruch den **Wetterbericht** hören und während der Tour auf das **Wetter** achten, insbesondere wenn Gewittergefahr besteht!

Zum Schlimmsten, was einem im Gebirge passieren kann, gehören **Gewitter.** Sollte man in eines geraten: Gipfel, Grate, exponierte Punkte, Einzelbäume, Wasserrinnen, Drahtseilsicherungen und Geländer meiden. Kauernde oder sitzende Lage mit eng beieinanderstehenden Beinen einnehmen. Feststellen, ob das Gewitter näher

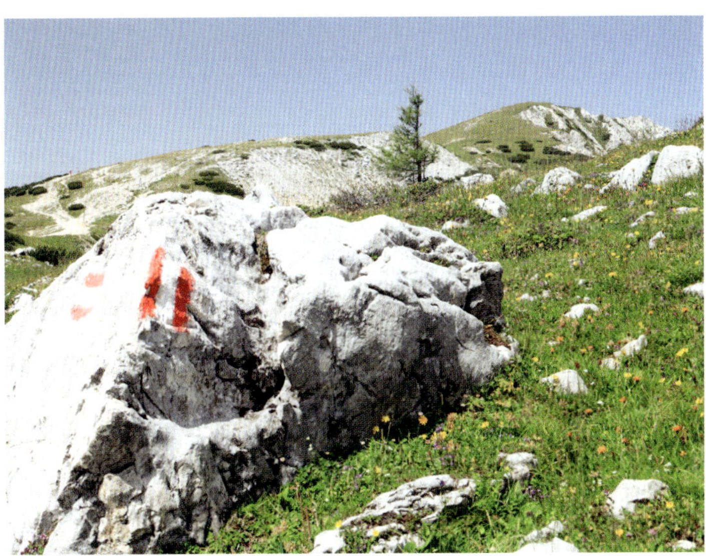

Die Wanderwege in den Bergen, wie hier am Hochobir, sind vorbildlich markiert.

kommt. Dazu die Sekunden zwischen Blitz und Donner zählen; der Schall legt etwa 330 Meter in der Sekunde zurück. Ein frühzeitiger Aufbruch, der gewährleistet, auch wieder früh zurück zu sein, vermeidet die Gewittergefahr zwar nicht vollständig, mindert sie aber gerade im Sommer. Ein weiterer Vorteil ist, dass man in der Kühle des Morgens aufsteigen kann.

Bei **Nebel** auf jeden Fall auf den markierten Wegen bleiben. Gegebenenfalls warten, bis der Nebel sich gelichtet hat.

Ein **Smartphone** verkürzt bei einem Unfall die Zeit für die Alarmierung der Rettungsdienste. Es schützt aber nicht vor Gefahren, Ungeübtheit oder Wetterunbill! Sie sollten also auch als Handybesitzer die üblichen Vorsichtsmaßnahmen walten lassen.

Eine Gefahr im Wald sind die immer drohenden **Waldbrände.** Durch die seit Jahren anhaltende Trockenheit sind die Wälder und das Unterholz sehr ausgetrocknet. Schon ein kleiner Funke kann einen Waldbrand auslösen.

Werfen Sie bitte **keine Abfälle** weg, insbesondere keine Dosen, deren Verschlusskappen oder Plastikabfälle. Es sieht nicht nur unschön aus, es können sich auch Tiere daran verletzen oder gar verenden.

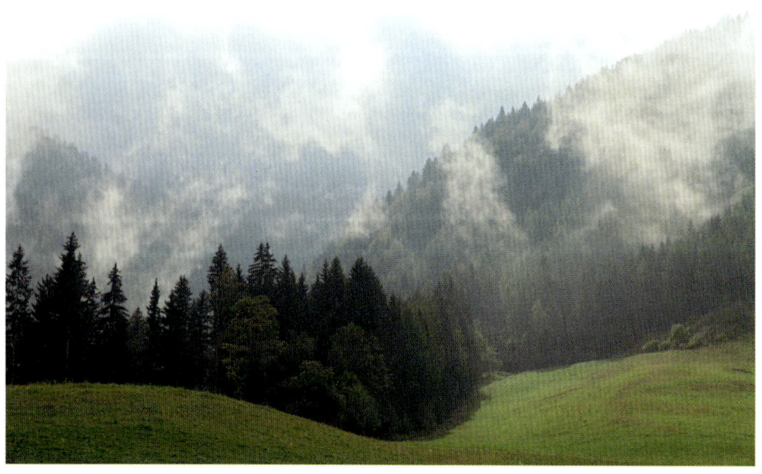

Wenn sich die Morgennebel lichten, ist das immer ein stimmungsvolles Bild. Hier am Kanzianiberg.

Für den Fall der Fälle

1. **Ruhe** bewahren!
2. Verletzten **bergen und sichern** (Achtung bei Gestürzten).
3. **Erste Hilfe** leisten.
4. Jemanden **um Hilfe schicken.** Verletzten aber nicht alleine lassen. Genauen Standort bestimmen.
5. Verletzten vor weiteren Schädigungen **schützen** (Kälte, Wind, Nässe, Sonne und Hitze).
6. Dem Verletzten, wenn möglich, **nichts zu essen oder zu trinken geben.** Vorsicht mit Medikamenten!

Notruf und Notsignal
Euro-Notruf: 112
Bergrettung bei alpinen Notfällen: 140
Tipp: Ist man gerade in einem Funkloch, nützt oft schon ein kleiner Standortwechsel.

Meldung mit den fünf »W«:
Wer meldet? (Rückrufnummer)
Was geschah?
Wo genau ist der Unfallort?
Wie viele Verletzte?
Welche Verletzungen?

Alpines Notsignal
Hör- oder sichtbares Zeichen/Rufen o. Ä., innerhalb einer Minute sechs Mal. Nach einer Minute Pause wiederholen. (Hier ist die Mitnahme einer Trillerpfeife von Nutzen.) Antwort: Drei Mal pro Minute.

Wandern mit Kindern

Besonders erlebnisreich ist es in der Natur mit Kindern und für Kinder. Damit es auch ein bleibend schönes Erlebnis wird, sollten Sie je nach **Alter Ihres Kindes** Folgendes beachten:

Bis 4 Jahre: Anfangs nimmt man die Kinder in der Rückentrage mit. Lange Spielpausen in ungefährlichem Gelände sind angesagt. Bedenken Sie, dass das Kind in der Trage nur wenig Bewegungsfreiheit hat und deshalb leicht friert. Außerdem überträgt sich jede Bewegung und jeder Stoß beim Schritt des Trägers auf den Kopf und den Hals des Kindes – und diese sind noch nicht so kräftig wie bei Älteren.

4 bis 6 Jahre: Nun kann man schon zwei bis vier Stunden unterwegs sein. Der Weg sollte gefahrlos begehbar sein (Stolperalter!), er selbst und das Ziel attraktiv. Planen Sie außerdem immer genügend Spielpausen ein!

6 bis 9 Jahre: Nun bewältigen die Kinder schon längere Touren in unterschiedlichem Gelände. Dass man ab und zu die Hände zum Gehen benötigt, erhöht die Spannung und Attraktivität.

9 bis 14 Jahre: Ab jetzt sollte man Kinder beim Heraussuchen des Ziels mitbestimmen lassen. Sie bewältigen schon ausgedehnte Touren – wenn sie wollen. Bedenken Sie, dass mit Beginn der Pubertät die Lust, mit den Eltern mitzuwandern, wohl eher dahin ist. Etwas hinauszögern kann man dies, wenn die Kinder Freunde mitnehmen dürfen oder man besondere Erlebnisse wie eine Hüttenübernachtung o. Ä. bieten kann.

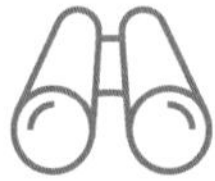

Damit es allen Spaß macht
Ein paar Familien-Wanderregeln ...

- **Der Weg ist Spielplatz!** Tiere, Blumen, Wurzeln und Steine sind Spielzeug. Daher an gefährlichen Stellen aufpassen, denn die Kinder selbst vergessen sich.
- Passen Sie die **Weglänge** der gewählten Wanderung an die Bedürfnisse der Kinder an (Dauer siehe Altersempfehlungen, mehr Abstieg als Aufstieg etc.).
- Ist Ihr Kind im **Stolperalter,** achten Sie bitte besonders gut auf seine Schritte. Gegebenenfalls können Sie es an eventuell heiklen Stellen mithilfe einer Reepschnur, einem Seil oder einem Brustgurt sichern.
- Machen Sie häufig **Pausen** und bieten Sie Essen und Trinken an. Ruhig das Lieblingsessen oder eine Leckerei mitnehmen als Belohnung!
- Viel zum **Trinken** mitzunehmen ist beim Wandern mit Kindern besonders wichtig. Nichts ist schlimmer, als wenn das Kind Durst leiden muss. An heißen Sommertagen bei einer mehrstündigen Tour mit Aufstieg ist 1 Liter zu wenig! Außerdem sollte das Getränk nicht zu süß sein und so womöglich noch mehr Durst machen. Säuerlich ist besser (z. B. einen Schuss Grapefruitsaft in einen verdünnten Apfelsaft o. Ä.).
- **Sonnenschutz,** also Kopfbedeckung und Sonnencreme, ggf. eine (gute!) Sonnenbrille sind noch wichtiger als bei Erwachsenen.
- Kommt man unterwegs an Wasser – Bächen, Tümpeln, Seen – vorbei, ist dies besonders schön. Dann muss aber auch Pause gemacht werden! Erfahrene Eltern haben **Ersatzkleidung** im Rucksack, schwer ist sie ja nicht.
- Wichtig sind **gute Schuhe,** die nicht zu klein (aber auch nicht viel zu groß) sein dürfen! Hier zu sparen wäre ein Verbrechen am kindlichen Fuß, den das Kind eventuell später noch büßen muss. Zudem erhöhen gute Schuhe die Trittsicherheit!
- Wichtig für Kinder ist ein **eigener Rucksack.** Da darf dann außer der Trinkflasche noch rein, was dem Kind wichtig ist: Teddy, Puppe, Auto etc. Achten Sie aber darauf, dass das Kind die Sachen auch selbst (bis zum Schluss!) tragen kann.
- Eine **Erste-Hilfe-Ausrüstung** sollte auch auf kurzen Wanderungen auf jeden Fall dabei sein (siehe Seite 12).

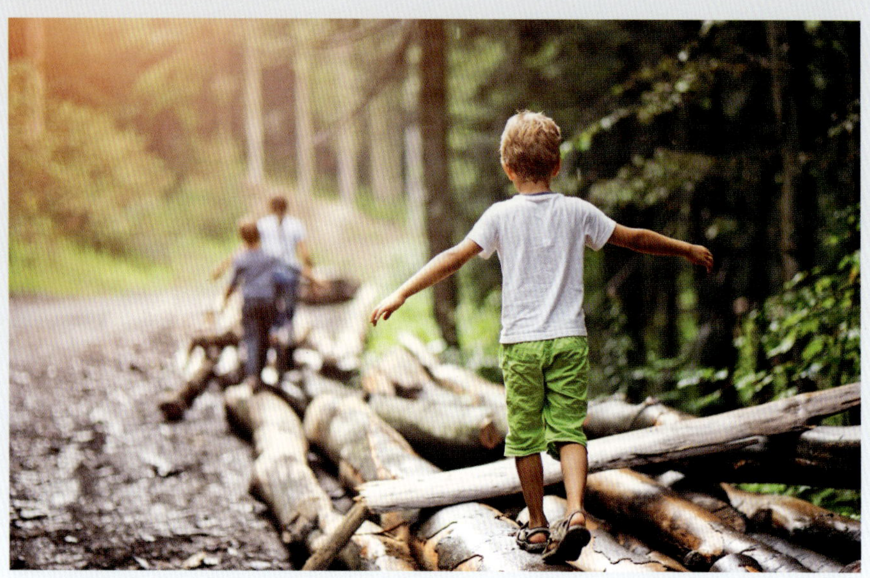

Wo Kinder am liebsten hingehen
5 spezielle Tipps

1. Zum **Gößnitzfall:** Spritzendes Wasser lockt jedes Kind. Vor allem ein so mächtiger Wasserfall. → Tour 1
2. Auf den **Mühlenwanderweg Kaning:** Viele interessante Stationen, auch für Kinder. Da man auf demselben Weg zurückgeht, kann man so weit gehen, wie Sie können oder Lust haben und die Tour jederzeit beenden. → Tour 17
3. **Bergabwanderung auf der Gerlitzen:** Mit der Bergbahn einfach hinauf, Aussicht genießen und einkehren. Danach auf leichten Wegen bergab. → Tour 31
4. Durch die **Trögener Klamm:** Einfacher Weg, auch kinderwagengeeignet, durch eine wilde Klamm. Man kann an verschiedenen Stellen parken und kann die Tour in der Länge beliebig variieren. Zudem kann man an verschiedenen Stellen ans Wasser gelangen. Allerdings muss man mit etwas Autoverkehr rechnen. → Tour 45
5. Zum **Egelsee:** Einfache Wanderung. Im Wald und am See finden Kinder immer etwas Interessantes. Zudem gibt es einen Badeplatz am See. → Tour 29

Wandern mit allen Sinnen
Erleben, Staunen und Entdecken

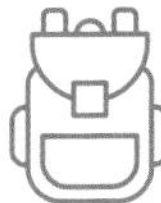

Wenn Sie diese Tipps beim Familienwandern berücksichtigen, ist meist schon viel gewonnen. Aber was tun, wenn die Laune bei den Kleinen schlechter wird? Der Weg ist lang, die Sonne brennt heiß, der Durst trotz einer Flasche Lieblingsgetränk unstillbar und die Langeweile unsäglich groß ... Was nun?

Dann helfen meiner Erfahrung nach die folgenden Anregungen, wie man den Nachwuchs beschäftigen kann. Außerdem ist diese »Neuerfahrung der Sinne« auch für Erwachsene interessant. Vielleicht packen Sie ja auch schon vorab ein Bestimmungsbuch für Pflanzen oder Tiere ein?

SEHEN – RIECHEN – HÖREN – FÜHLEN – SCHMECKEN

Was kannst du alles sehen, riechen, hören, tasten, schmecken?

Welche kleinen »Dinge« **seht** ihr am Wegesrand: Blätter, Beeren, Tiere (Käfer, Ameisen, Schnecken, Wassertiere in Pfützen)? Beobachtet die kleinen Tiere und verfolgt ihren Weg (aber nicht quälen oder ärgern!). Wer entdeckt am meisten?

Was **riecht** ihr alles? Wie riecht es? Feuchte Erde, Laub nach Regen, Blumen, Nadelbäume, Gras ... Woran erinnert euch der Duft? Wem fallen die meisten ähnlichen Düfte ein?

Hört mal! Was kann man alles hören, wenn man ganz still ist? Vogelstimmen (wer weiß, welche Vögel?), Blätterrauschen, Froschgequake, Grillengezirpe, Gespräche, Glockenläuten oder Verkehrslärm aus dem Tal, Rascheln von Mäusen oder Käfern ...

Schließt die Augen und **fühlt** die Oberfläche verschiedener Bäume. Tastet Steine ab oder die Oberfläche eines Blattes, Erde, Sand ...

Versucht, ganz bewusst den Geschmack des Essens unterwegs zu erfahren: Wie **schmeckt** das Brot, die Wurst, der Apfel? Vielleicht findet ihr Beeren, Bucheckern o. Ä. Was ist sauer, süß, fruchtig, nussig, trocken, feucht ...? (Achtung: Nur kosten, was man tatsächlich kennt!)

Spielideen – nicht nur für Kinder

Raten: Versucht, mit verbundenen Augen einen Gegenstand zu erkennen. Einfach: wenn man ihn abtasten darf. Schwer: wenn man ihn nur durch Fragen erraten darf. Anstatt die Augen zu verbinden, kann man den Gegenstand auch in einen Rucksack stecken und dort abtasten.

Sammeln: Nehmt (kleine) Dinge mit, die ihr gefunden habt, um daraus ein Bild oder gar ein Urlaubs- oder Freizeittagebuch zu gestalten. Blätter, Ästchen, Steinchen, verschiedene Gräser, verschiedenfarbige Erde ...

»Werkzeug« mitnehmen: Schaut, dass ihr immer etwas dabeihabt, um damit zu basteln. Ein Taschenmesser haben vermutlich die Eltern im Rucksack. Aber auch Schnur, etwas Draht, einen kleinen Block, Bleistifte, Buntstifte u. Ä. kann man immer gebrauchen. Packt außerdem für die Dinge, die ihr sammelt, Plastikbeutel oder kleine Schachteln ein.

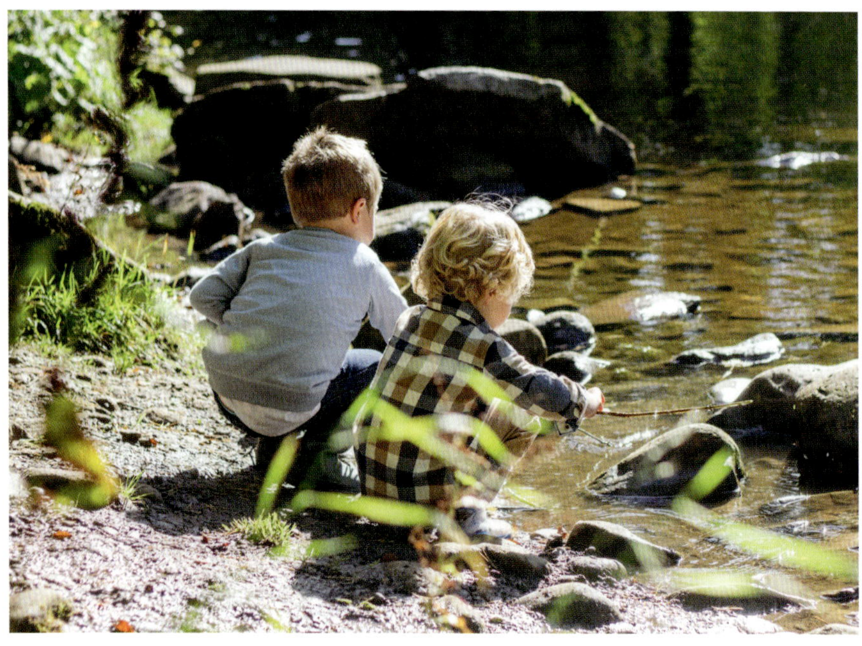

Spielzeug mitnehmen: Eure Lieblingspuppe oder euren Lieblingsteddy habt ihr vielleicht ohnehin im Rucksack. Aber nehmt auch kleine Spielfiguren mit (»Lego«, »Playmobil« u. Ä.). Es gibt überall Gelegenheit, mit ihnen Abenteuer zu erleben. Man kann für sie kleine Häuschen bauen, sie im Bach schwimmen lassen, ihnen Rindenboote bauen oder spannende Geschichten ausdenken.

Geschichten erfinden: Lasst ihr euch gerne Geschichten erzählen? Erfindet doch selbst eine! Jeder, der mitwandert, darf seinen Beitrag dazu leisten. Denkt euch einen kleinen Jungen oder ein Mädchen, so alt wie ihr, der/das durch den Wald oder die Berge wandert. Welche Abenteuer erlebt dieses Kind mit Zwergen, Tieren oder Ungeheuern? Bezieht das, was ihr unterwegs seht, mit ein: Hütten, Bäume, Felsen, Tiere.

Balancieren: Versucht, das Gleichgewicht zu halten! Balanciert auf großen Ästen, einem einzelnen Baumstamm (nicht einem Stoß von Baumstämmen!), Steinen oder Felsen (Vorsicht am Abgrund!) oder hüpft auf einem Bein ...

Pfadfinder spielen: Lasst euch von den Eltern die Wanderkarte geben und führt sie. Schaut zuerst, ob ihr findet, wo ihr gerade steht. Könnt ihr die Umgebung bestimmen? Sieht man auf der Karte die nächste Kurve, die nächste Wegkreuzung, den nächsten Fels, die Hütten unterwegs? Lasst aber auch die Eltern unterwegs ab und zu in die Karte schauen. Sie sind schließlich auch neugierig!

Bäume, Blumen und Tiere bestimmen: Nach dem Motto »Man sieht nur, was man weiß« macht es gerade auch größeren Kindern Freude, wenn wir das, was wir um uns herum sehen, erkennen und bestimmen können: Bäume, Blumen, Tiere. Neben vielen Büchern – fragen Sie am besten Ihren Buchhändler – gibt es auch hierzu zahlreiche Apps. Zur Bestimmung von Vögeln werden auch Bücher angeboten, bei denen man mittels einer zugehörigen App Vogelstimmen hören und somit eine Einordnung treffen kann.

Tipp: Erfreuen Sie sich an der reichhaltigen Flora und fotografieren Sie nach Herzenslust, aber lassen Sie die Pflanzen stehen.

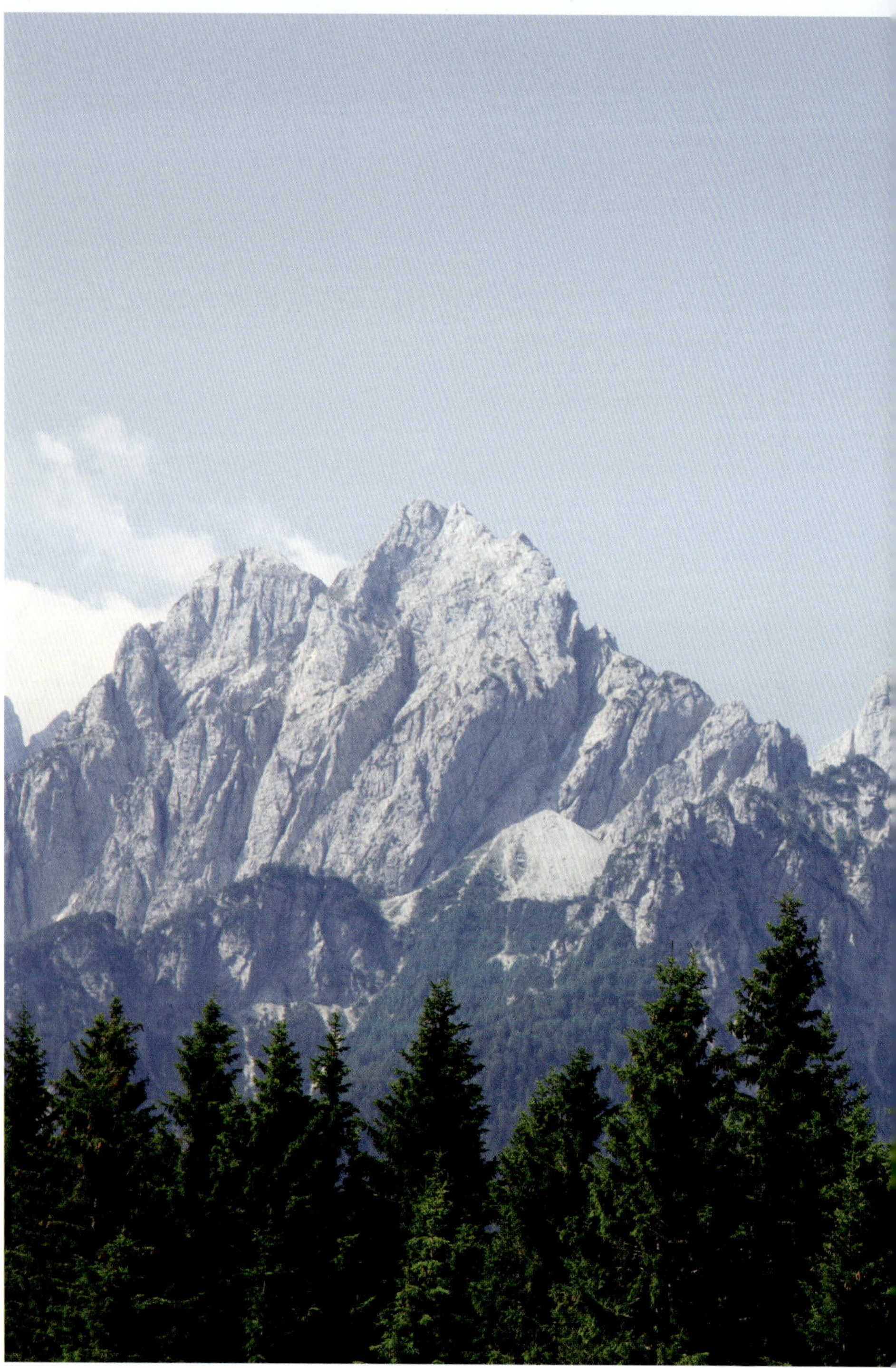

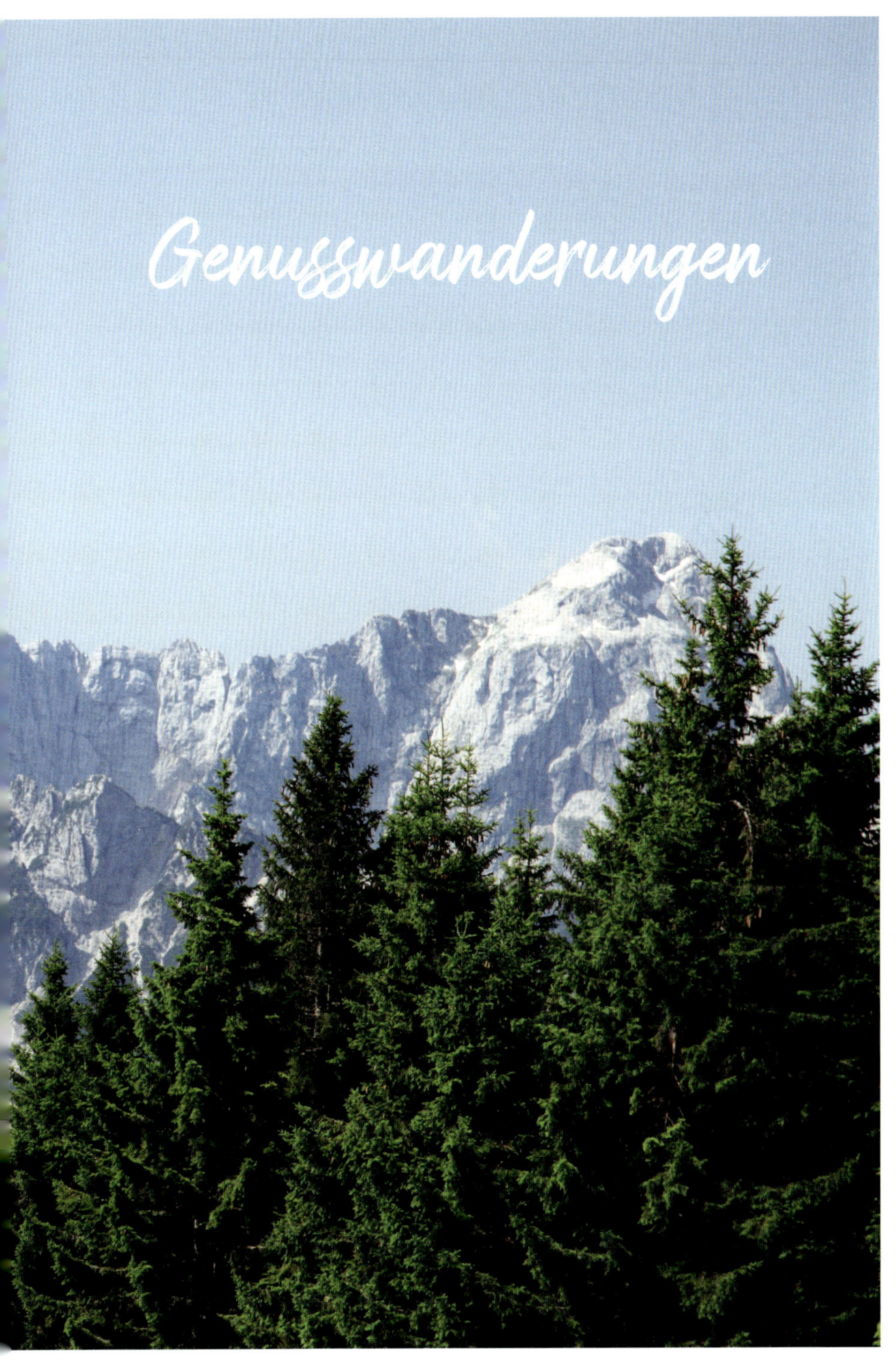
Genusswanderungen

1

Der Gößnitzfall

Da bleibt nichts trocken

Heiligenblut ist ja vor allem als Großglocknerdorf und Bergsteigerdorf bekannt – und jeder, der sich für die österreichischen Alpen interessiert, hat sicher schon einmal das Bild der Kirche vor dem Großglockner gesehen. Heiligenblut bietet aber nicht nur Alpinisten etwas, auch für Freunde moderaterer Unternehmungen gibt es hier vielfältige Möglichkeiten, die Bergwelt kennenzulernen. Eine Wanderung in das Gößnitztal ist eine davon.

Auf einen Blick

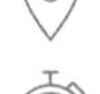

Heiligenblut

etwa 1–2 Stunden

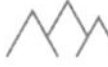

etwa 100 hm

freytag & berndt WK 181 Kals - Heiligenblut - Matrei

(i) Es gibt auch unten im Mölltal noch Parkmöglichkeiten. Der Wegverlauf ist aus der Wanderkarte nicht eindeutig erkennbar.

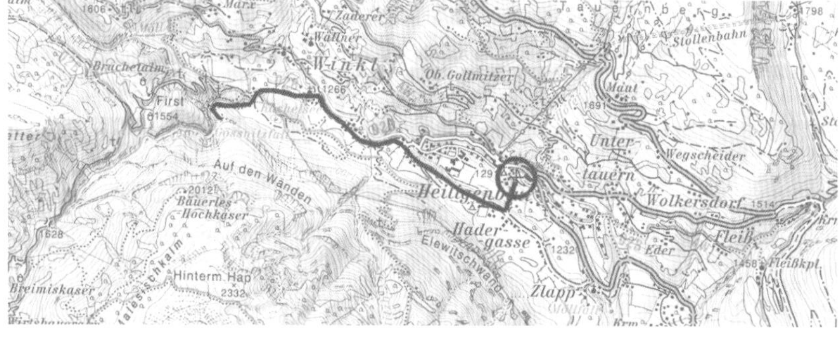

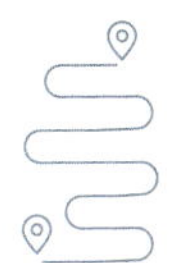

Wegverlauf

Vor der Kirche steigen wir im Zickzack hinab zur Möll, überqueren sie und halten uns dahinter rechts (Richtung »Hof«). Wir spazieren nun am Campingplatz und am Bauhof vorbei in Richtung »Winkl«. Kurz nach dem Bauhof kommen wir zu einem Parkplatz, hier biegen wir mit dem Schild »Gößnitzfall/Trogalm« bzw. Weg 3 und 7 nach links ab.

Nun geht es im Wald auf einem Pfad weiter. Einmal zweigt der markierte Weg rechts ab. Gleich darauf müssen wir uns aber links halten. Mit leichtem Auf und Ab und vorbei am Kachlmoor, einem bei Amphibien beliebten Laichplatz, kommen wir zum Gößnitzbach und zum Parkplatz Zasch.

INFO

Das als Sonderschutzgebiet ausgewiesene **Kachlmoor** ging aus einem heute verlandeten See hervor. Ein Lehrpfad führt zu einem Feuchtbiotop, einem Bergsturzgebiet mit Grauerlen und Fichten und zur Schluchtvegetation

Hier halten wir uns links und steigen, der Beschilderung folgend, in 10 Minuten auf zum »Aussichtspunkt Gößnitzfall«.

Zurück gehen wir denselben Weg.

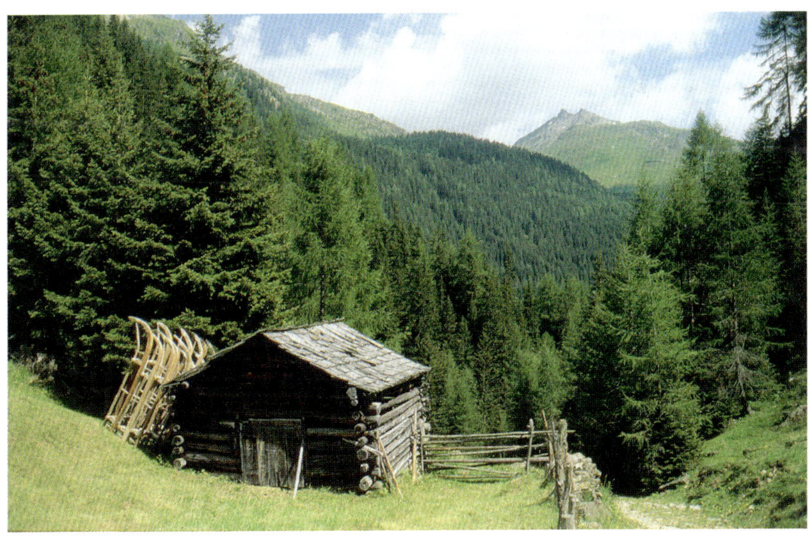

Heuschober erhöhen meist die Idylle der Landschaft.

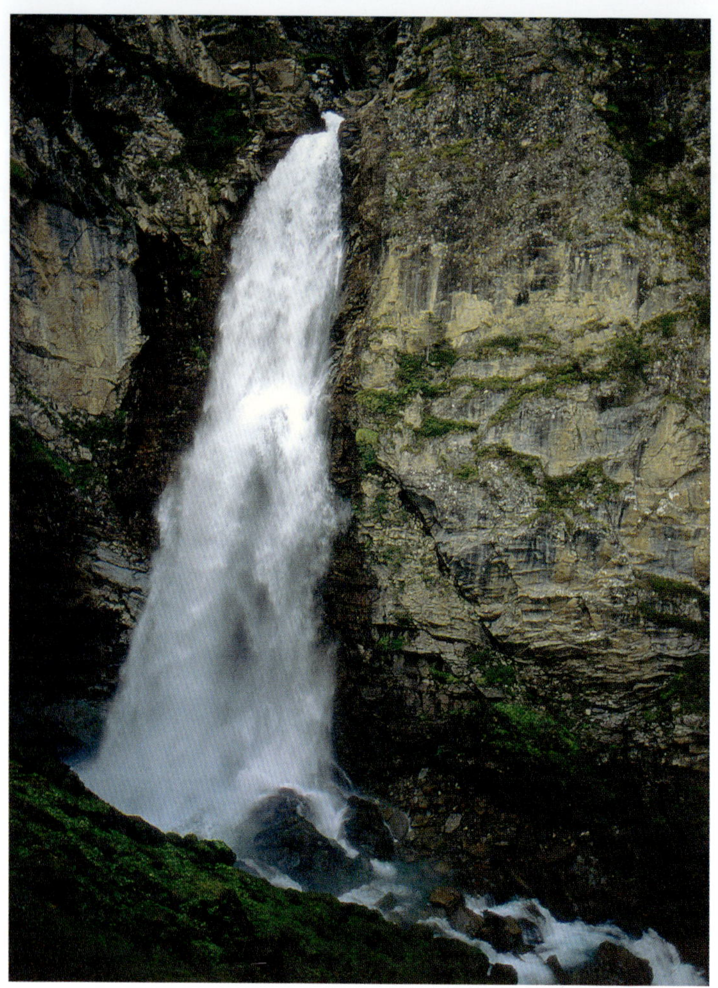

Der Gößnitzfall zählt zu den mächtigsten Wasserfällen im Land.

INFO

Das **Gößnitztal**, ein typisches, glazial geformtes Hängetal, mündet mit einer Steilstufe von rund 300 Höhenmetern in das obere Mölltal. Es ist besonders wasserreich, und so ist auch der Gößnitzfall ein mächtiger, breiter und starker Wasserfall, versteckt hinter einem felsigen Vorsprung. Er hat ein 39 Quadratkilometer großes Einzugsgebiet und kommt aus den Nordostflanken des Roten Knopfs (3281 m) in der Schobergruppe. Auf seinem Weg bis zum Fall nimmt der Bach noch 25 Gletscher- und Bergbäche auf.

Zum Kegelsee

Zurück auf einem Panoramaweg

Wir wandern durch eine herrliche Berglandschaft zu einem schönen Bergsee. Die Tour ist kurz, einfach und nicht allzu anstrengend – ein herrlicher Ausflug also für die ganze Familie! Der Aufstieg führt durch einen prächtigen Wald und über schöne Almwiesen mit herrlicher Aussicht. Der See in seinem Kessel dient zwar heute als Stausee, ist aber immer noch ein prächtiger Gebirgssee. Der Rückweg auf dem Panoramaweg ist noch aussichtsreicher als der Anstiegsweg und der Abstieg durch das Große Zirknitztal ein Erlebnis für sich. Es erweckt mit seinen Schuttmassen im Talschluss, den riesigen Felsbrocken in den Wiesen und dem mächtig rauschenden Bergbach den Eindruck von urweltartiger Einsamkeit und seltener Ursprünglichkeit.

Auf einen Blick

Döllach (Großkirchheim)

etwa 4 Stunden, je nach gewählter Variante

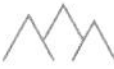

etwa 600 hm

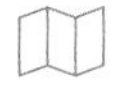

freytag & berndt, WK 181 Kals - Heiligenblut - Matrei

Man geht auf Pfaden bzw. einer kleinen Fahrstraße. Wer noch Kraft hat, kann zum Eckkopf (schwer, 2868 m) aufsteigen.

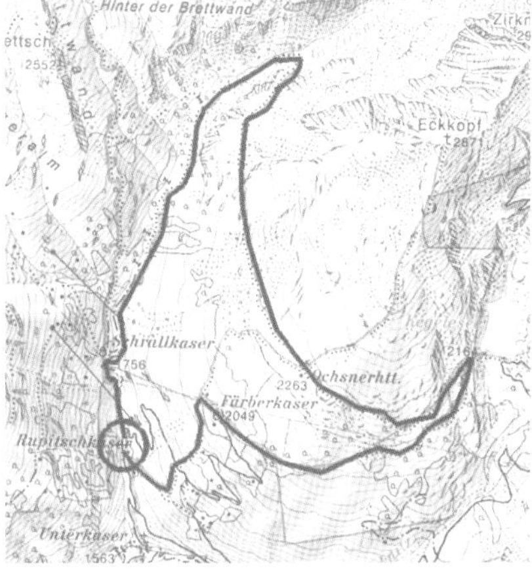

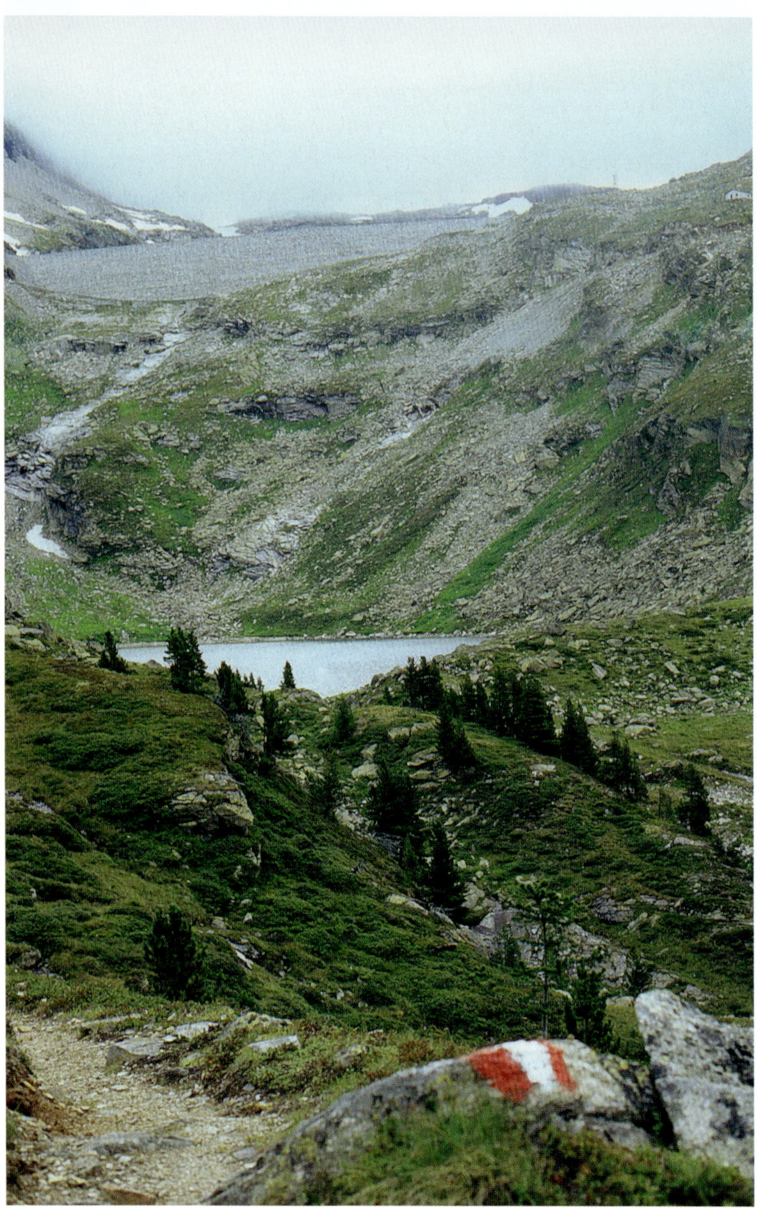

Der Kegelsee ist zwar aufgestaut, aber trotzdem ein prächtiger Gebirgssee.

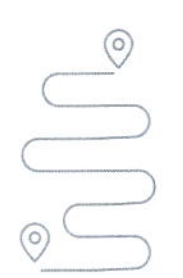

Wegverlauf

Wir fahren am nördlichen Ortsende von Döllach auf der schmalen Straße in Richtung »Zirknitz«. Sie führt steil hinauf zu den paar Gehöften von Zirknitz, von wo wir einen prächtigen Blick zu den Wasserfällen Neun Brunnen haben. Nach den Anwesen halten wir uns an das Schild »Fahrweg Zirknitztäler« und folgen ihm bis zum Parkplatz. Kurz vorher sehen wir, dass nach rechts eine (gesperrte) kleine Straße zum Kegelsee abgeht.

Nun haben wir verschiedene Möglichkeiten. Am einfachsten ist es sicherlich, diese kurz vor dem Parkplatz rechts abzweigende Straße zu nehmen. Empfehlenswerter aber ist ein Aufstieg, beginnend etwas unterhalb des Parkplatzes, steil hoch durch einen schönen Bergwald mit Kiefern und Lärchen, in einer Stunde zur Färberkaser (2036 m). Hat man Kinder dabei, sollte man sie mit guten Worten dieses Steilstück hinauflocken, denn danach verläuft die Wanderung fast eben!

Über mit Alpenrosen und Heidelbeeren dicht bewachsene Almwiesen, durch Steinlabyrinthe und mit schönem Blick zum gegenüberliegenden Wasserfall geht es nun in einer weiteren Stunde relativ eben zum Kegelsee (2174 m).

Zurückgehen könnte man dann auf der Fahrstraße. Schöner ist es aber, man biegt da, wo der Steig zum See steil abfällt, links ab in Richtung »Zahltisch«. Es steigt zwar noch etwas an, dann geht es aber abwärts über die auch Ochsnerhütte genannte – unbewirtschaftete – Eckhütte (2263 m) zum Zahltisch (2114 m) am Ende des Großen Zirknitztales und von hier aus entlang der Großen Zirknitz zurück.

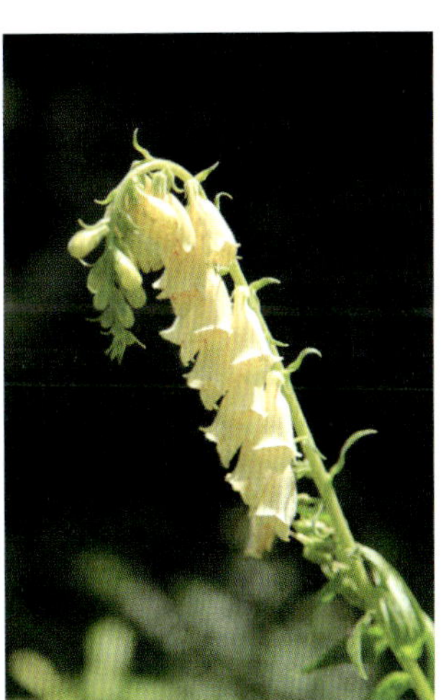

Fingerhut

INFO

Der **Zahltisch**, ein Felsen, heißt so, weil hier früher die Goldgräber bezahlt wurden.

3

Entlang der Kölnbreinsperre zur Osnabrücker Hütte

Am Ende des Maltatals

Ein Erlebnis für sich allein ist schon die Fahrt auf der Maltatal-Hochalmstraße zum Kölnbreinspeicher. Obwohl die Wasserfälle im Maltatal nicht mehr das sind, was sie einmal waren, bleiben immer noch genügend sehenswerte übrig. Ein bequemer Spaziergang führt entlang des Speicherbeckens zur Osnabrücker Hütte. Ungefähr in der Mitte des Speicherbeckens kommt von rechts der mächtig rauschende Kleinelendbach und stürzt sich hinab in das Becken. Am Ende des Sees wandern wir durch das »Große Elend« zur Osnabrücker Hütte.

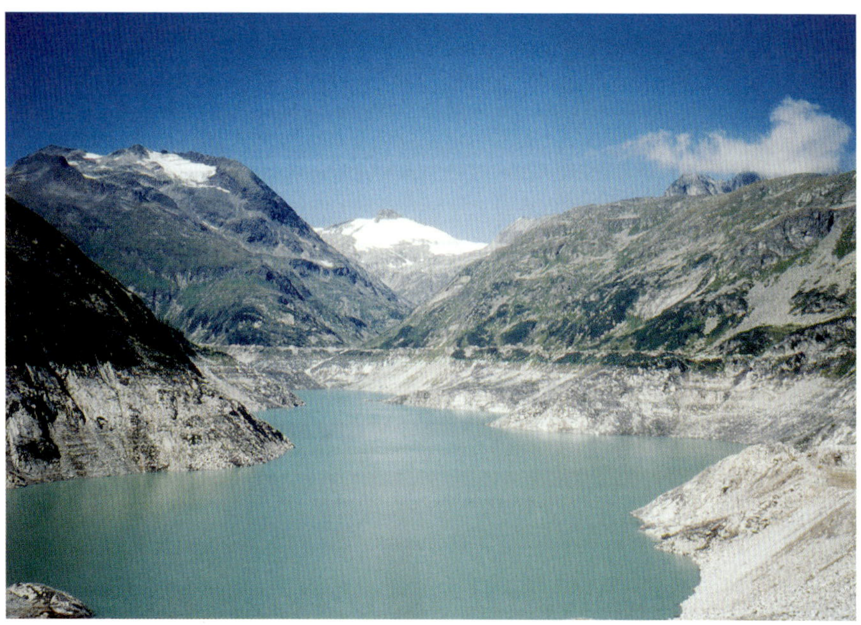

Die Kölnbreinsperre liegt in einer prächtigen Hochgebirgsnatur.

Auf einen Blick

Sporthotel Maltatal (1920 m), am Ende der Maltatal-Hochalmstraße (vom Liesertal über Gmünd und Malta)

etwa 4 Stunden

etwa 100 hm

freytag & berndt WK 191 Gasteiner Tal - Wagrain - Großarltal

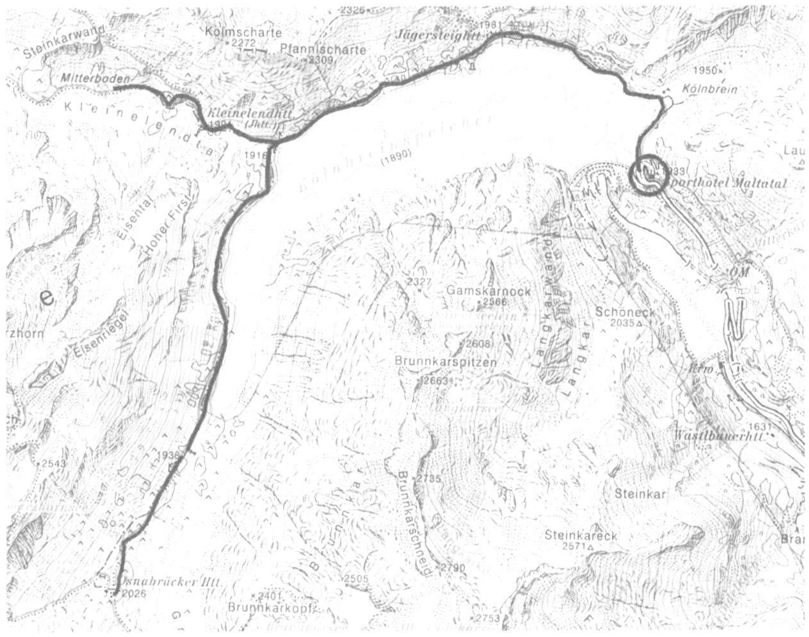

Wegverlauf

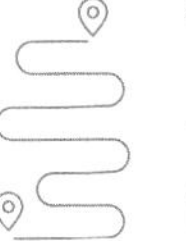

Wir wandern entlang des Speicherbeckens auf einem breiten Weg, immer mit leichtem Auf und Ab zur Osnabrücker Hütte. Der Weg kann nicht verfehlt werden. Zurück benutzen wir denselben Weg. Wer will, kann etwa in der Mitte weglos ein Stück ins idyllische Kleinelendtal hineinwandern, solange man Lust hat, dann aber wieder zum Speichersee zurückkehren. Am Talschluss hat man einen schönen Blick auf den Gletscher.

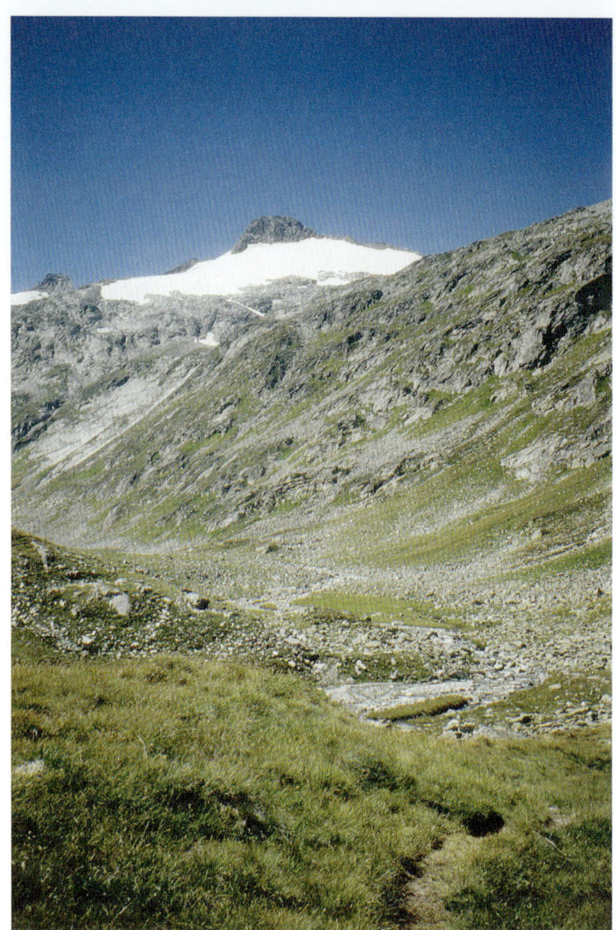

Das Kleinelendtal ist ein einsames Hochgebirgstal.

INFO

Der **Kölnbreinspeicher** ist die höchste Talsperre Österreichs. Erste Pläne für dieses riesige Speicherbecken in der Sameralm (dieser Name kommt von den Samern, den Säumern aus dem Verkehr über die Tauern) gehen bis in die 1960er-Jahre zurück. Ausschlaggebend waren die Vergletscherung und die wettergünstige Lage, sodass 1971 mit dem Bau begonnen wurde. Die 200 Meter hohe Staumauer weist an der Basis eine Stärke von 41 Metern auf, an der Krone ist sie 8 Meter breit und liegt 1902 Meter über dem Meeresspiegel.

Durchs Seebachtal

Vorbei am Stappitzer See

Eines der romantischsten Täler der Alpen – und dazu noch völlig einfach zu erreichen und zu durchwandern – ist das Seebachtal bei Mallnitz. Zu ihm schrieb der Philosoph und Dichter Herbert Strutz: »Umstrickt von der glockendurchtönten Ruhe und vom Duft blumenreicher Matten, sowie verzaubert von der Erhabenheit der Landschaft, deren Schönheit das Idyllische der Almgründe mit dem Gigantischen der nahen, gletschergepanzerten Berge zusammenfasst, kann man hier wirklich für Augenblicke der Welt abhanden kommen und sich von aller Last des Erdendaseins befreit fühlen.«

Auf einen Blick

- Mallnitz, Talstation der Ankogelbahn
- etwa 3–4 Stunden
- etwa 100 hm
- freytag & berndt WK 191 Gasteiner Tal - Wagrain - Großarltal
- Einfacher Weg, sehr schön und interessant für **Kinder**

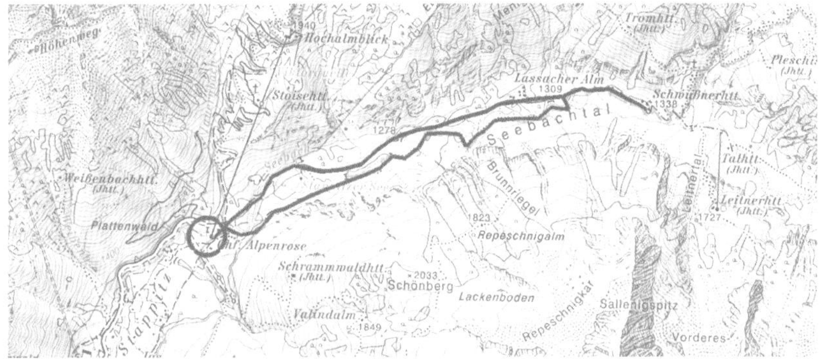

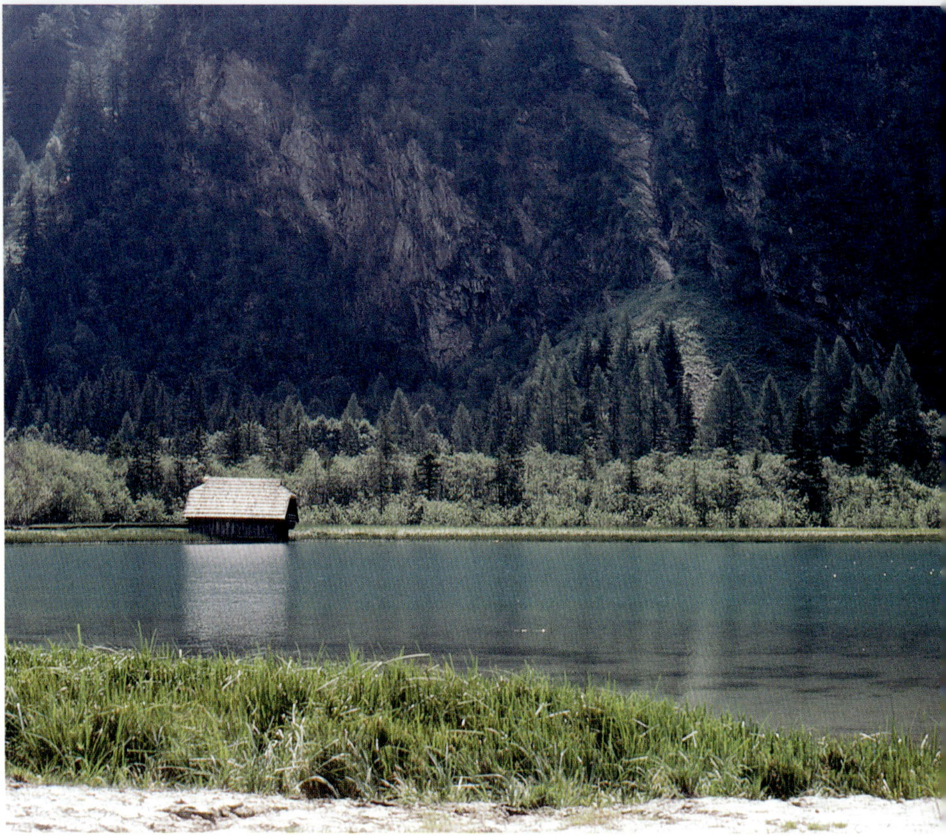

Idylle am Stappitzer See

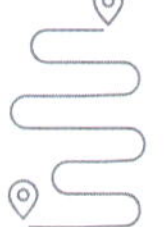

Wegverlauf

Der Weg kann nicht verfehlt werden: Wir spazieren auf dem breiten Almweg erst zum Stappitzer See, dann immer weiter bis zur Schwußnerhütte (1330 m). Unterwegs sehen wir beeindruckende Wasserfälle – der mächtigste ist der Trombach-Wasserfall –, die romantisch verfallenden Lassacher Hütten und einige der 18 Stationen des interessanten Lehrpfades. Außerdem befinden wir uns in herrlichster Hochgebirgsumgebung.

Beim Rückweg biegen wir kurz nach der Hütte nach links ab und kommen über die Lehrpfadstationen Stelzwurzler, Eisloch (vielleicht die interessanteste) und Betender Wald wieder zurück zum See und zum Ausgangspunkt.

INFO

Das zehn Kilometer lange **Seebachtal** ist ein typisches, in den Eiszeiten ausgeschliffenes Trogtal und besitzt Lawinenkegel, einen mäandrierenden Bach, Flussaltarme, Schotteralluvionen, Pflanzen, die aus dem alpinen Bereich sowie aus Tieflagen stammen, sowie seltene Tiere. Von den Wasserfällen ist der Trombach-Wasserfall der beeindruckendste.

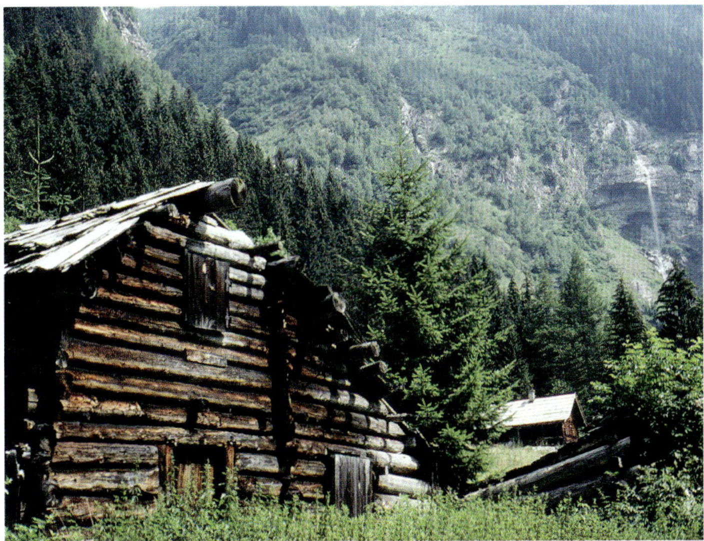

Verfallende Hütte im Seebachtal

INFO

Der Name **Stappitzer See** kommt vom slawischen stapice (= Stufe), womit wohl der gesamte obere Boden um Mallnitz gemeint war. Eine Sage erzählt von einem »Hasenei« in seiner Tiefe, aus dem ein Lindwurm ausgebrütet worden sei. Später sei das Tier sehr hungrig gewesen, weil die Hirten mit ihren Herden vor ihm in höhere Regionen flüchteten. So tobte es vor Hunger und Wut und riss schließlich den Riegel von Rabisch durch. Dort soll man noch heute Spuren seiner Krallen und Tatzen sehen können. Das Ungeheuer sei dann durch ein Hochwasser die Möll und die Drau bis nach Klagenfurt hinabgeschwemmt und von einem mutigen jungen Mann erschlagen worden. Eine Skulptur des Lindwurms ist am Neuen Platz in Klagenfurt zu sehen.

5

Mühldorfer Bach

Zum Wasserfall in der Barbarossaschlucht

Anfangs fühlt man sich etwas gefoppt, steigt man doch entlang eines ausgetrockneten Bachbettes auf. Schließlich werden wir aber für die Mühe belohnt: Der Mühldorfer Bach, der die rund tausend Meter lange Barbarossaschlucht (früher Klinzerschlucht genannt) durchtobt, ist sogar ein recht wilder Berggeselle, der mehrere Wasserfälle und Kaskaden bildet. Im Bachbett liegen riesige Felsbrocken und wir sehen verkantete Felsen, die Dächer formen, ein typisches Bergsturzgebiet also. Man überquert den Bach auf stabilen Stahlbrücken, kommt am Barbarossatisch, einer Sitzgelegenheit mit einer felsigen Tischplatte unter einem weit überhängenden Felsen, vorbei und hat von der Kanzel nochmals einen prächtigen Rückblick auf die ganze Herrlichkeit.

Auf einen Blick

 Mühldorf

 etwa 1 ½ Stunden

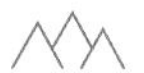 etwa 160 hm

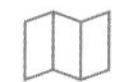 freytag & berndt WK 225
Mölltal - Kreuzeckgruppe - Drautal

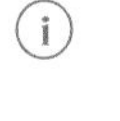 Guter Weg, gesichert durch Geländer. Interessant für **Kinder**. Grillgelegenheit am Barbarossatisch.

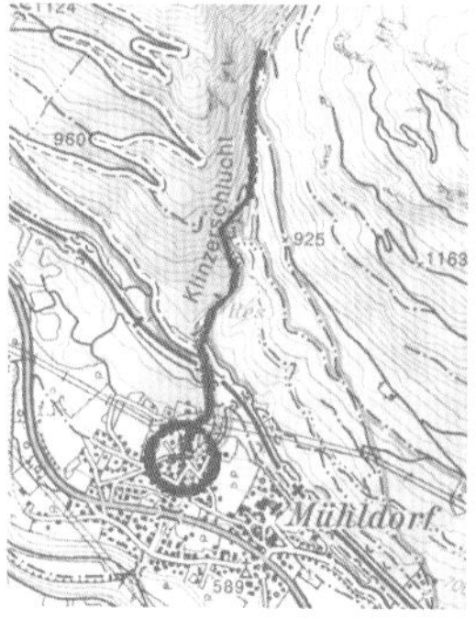

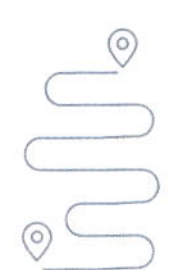

Wegverlauf

Wir gehen im Ort auf der Straße, die parallel zur B 106 verläuft, bis der Mühldorfer Bach quert. Hier weist ein Schild »Barbarossaschlucht Laserweg« nach oben. Wir folgen ihm und halten uns an der Verzweigung nach der Eisenbahnbrücke links. Etwas später quert ein Waldweg, hier behalten wir unsere Richtung bei und wandern auf dem Naturpfad weiter. Kurz darauf hören wir den Bach bereits rauschen, nach dem Stauwerk sehen wir ihn auch.

Wir steigen nun entlang des tosenden Baches auf, später überqueren wir ihn mehrmals auf Metallstegen. Schließlich kommen wir durch eine kurze, aber doch finstere Felsschlucht, die wie eine richtige Räuberhöhle wirkt. Danach sehen wir den Barbarossatisch unter einem riesigen, überhängenden Felsbrocken und gehen noch kurz weiter bis zur Kanzel.

Zurück gehen wir denselben Weg.

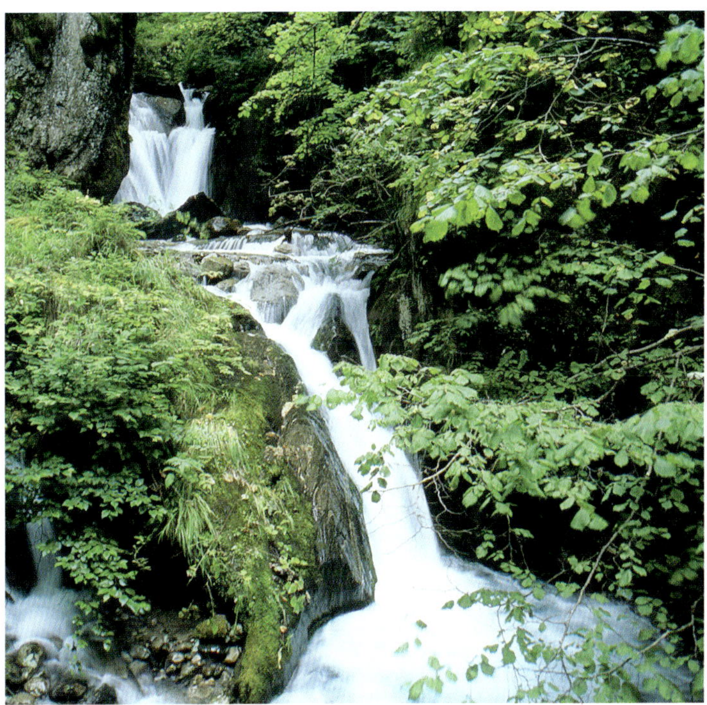

Der Wasserfall wird vom Mühldorfer Bach gebildet.

6

Zwischen Gail und Grafenauer Bach

Idyllische Gewässer

Ein stiller, beschaulicher Spaziergang südlich des Höhenrückens, der sich zwischen dem Pressegger See und der Gail erhebt. Wir wandern in einer idyllischen Landschaft zwischen Wiesen und Wald und zwischen der breiten Gail und dem kleinen Grafenauer Bächlein.

Auf einen Blick

Dellach (Gailtal)

etwa 1–2 Stunden

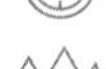
etwa 160 hm

freytag & berndt WK 223 Naturarena Kärnten - Gailtal - Gitschtal - Lesachtal - Weissensee - Oberes Drautal

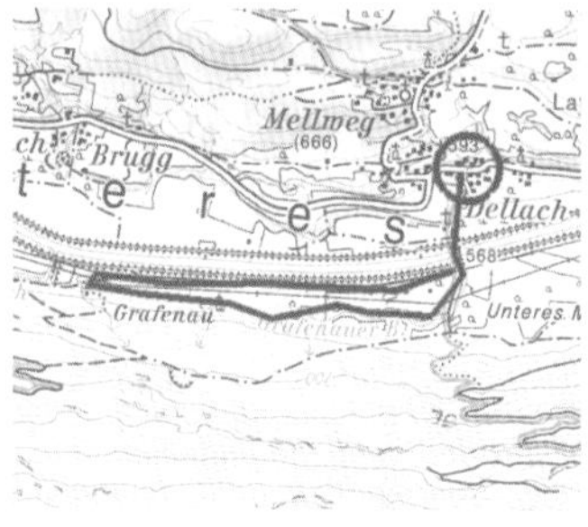

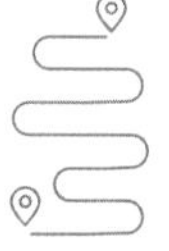

Wegverlauf

An der Bushaltestelle in Dellach spazieren wir auf dem Weg nach Süden in Richtung Gail, überqueren den Fluss und kurz danach den Grafenauer Bach. Dahinter, am Waldrand, am Fuß der Karnischen Alpen, biegen wir nach rechts ab und wandern bis Grafenau. Hier gehen wir nach rechts auf dem Karnischen Radwanderweg wieder zurück.

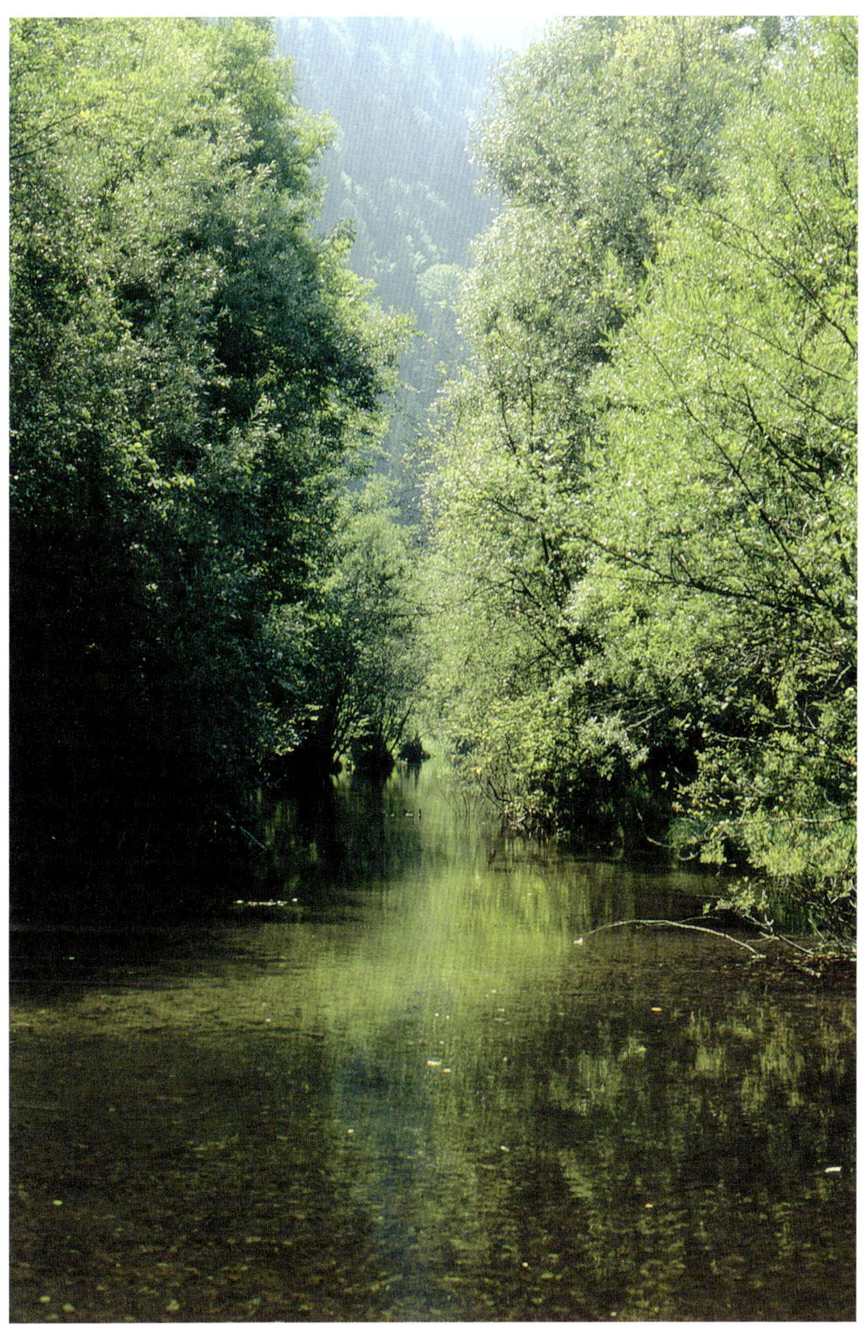

Entlang der Gail findet man teilweise fast Urwaldatmosphäre.

Zum Weidenburger (Kronhofer) Wasserfall

Bachrauschen aus schwarzem Fels

Der Weidenburger Wasserfall, vom Assnitz-Bach gebildet, ist vom Land Kärnten als »Naturdenkmal Kronhofer Wasserfall« ausgewiesen. Auf dem Weg zu ihm sehen wir den Bach durch riesige, meist schwarze Schiefer-Felsbrocken rauschen und sprudeln – ein beeindruckendes, urweltartiges Schauspiel. Unterwegs kommen wir an den Ruinen zweier Mühlen vorbei.

Auf einen Blick

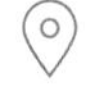

Weidenburg, östlich von Kötschach-Mauthen

etwa 1 Stunde

freytag & berndt WK 223 Naturarena Kärnten - Gailtal-Gitschtal - Lesachtal - Weissensee - Oberes Drautal

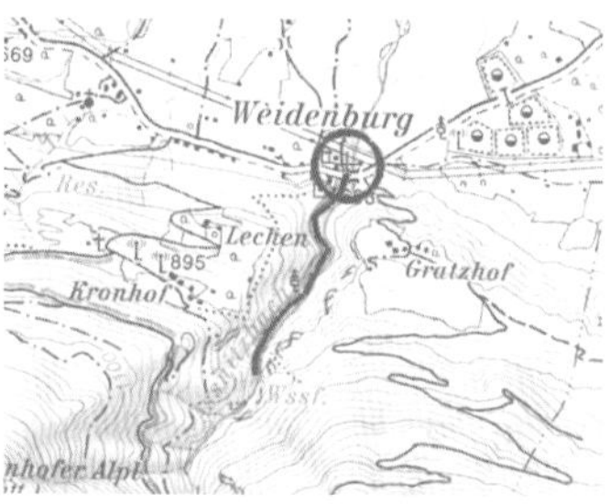

INFO

Am Wegende stehen wir vor dem rauchenden und brodelnden Weidenburger (Kronhofer) Wasserfall, der in mehreren Teilen von einer hohen Felswand stürzt. Der obere Fall ist etwa 20 Meter hoch und stürzt in einen dampfenden Kessel; Hier wird das Wasser herumgewirbelt und gegen die glatt geschliffenen Wände geschleudert. Danach verlässt es den Kessel in Form eines schmalen Wasserfächers wieder. Über dem dritten Abfall liegt ein Felsen, der balkonartig eine großartige Übersicht bietet.

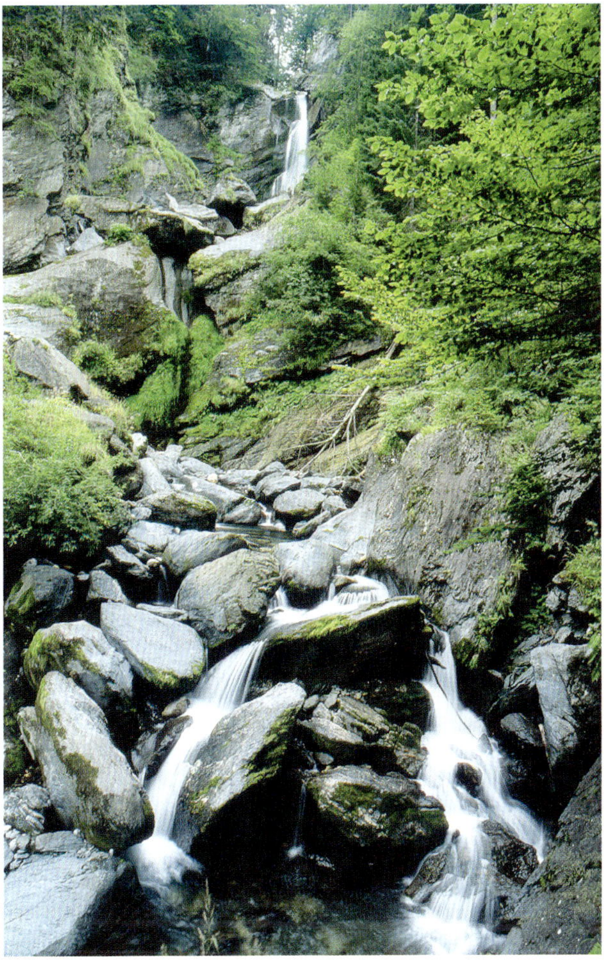

Der Kronhofer Wasserfall stürzt über schwarze Schieferfelsbrocken.

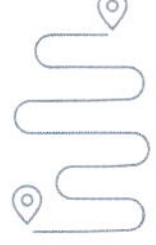

Wegverlauf

Am östlichen Ortsende von Weidenburg befindet sich ein kleiner Parkplatz, hier beginnt der Weg zum Wasserfall. Er steigt bald an und man hat von oben einen schönen Blick auf die Blockwildnis im Bachbett. Direkt vor dem Wasserfall befindet sich eine Art »Aussichtsbalkon«, von dem aus wir das Naturschauspiel gut beobachten können.

Zurück gehen wir denselben Weg.

8

Wandern auf dem Geo-Trail

Um den Zollnersee

Eine der Stationen des Geo-Trails Zollnersee ist der 1766 Meter hoch gelegene See selbst, ein herrlicher Gebirgssee, in eine kleine Mulde im hügeligen Umland eingebettet und mit prächtigem Blick auf die westlich liegenden Berge Hoher und Kleiner Trieb. Im Frühsommer wandern wir durch weite Alpenrosenbestände, die die Hänge mit einem leuchtenden Rot überziehen, und im Spätsommer locken Heidelbeerbüsche.

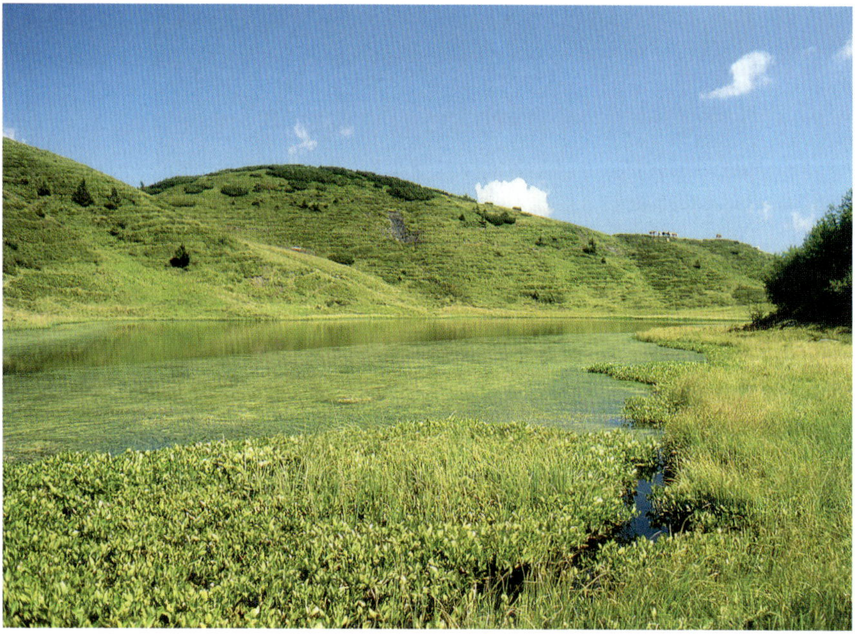

Die Wassertemperatur des Zollnersees erreicht bis zu 20 °C.

Auf einen Blick

Zollnerseehütte, Zufahrt auf Mautstraße ab Weidenburg (östlich von Kötschach-Mauthen)

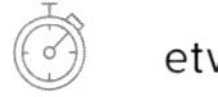

etwa 1 Stunde

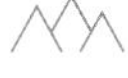

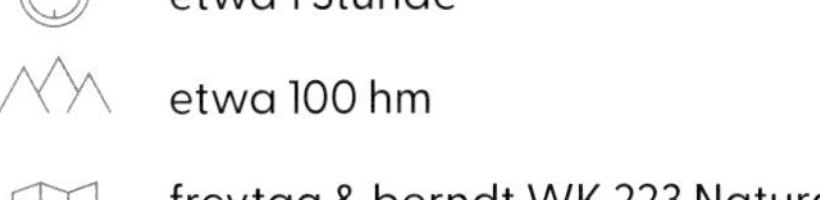

etwa 100 hm

freytag & berndt WK 223 Naturarena Kärnten - Gailtal - Gitschtal - Lesachtal - Weissensee - Oberes Drautal

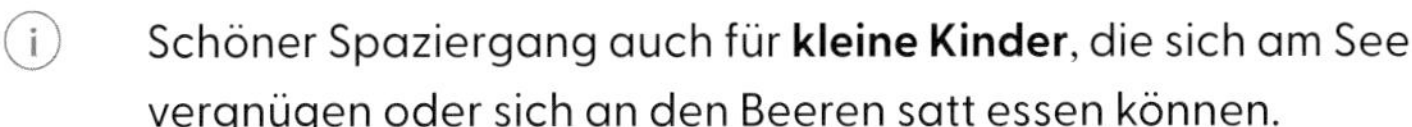

Schöner Spaziergang auch für **kleine Kinder**, die sich am See vergnügen oder sich an den Beeren satt essen können.

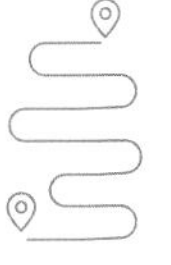

Wegverlauf

Wir nehmen den direkt vor der 1738 Meter hoch gelegenen Hütte nach Westen auf den Hohen und den Kleinen Trieb führenden Pfad. Er bringt uns über einen Hügel zu einer Talmulde; hier halten wir uns mit dem Schild »Geo-Trail« links und gehen auf die sichtbare Zollhütte zu. Vor ihr zieht der Weg nach links und bald sehen wir die Lehrpfadtafel 13, hinter ihr bereits den See. Zu ihm gehen wir nun hinab.

Wer mag, kann ihn umrunden. Man muss nur am südlichen Ufer etwas auf die sumpfigen Stellen achtgeben. Zurück gehen wir ein Stück denselben Weg, halten uns aber an der Verzweigung kurz nach dem See rechts. Es geht nun hinab zum Niedermoor bei der Hütte, dann zu ihr hinauf.

INFO

Der **Zollnersee** ist etwa einen Hektar groß und bis zu 2,80 Meter tief. Der See entwässert nach Westen, wo auch die Verlandung bereits weit fortgeschritten ist. Seine Zuflüsse kommen von den breiten, flachen Sumpfmulden vom Grenzkamm. Der See ist wohl durch Toteis im unterlagernden, leicht zerstörbaren Gestein entstanden. Bürstlingsrasen und Sumpfwiesen reichen bis an den See heran, in dem zwei bis drei Meter breiten Saum von Wasserpflanzen wachsen, u. a. Fieberklee, Igelkolben und Laichkraut. Im See leben viele moos- und schlammbewohnende Algen, in Ufernähe zahlreiche Blutegel, außerdem gibt es viel tierisches Plankton.

9

Naturpark Weissensee

Zur »Alm hinterm Brunn«

Eine kurze und nette Wanderung am Nordufer des Weissensees, die aber einige Höhenmeter mit sich bringt. Die Hütte liegt in der Felsscharte inmitten der Almwiesen. Wer noch weiterwandern will, für den bietet sich eine Erweiterung zur nächsten Jausenstation an.

Auf einen Blick

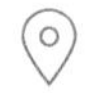 Techendorf (Weissensee)

 etwa 2 Stunden, Erweiterung etwa 2 Stunden mehr

 etwa 350 Meter, Erweiterung etwa 150 Meter mehr

 Kompass Weissensee 060

 Alm hinterm Brunn, Jausenstation Gajacher Alm

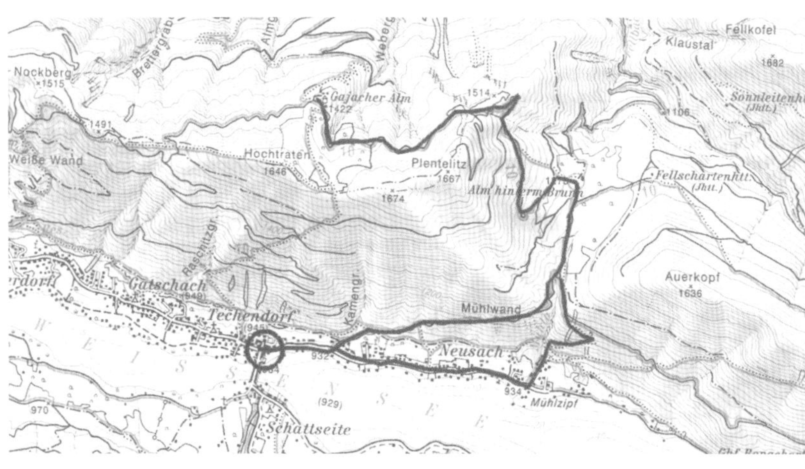

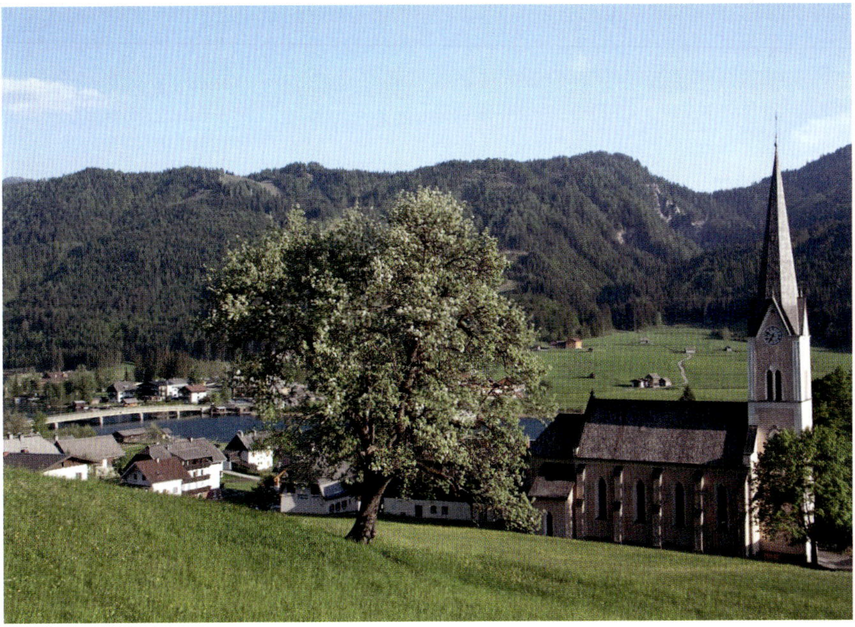

Techendorf am Weissensee

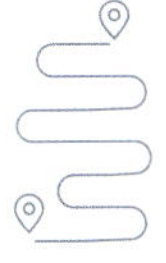

Wegverlauf

Wir spazieren auf der nördlichen Uferstraße ostwärts, bis zur Umkehrschleife nach Neusach, dann am Fahrverbotsschild nach der Umkehrschleife den Weg im rechten Winkel nach links hinauf. Nun steigen wir zwischen den Häusern etwas aufwärts, später im Wald zieht der Pfad leicht nach rechts, dann aber in Richtung schattiger Wald steil hinauf. Abwechslung bieten einige Ausblicke auf den See. Schließlich treffen wir auf einen breiten Almweg, dem wir nach rechts zur Jausenstation (1275 m) folgen.

Zurück wandern wir die gesamte Strecke auf dem breiten Weg, der nach der Abzweigung nach Neusach – unserem Anstiegsweg – nach rechts zieht und uns hinab nach Techendorf bringt.

Eine Erweiterungsmöglichkeit besteht, wenn man ab der Jausenstation dem Weg folgt, der zwischen der Mühlwand (rechts) und dem Plentelitz (links) hochzieht. Er beschreibt erst einen scharfen Rechts-, dann einen Links-Knick und bringt uns zur Jausenstation Gajacher Alm (1413 m). Auch hier gehen wir auf demselben Weg zurück zur »Alm hinterm Brunn«.

Einer der schönsten großen Seen Kärntens ist der in einem Landschaftsschutzgebiet liegende **Weissensee**. Als viertgrößter Kärntner See bezaubert er mit seiner türkisen Farbe, dem weißen Rand und dem klaren Wasser. Er entstand während der Eiszeiten, als seine Tiefenfurche durch einen Seitenast des Draugletschers ausgeschürft wurde. Der Name dieses höchstgelegenen Badesees im Land kommt von der »Weisse«, dem weißen Kalkschlamm am Uferstreifen. Dieser zieht sich wie ein Rahmen um den See. Man findet eine solche »Weisse« zwar auch an anderen österreichischen Seen, nirgendwo aber derart ausgeprägt wie gerade hier, wo sie bis in sechs Meter Tiefe reicht. Verantwortlich für die türkise Farbe sind die feinen, im Wasser schwebenden Kalkpartikel, die Reflexion und Lichtstreuung bewirken. Ohne diese Kalkpartikel würde der See blau erscheinen.

Fläche: 6,53 Quadratkilometer
Tiefe: max. 99 Meter
Länge: 11,5 Kilometer
Breite: 500–900 Meter. Die breiteste Stelle liegt beim Gasthof Ronacherfels.
Temperatur: bis zu 24 °C

INFO

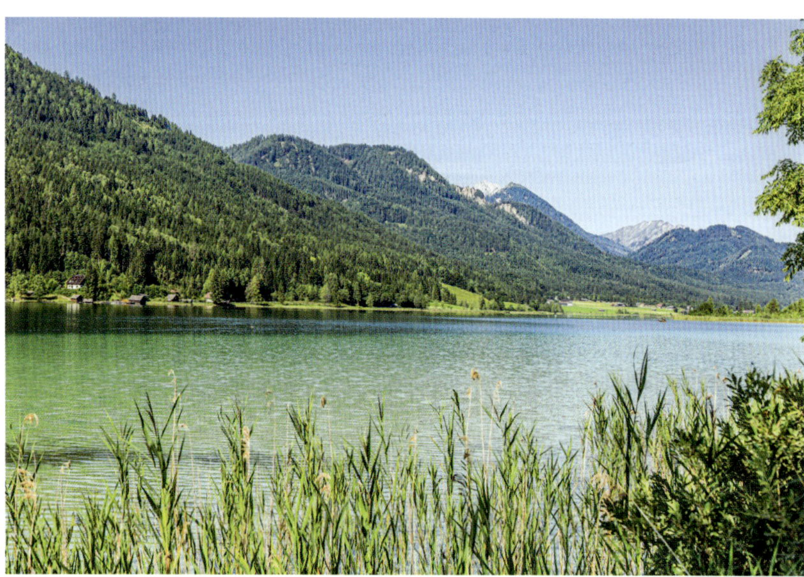

Der Weissensee mit dem charakteristischen Kalkschlamm am Ufer

10

Zur Ruine Khünburg

Auf dem Jägersteig

Es gibt verschiedene Möglichkeiten, zur Ruine Khünburg zu gelangen. Je nach Vorliebe wählen wir eine einfachere oder anstrengendere Variante. Interessant für Kinder wie auch für historisch interessierte Wanderer ist diese Tour allemal.

Auf einen Blick

 Khünburg, östlich von Hermagor

 etwa 3 Stunden

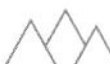 etwa 400 hm

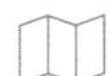 freytag & berndt WK 223 Naturarena Kärnten - Gailtal - Gitschtal - Lesachtal - Weissensee - Oberes Drautal

(i) Aufstieg und Abstieg finden auf Pfaden statt, bei denen Vorsicht geboten ist, ebenso an den Aussichtsfelsen. Ansonsten wandert man auf Forstwegen bzw. einem asphaltierten Sträßchen.

Für Kinder: Wer die gesamte Tour nicht schafft, geht nach der Besichtigung der Ruine auf dem Forstweg wieder zurück. Wer den Aufstieg auf dem Jägersteig nicht gehen möchte, kann auch gleich den bequemeren, unwesentlich längeren Forstweg nehmen.

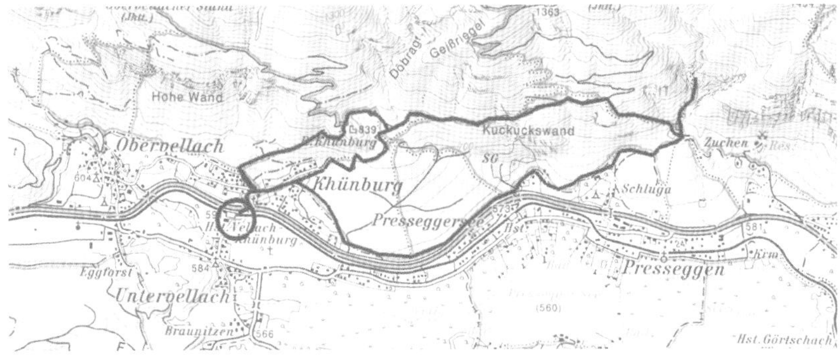

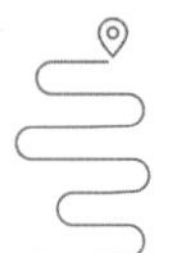

Wegverlauf

Wenn man von der B 111 abzweigt, befindet sich rechts von der Pension Knura eine Parkmöglichkeit. Wer ohnehin auf dem breiten Forstweg hochwandern möchte, kann auch bis zum Beginn der Forststraße fahren.

Vom unteren Parkplatz folgt man der Straße noch kurz, dann wird man nach links auf den »Jägersteig« zur »Ruine Khuenburg« verwiesen. Es ist ein schöner Pfad; er zieht im Wald nach rechts und bringt uns in etwa einer halben Stunde zu einem Forstweg. Hier auf dem Hügel über dem Weg stand früher die Burgkapelle. Rechts von uns sehen wir bereits die Ruine.

Alternativ kann man auch auf dem Forstweg hochwandern. Er ist etwas länger und eher der Sonne ausgesetzt als der Waldweg, aber einfacher zu gehen.

INFO

Die **Ruine Khünburg** stammt vorwiegend aus der Romanik (um 1200) und ist sauber aus großen, unbearbeiteten Bruchsteinen gemauert. Man betrat die Burganlage durch das erste Tor, das in einen Vorhof führte. Im Tor sind noch Balkenlöcher zu sehen. Im Vorhof befand sich die Zisterne. Danach kam man durch das zweite Tor in den Innenhof. Er wurde aus der Ummauerung, dem Palas, den Stallungen und den Unterkünften für die Mannschaft gebildet. Hier steht auch der Bergfried. Von der Burg sind noch Teile der Ummauerung, des Palas, eines Wohngebäudes und des romanischen Bergfrieds erhalten. Er besaß fünf Geschosse. Der einst hoch gelegene Eingang ist heute noch offen.

Nach der Besichtigung folgen wir dem abwärtsführenden breiten Weg bis zu einer Verzweigung, hier halten wir uns links in Richtung »Muttergottesfelsen«. Kurz vorher könnte man noch einen Abstecher in den wildromantischen Döbragraben machen. Ansonsten steigt der Forstweg immer etwas an und wir kommen am aussichtsreichen Muttergottesfelsen vorbei. Anschließend ignorieren wir die Abzweigung zum »Vellacher Egel«, danach kommt der Duller Brunnen. Etwas später zweigt wieder ein Weg in Richtung »Vellacher Egel Zanklgrotte« ab, gleich danach nehmen wir den nach rechts abzweigenden Steig in Richtung »Pressegger See über Zuchen und Seeblickfelsen«. Nun geht es steil bergab. Nach etwas Abstieg können wir nach rechts zum Seeblickfelsen hinausgehen, hier sollten wir wegen der Steilabbrüche jedoch vorsichtig sein, insbesondere auf Kinder ist zu achten.

Wir gehen weiter bergab, bis wir zu einem Kruzifix kommen, hier führt nach links ein halbstündiger Abstecher hinauf zum Zuchenwasserfall (Weg 53). Er sollte aber bergerfahrenen und trittsicheren Wanderern vorbehalten sein. Nach dem Kreuz biegen wir (nicht nach links, über die Brücke und den Bach in Richtung »Förolach«) ab nach rechts auf Weg 16 (»See-Camping«). Wir orientieren uns immer an den Wanderzeichen und marschieren durch den Wald, bis wir links den Campingplatz sehen, nun geht es an seiner Grenze entlang. Wir kommen am Trinkwasser spendenden Brunnen »Verrufenes Wasser« vorbei, etwas später halten wir uns an einem Querweg links.

Nach einiger Zeit spazieren wir an Wohnhäusern vorbei, nach ihnen gehen wir nach links bis vor die Brücke der B 111. Vor der Bundesstraße nehmen wir den Weg, der parallel zu ihr verläuft. Er bringt uns nach rechts in rund einer halben Stunde zurück nach Khünburg.

INFO

Die **Ruine Khünburg** liegt in einer Gegend, die ursprünglich wohl dem Bistum Bamberg gehört haben dürfte. Ein sich nach ihr nennendes Ministerialengeschlecht, das die Burg als Lehen besaß, wurde mit einem Pero de Kinburch 1183 oder 1189 erstmals genannt. Nach einer wechselvollen Geschichte zogen die Khünburger nach einem Brand 1540 in ihr Schloss in Egg, wohl auch wegen der unwegsamen Lage der Burg und der Schwierigkeit der Wasserversorgung – es gab nur eine Zisterne. Die Anlage verfiel danach.

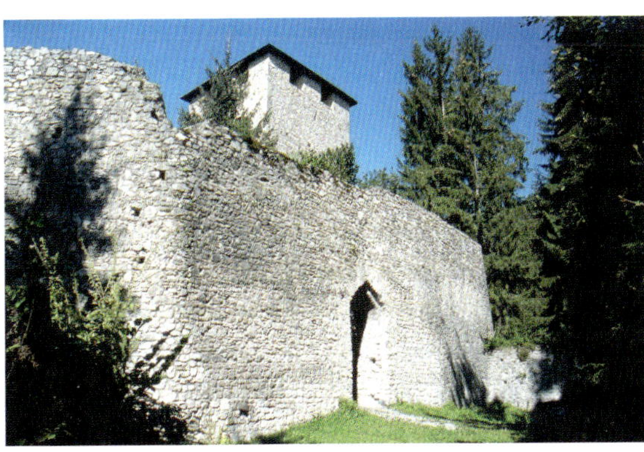

Die Umfassungsmauer sieht uneinnehmbar aus.

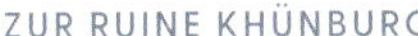

11

Spaziergang zum Radniger Wasserfall

Blick zum Garntnerkofel

Ein kurzer Spaziergang durch eine schöne Wiesenlandschaft mit prächtigem Blick zum Gartnerkofel führt zu dem kleinen Wasserfall bei Radnig. Hier rieselt das Wasser über eine glatte Felsfläche herab und hat sogar schon eine Rinne ins Gestein »gesägt«.

Auf einen Blick

Radnig bei Hermagor

etwa 1 Stunde

etwa 80 hm

freytag & berndt WK 223 Naturarena Kärnten - Gailtal - Gitschtal - Lesachtal - Weissensee - Oberes Drautal

Bademöglichkeit im Naturbad Radnig. Wir berühren den Wünschelrutenlehrpfad und den Naturlehrpfad.

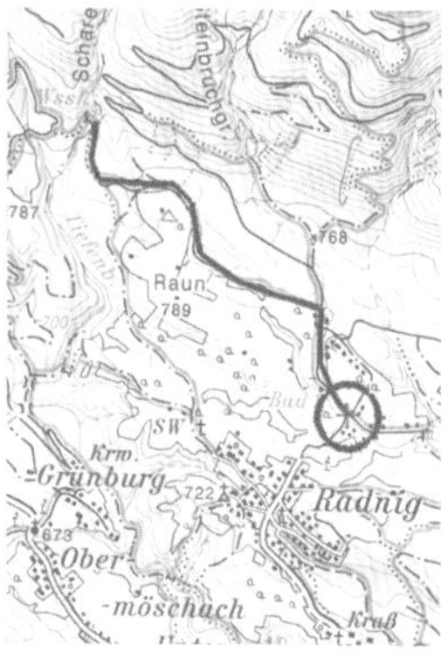

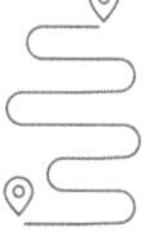

Wegverlauf

Parkmöglichkeiten gibt es in der Nähe des Naturbades. Wir folgen der Straße entlang des Bades, an dem bereits »Wasserfall« angezeigt ist. Nach Haus Nr. 68 biegen wir auf Weg 14 ab. Immer auf ihm bleibend – er ist bei Verzweigungen immer der breitere – am Schluss auf einem schmalen Pfad am Hang entlang, erreichen wir nach etwa einer halben Stunde den Wasserfall.

Zurück gehen wir denselben Weg.

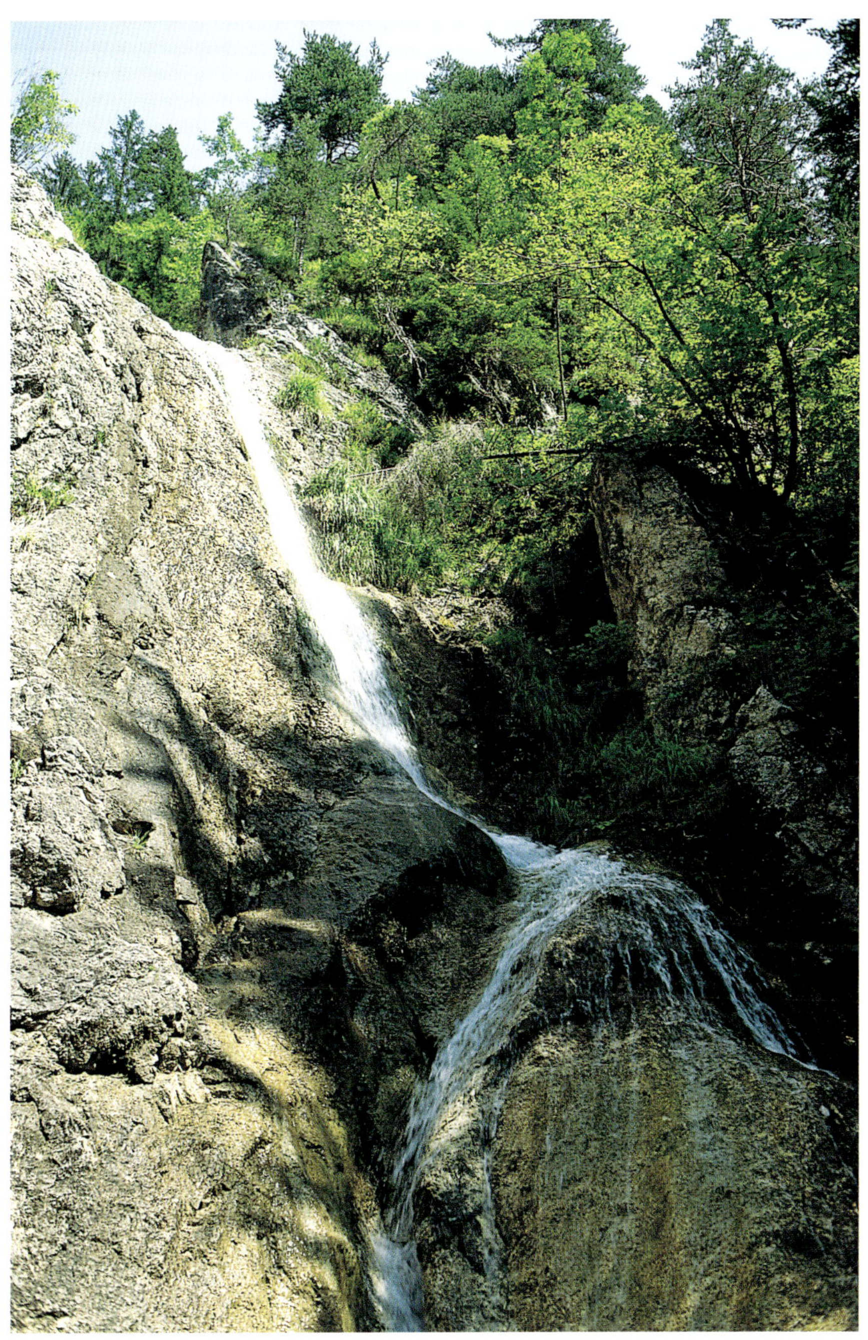

»Gemächlicher« Wasserfall über wuchtige Felsen

12

Auf die Villacher Alpe

Vorbei am Alpengarten

Die Villacher Alpe (auch: der Dobratsch, siehe Seite 57) bietet auf ihrem Höhenrücken ein weites Wandergebiet, das für alle Arten von alpinem Können etwas bietet: Wer es einfacher möchte, wandert auf dem breiten Weg hinauf zum Gipfel, wer etwas geübter ist, kann auch den Steig am Steilabfall nehmen. An Fauna und Flora hat der Dobratsch, seit 1942 als Naturschutzgebiet ausgewiesen und somit das älteste Kärntens, einiges vorzuweisen. Man findet hier 700 Gefäßpflanzenarten, Sandvipern, Skorpione, Fledermäuse, über 900 Schmetterlings- und 125 Vogelarten. Auf der Alm leben während der Weidezeit etwa 180 Rinder und 20 Pferde.

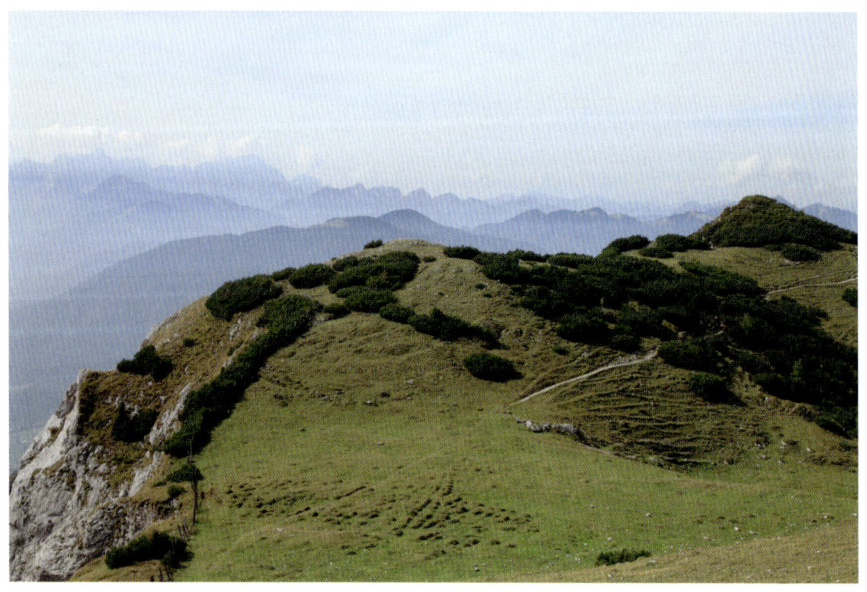

Von der Villacher Alpe aus bietet sich ein weiter Ausblick auf die Bergwelt.

Auf einen Blick

Villach, letzter Parkplatz der Villacher Alpenstraße

Aufstieg auf dem Wirtschaftsweg etwa 2 ¼ Stunden, auf dem Steig Nr. 294 etwa 2 ½ Stunden. Zurück auf dem Wirtschaftsweg etwa 1 ¼ Stunden.

etwa 720 hm

Kompass WK 64 Villacher Alpe - Unterdrautal

Man kann entweder einfach auf dem festen Wirtschaftsweg wandern oder den Steig nehmen. Der erste Teil davon ist problemlos, danach verläuft er etwas ausgesetzt am Steilhang. Man kann aber auch, anstatt dieses Stück zu gehen, vor Beginn des ausgesetzten Teils auf den festen Weg wechseln. An den Steilabfällen bei den beiden Kirchen am Gipfel sollte man vorsichtig sein und gut auf Kinder achten. Weidesaison 20. 6.–10. 9.

Auf dem letzten Parkplatz und am Gipfel

www.naturparkdobratsch.info

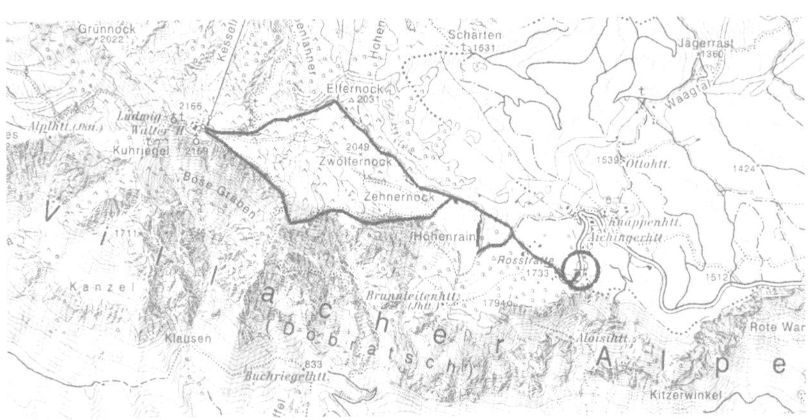

INFO

Die **Aussicht** – schon auf der Anfahrt von verschiedenen Aussichtspunkten aus – reicht über das tief unten liegende Villach zu den Karawanken und den Julischen Alpen, die sich hinter dem Drau- und dem Gailtal erheben, zur Gerlitzen, zu den Nockbergen und den Hohen Tauern mit der Hochalmspitze im Hintergrund.

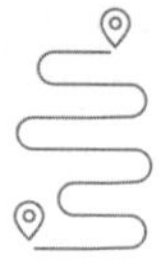

Wegverlauf

Wir fahren bis zum Parkplatz Rosstratte. Hier kann man zuerst die Aussicht bewundern, dazu gibt es sogar eine abgegrenzte Fläche. Danach folgen wir dem festen Wirtschaftsweg. Anfangs kommen wir an einigen Stationen des Geologischen Lehrweges vorbei. Der Weg führt erst flach auf den Höhenrücken zu, danach steigt er in Serpentinen an.

Am Wegpunkt Hohenrain (1825 m) müssen wir uns entscheiden. Wer es ganz einfach will, folgt einfach dem breiten Wirtschaftsweg weiter. Wer auf einem Pfad wandern will, zweigt links ab auf Weg Nr. 294. In rund 20 Minuten haben wir den Zehnernock (1956 m) erreicht, wo sich einst die Bergstation des Sesselliftes befand.

Der einfachere Weg wäre es nun, wenn man hinter dem Haus dem breiten Weg abwärts folgt, der uns wieder zum breiten Wirtschaftsweg bringt. Man kann auch vom tiefsten Punkt, vor dem Wirtschaftsweg, außerhalb der Weidesaison weglos hinauf zum Gipfelkreuz auf dem Zwölfernock (2049 m) steigen. Von hier aus gehen wir dann weglos hinab zum sichtbaren Wirtschaftsweg.

Ansonsten halten wir uns von dem Haus aus links und gehen hinab zum Zaun am Steilabfall. Ihm folgen wir nach rechts. Bald weist ein Schild nach links zum vorerst abfallenden Jägersteig. Er quert den Bärengraben und steigt danach durch Latschen an zum Gipfelhaus. Ihn sollte aber nur gehen, wer alpine Erfahrung hat, schwindelfrei und trittsicher ist. Von hier aus hat man ebenfalls eine Möglichkeit, weglos bzw. auf Pfadspuren zum rechts liegenden Zwölfernock mit seinem Gipfelkreuz aufzusteigen.

Schließlich sind wir am Gipfelhaus, ehemals Ludwig-Walter-Haus (2134 m), angelangt. Oberhalb liegen die Deutsche Kirche, rechts davon die Windische Kirche und über dieser das Gipfelkreuz (2166 m).

Zurück gehen wir am besten auf dem breiten Wirtschaftsweg.

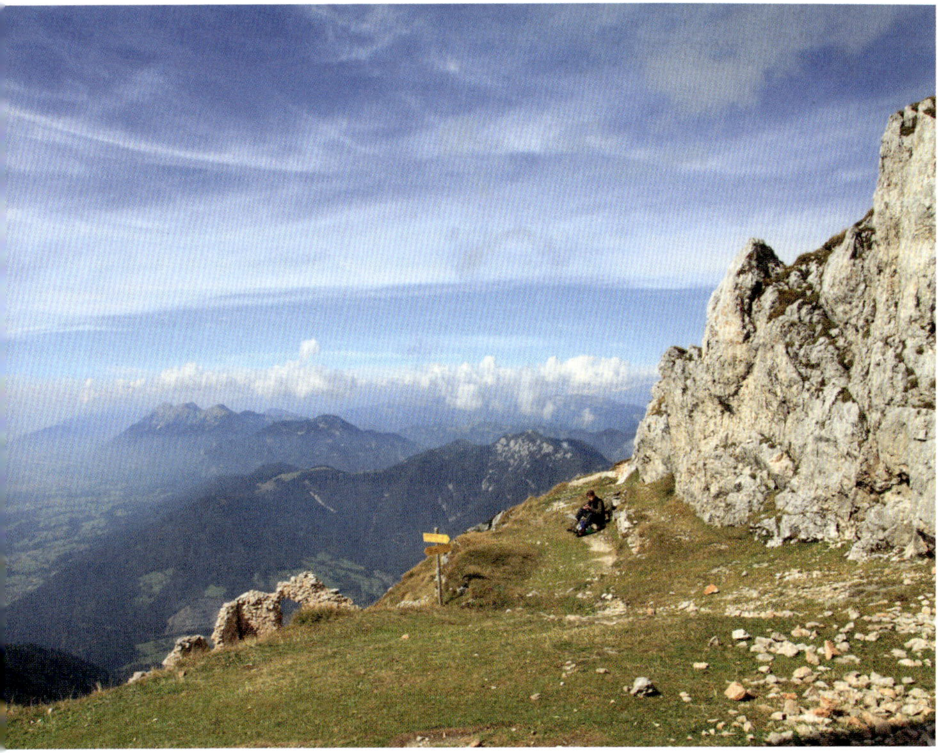

An vielen Stellen bietet sich eine weite Aussicht.

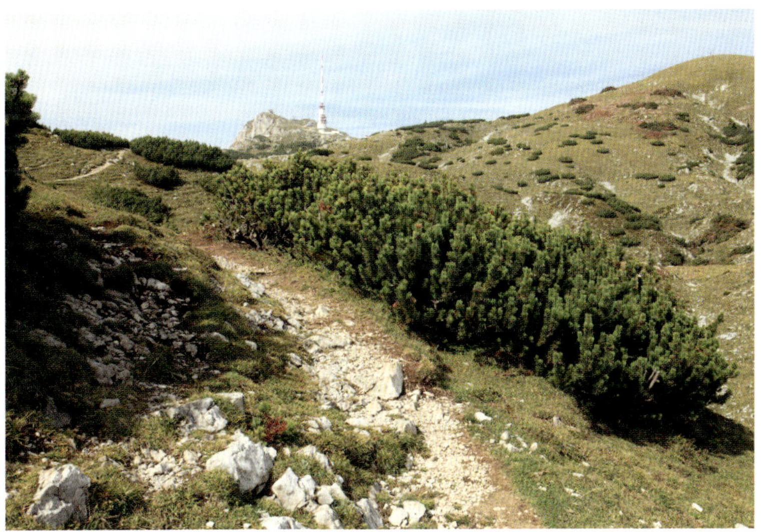

Blick in Richtung Gipfel.

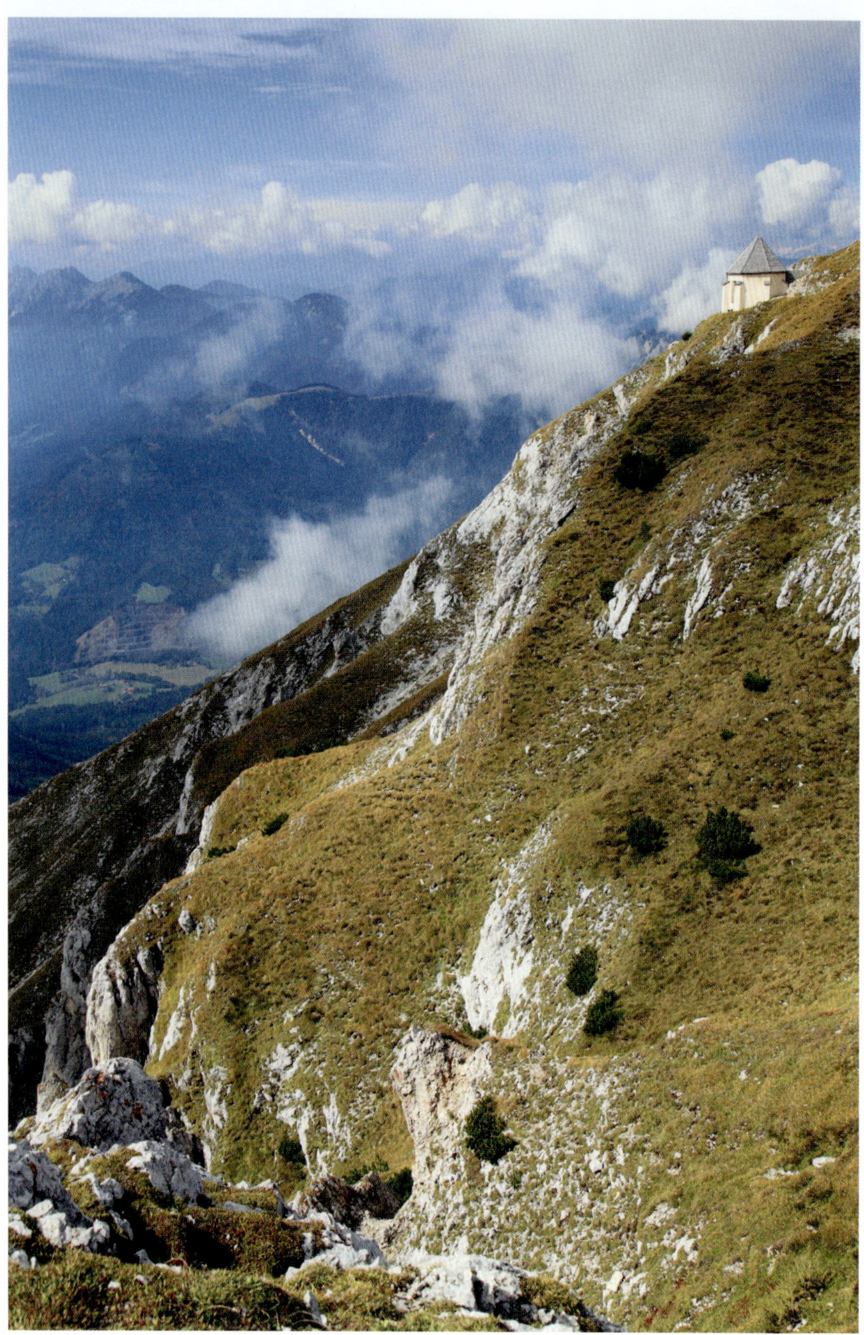

Windische Kapelle auf der Villacher Alpe

INFO

Die **Villacher Alpe/Dobratsch** wurde 979 wegen der Thermalquellen am Fuß des Gebirges erstmals erwähnt. Als die Güter des Bistums Bamberg 1311 gepfändet wurden, tauchten auch die Bergwerke urkundlich auf. Den Namen Dobratsch gibt es erst seit dem 15. Jahrhundert, als das Wort »dober« (auf Slawisch »guter Berg«) zum ersten Mal in Quellen vorkam. Der Name hat auch seine Berechtigung, wenn man bedenkt, dass seit prähistorischen Zeiten hier Bergbau betrieben wurde und auch die warmen Quellen in Bleiberg und Warmbad Villach genutzt werden.

Bereits in vorgeschichtlicher Zeit gab es hier einen Bergsturz, bei dem 500 Mio. Kubikmeter Felsmaterial herabstürzten. Das größte Unglück des Gebietes war aber wohl der gewaltige Bergsturz von der Südwand am 25. Jänner 1348, der aufgrund eines Erdbebens entstand. Dabei wurde eine Fläche von 7 Quadratkilometern unter 30 Mio. Kubikmetern Schutt begraben und die Stadt Villach sowie zahlreiche andere Orte zerstört. Die dadurch entstandene Landschaft »Schütt« ist 24 Quadratkilometer groß und staute die Gail auf. Auf die Villacher Alpe führt eine mautpflichtige Panoramastraße. Sehenswert ist insbesondere der Alpengarten mit über 800 Pflanzen (Info: www.alpengarten-villach.at). Auf dem Gipfel befinden sich das Gipfelhaus/Ludwig-Walter-Haus und zwei Kapellen. Die Wallfahrts-/Knappenkirche Maria am Stein ist die sogenannte Deutsche Kapelle und die höchste Wallfahrtskirche Europas. Ihr Bau geht auf eine Marienerscheinung im Jahr 1692 zurück. Die Kapelle Mariä Himmelfahrt (Windische Kapelle) besitzt schöne Stuckaturen.

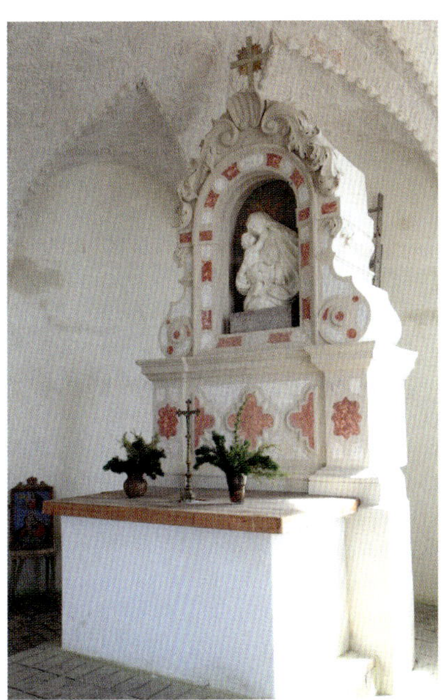

Altar in der Windischen Kapelle

13

Von Warmbad Villach zur Napoleonwiese

Wanderung mit Geschichtshintergrund

Mit der Napoleonwiese und den keltischen Grabhügeln sowie den Karrenspuren auf der Römerstraße lädt diese Wanderung zu einer Reise in die Vergangenheit ein. Sie führt uns durch ein schönes Waldgebiet am Abhang der Villacher Alpe oberhalb von Warmbad Villach. Da die Tour nicht besonders lang ist, ist im Anschluss noch Zeit für Entspannung im Warmbad.

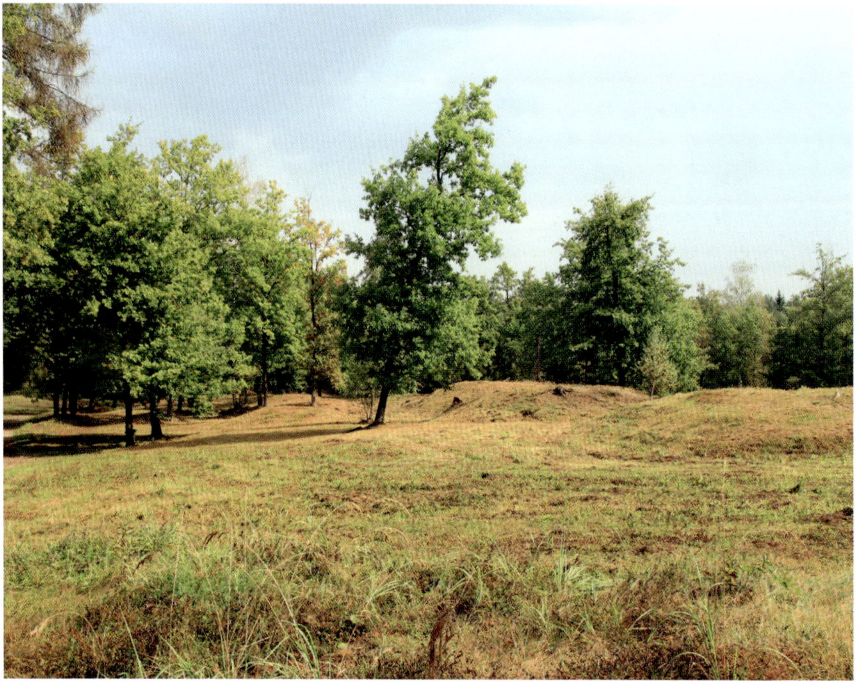

Wandern durch die Geschichte: die Napoleonwiese

Auf einen Blick

Warmbad Villach

etwa 2 ½ Stunden

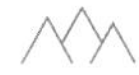
etwa 350 hm

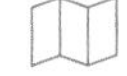
Kompass 062 Villach - Faaker See

Warmbad Villach

Wir wandern auf festen Wegen und Naturpfaden. Kann auch bei schlechterem Wetter unternommen werden.

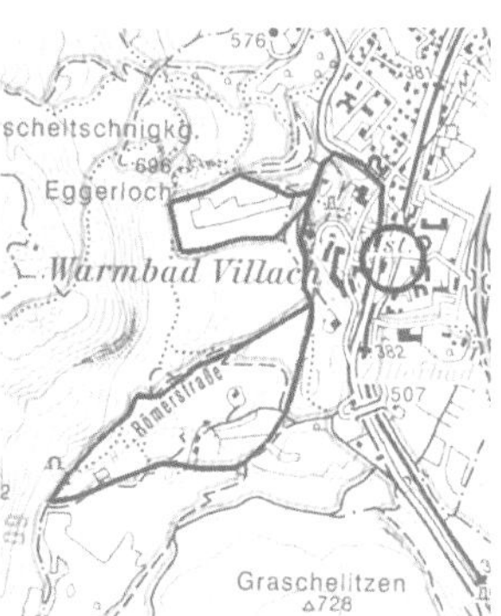

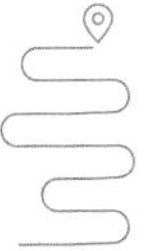

Wegverlauf

Wir parken auf dem großen Parkplatz bei der Bahnstation in der Warmbader Straße. Etwas in Richtung Villach biegen wir links ab in die Judendorfer Straße. Vorbei am Parkplatz vom Josefinenhof kommen wir in den Wald, wo wir bald links in eine kleine Straße (Weitwanderweg 09) abzweigen. Vor einem Haus zieht der Weg nach rechts und bringt uns zur Napoleonwiese, wo uns die vielen keltischen Grabhügel auffallen. Hier halten wir uns an der Verzweigung vor der Wiese links (»Napoleonwiese«).

Nun geht es ein bisschen abwärts zu großen Weideflächen, wo wir uns rechts halten in Richtung »Oberfederaun 16«. An der Verzweigung nach der Weide im Wald orientieren wir uns links (»16 Oberfederaun«). Nun wandern wir auf einem schmalen, hohlwegartigen Pfad bergauf. An der nächsten Abzweigung gehen wir geradeaus weiter (»Oberfederaun über Quellenweg und Römerweg«). Wir folgen nun immer Weg Nummer 16 a, wobei wir die Abzweigungen dieser Wegnummer nach rechts ignorieren. Es geht links an einer kleinen Lichtung vorbei, etwas später kommen wir rechts einer Wiese zu einer Verzweigung, hier biegen wir rechts ab in Richtung »Kurpark Warmbad über Römerweg«. Wo Weg D zum Kurpark rechts abgeht, wandern wir geradeaus weiter, nun am steilen Abhang entlang. Schließlich sind wir wieder an der Wiese bei den Hügelgräbern.

Ab jetzt gehen wir nach links auf bekanntem Weg zurück zum Ausgangspunkt, wer will, kann jedoch noch einen kleinen, etwa halbstündigen Abstecher machen. Wir gehen hierzu bis kurz vor ein Gartentor rechts des Weges, hier folgen wir dem Weg nach links in Richtung »Weiher«. Gleich darauf stehen wir vor einer großen Wiese, an deren Ende wir den Weiher erahnen können. Rechts sehen wir eine mächtige Felswand. Vor der Wiese steht eine Tafel mit Erklärungen zum Warmbader Natur- und Kulturlehrpfad. Er ist mit zahlreichen, gut gemachten Tafeln mit Erklärungen zu Flora und Fauna versehen.

Wir halten uns links, dann gleich wieder rechts und umrunden praktisch die große Wiese. Wo der Weg nach rechts zieht, liegt rechts der kleine Weiher. Er ist fast zugewachsen und man kommt auch nicht an ihn heran. Etwas später folgt eine Tafel mit Erklärung zum Eggerloch. Danach kommen wir an der Abzweigung zum Tscheltschnigkogel oder »Kadischen« vorbei.

Kurz danach halten wir uns an der nächsten Verzweigung rechts und queren bald wieder die Wiese. Wir gehen aber nicht bis zum Ständer mit den Erklärungstafeln, sondern zweigen nach links ab, d. h. wir gehen geradeaus weiter. So kommen wir zu einer kleinen Straße, die uns nach links zur Judendorfer Straße bringt. Nun wandern wir auf bekanntem Weg zurück.

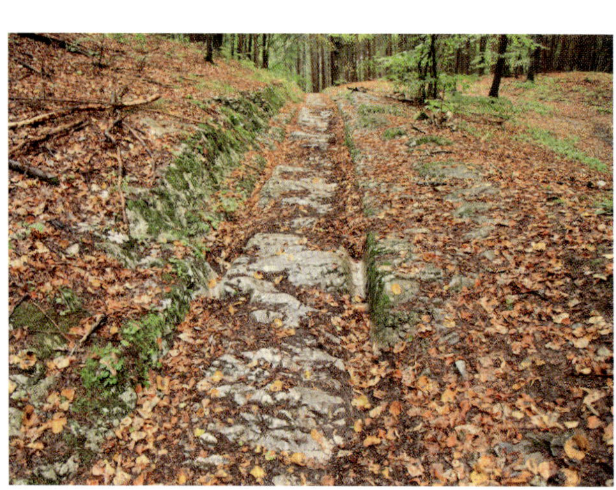

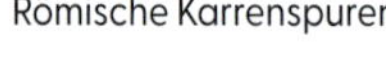

Römische Karrenspuren

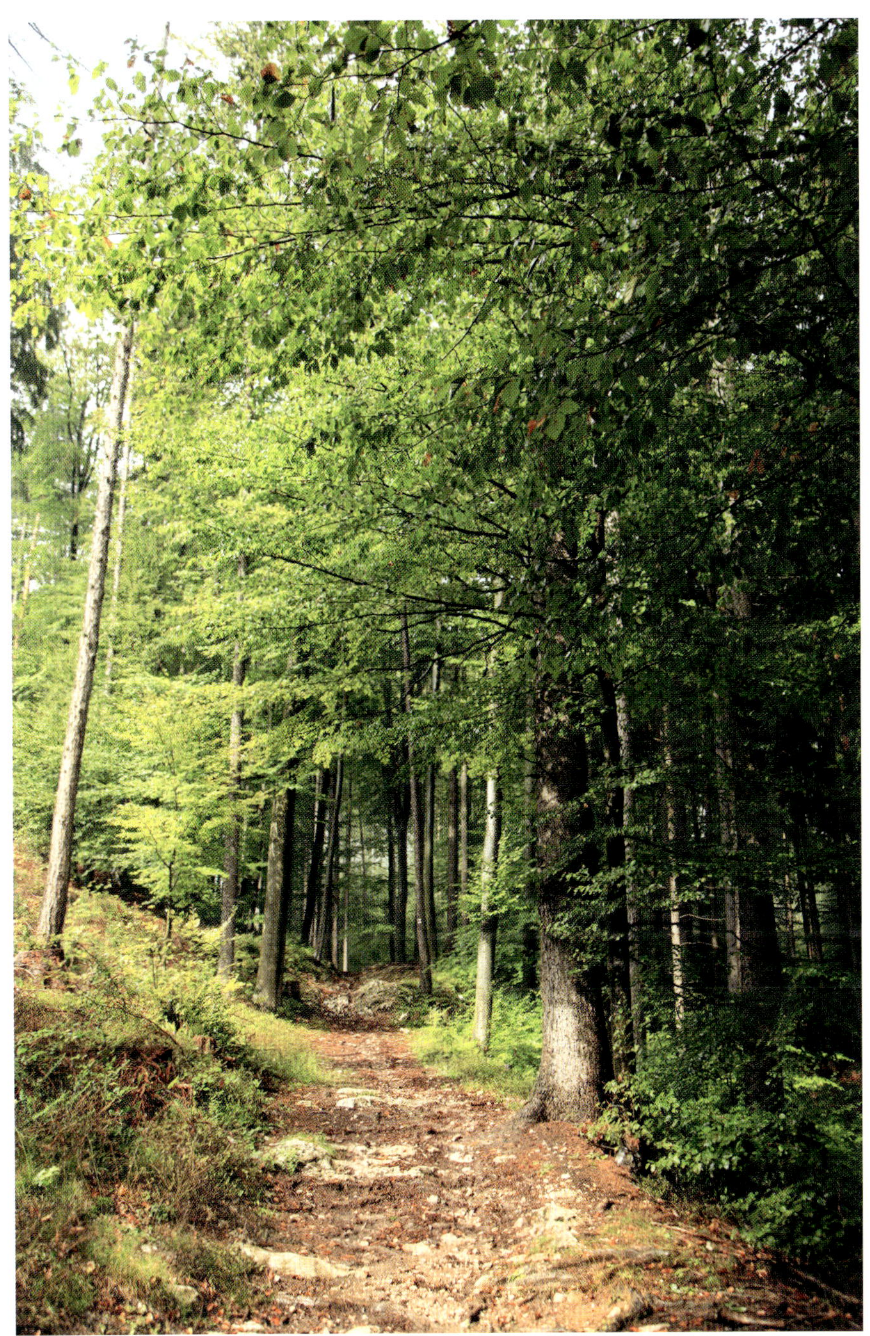

Die Wanderung führt durch Waldstücke, die noch recht naturnah wirken.

14

Rundweg hinauf zum Goldeck

Großartige Aussicht

Ein wunderbarer Aussichtsgipfel über Spittal und dem Drautal ist das Goldeck, das völlig allein dasteht und deshalb herrliche Rundumblicke, von den Karnischen Alpen bis zu den Hohen Tauern, zum Millstätter See und den Nockbergen und entlang des Drautals bis nach Unterkärnten bietet. Mit seinem Sendemast ist das Goldeck selbst ebenfalls von weit her zu sehen und zu erkennen. Wir wandern bei dieser Tour um das Goldeck. Dabei genießen wir durch die weiten Almböden herrliche Blicke nach Süden, vom Gipfel aus natürlich den berühmten Rundumblick.

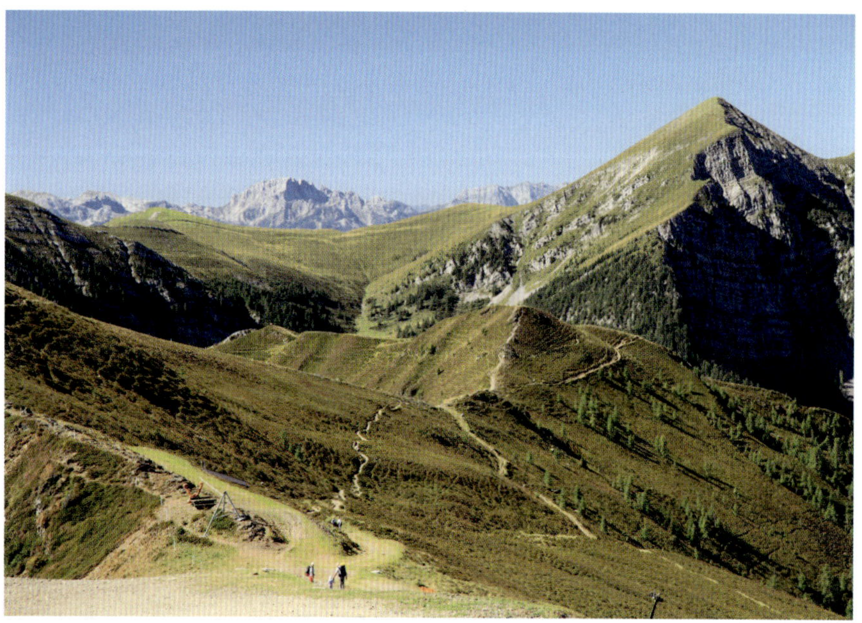

Vom Goldeckgipfel aus bietet sich ein grandioser Blick über die Bergwelt.

Auf einen Blick

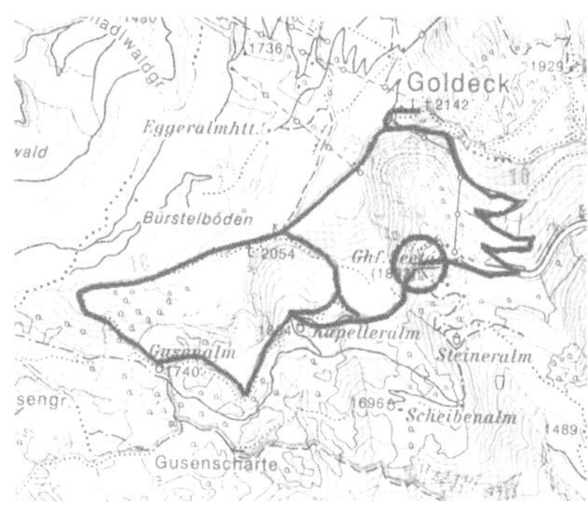

Parkplatz Seetal, am Ende der Goldeck-Straße (Zufahrt zur Mautstraße westlich von Villach an der B 86 bei Möltschach)

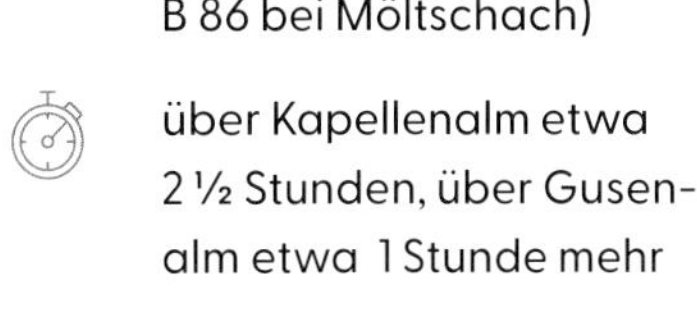

über Kapellenalm etwa 2 ½ Stunden, über Gusenalm etwa 1 Stunde mehr

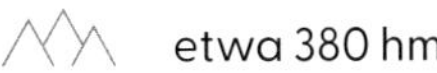

etwa 380 hm

Kompass WK 64 Villacher Alpe - Unterdrautal

Kapellenalm, Gusenalm, Panoramaalm

Wir wandern auf Steigen und festen Wegen.

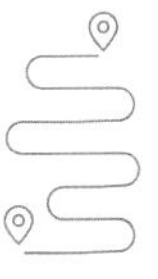

Wegverlauf

Vom Parkplatz aus folgen wir dem Wirtschaftsweg mit Auf und Ab zur Kapellenalm. Unterwegs haben wir immer einen herrlichen Blick zum markanten Staff, der sich mit seiner steilen Felswand direkt vor uns aufbaut. Vor der Alm müssen wir uns entscheiden. Kürzer ist der mit Nr. 32 markierte Steig, der rechts abzweigt und uns in einem weiten Linksbogen hinauf bis kurz vor das 2054 m hohe Thörl bringt.

Länger ist es, wenn wir an der Abzweigung hinab zur Kapellenalm gehen. Dann folgen wir dem Wirtschaftsweg oder dem Steig 286 zur Gusenalm. Von dort aus geht es wieder ansteigend weiter (Weg Nr. 22, 210, 10, E 10). Der Weg führt kurz nach Nordwesten weiter, dann knickt er rechts ab und bringt uns weiter ansteigend zum Thörl.

Ab dem Thörl sind beide Varianten wieder gleich. Wir folgen dem Steig zur Panoramaalm und gehen von ihr aus auf dem ansteigenden breiten Weg hinauf zum Gipfel. An der Panoramaalm geht auch der Fahrweg hinab zur Goldeckstraße, auf der wir nach rechts zum Parkplatz wandern.

15

Drei Hütten auf der Millstätter Alm

Kinderwagentour oder Gipfel

Diese Wanderung ist natürlich nicht nur etwas für Eltern, die einen Kinderwagen schieben. Die Bezeichnung bedeutet nur, dass dies möglich ist, da sie ständig auf geschotterten Almstraßen verläuft. Bei dieser aussichtsreichen Wanderung kommen wir zu drei Hütten, in denen wir einkehren können; für Kinder, die selbst gehen, steht jedes Mal ein Spielplatz bereit. Schon auf der Fahrt genießen wir herrliche Blicke hinab zum Millstätter See, oben bei den Hütten noch zusätzlich auf die Millstätter Alpe. Nach Süden sieht man zu den (von links) Karawanken, Julischen Alpen und den Karnischen Alpen mit den vorgelagerten Gailtaler Bergen.

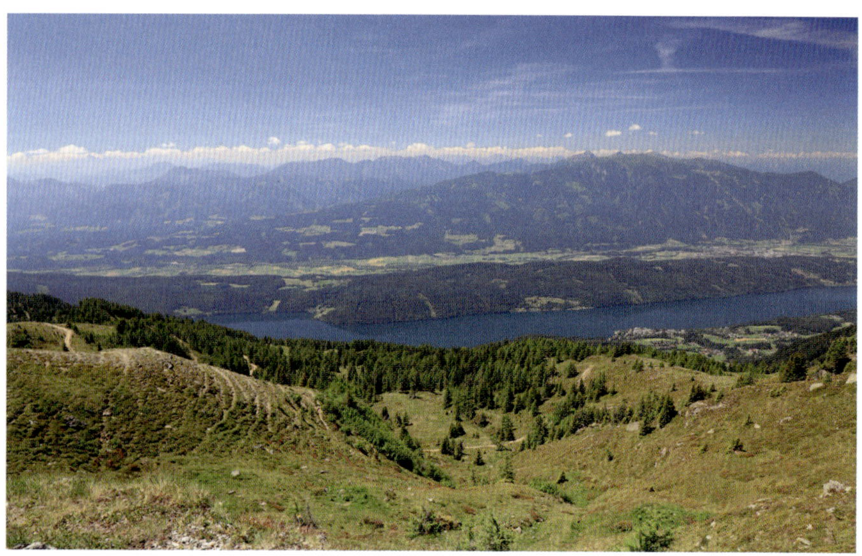

Grandioser Blick über den Millstätter See zur Bergwelt im Süden

Auf einen Blick

Schwaigerhütte, erreichbar auf der Millstätter Almstraße (Obermillstatt)

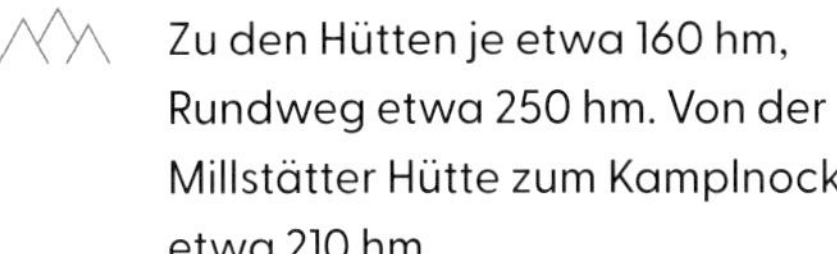

Zur Alexanderhütte etwa ½ Stunde, zur Millstätter Hütte etwa ¾ Stunde, zurück jeweils etwas weniger. Rundweg etwa 2 Stunden.

Zu den Hütten je etwa 160 hm, Rundweg etwa 250 hm. Von der Millstätter Hütte zum Kamplnock etwa 210 hm.

Kompass 066 Millstätter See

Schwaigerhütte, Alexanderhütte, Millstätter Hütte

Die Wanderung verläuft auf geschotterten Wirtschaftswegen, zum Kamplnock auf einem Steig. Kann bis auf den Gipfelanstieg auch bei Regen unternommen werden.

Wegverlauf

An der Schwaigerhütte müssen wir uns entscheiden. Wir können entweder nur zur Alexanderhütte oder zur Millstätter Hütte wandern und auf demselben Weg wieder zurückgehen. Der Weg zur Millstätter Hütte ist etwas steiler.

Oder wir machen eine Rundwanderung. Dann gehen wir erst zur Alexanderhütte, danach folgt noch ein kurzer Aufschwung, danach wandern wir fast eben weiter zur Millstätter Hütte. Von hier aus gehen wir auf dem Wirtschaftsweg wieder hinab.

Wer noch einen Gipfel besteigen will – dies ist allerdings nur ohne Kinderwagen möglich –, wandert von der Millstätter Hütte (1876 m) zum Millstätter Törl (1905 m). Von dort aus geht es nach rechts auf einem Steig hinauf zum Kamplnock (2101 m).

Über den Zwergsee zum Ortnerfall

Stiller See und Wasserfall

Diese Wanderung um Obermillstatt führt zuerst zu zwei idyllisch gelegenen Waldseen, danach zu einem der wenigen Wasserfälle im Nockgebiet. Er stürzt im tiefen Wald mit mehreren Kaskaden über schwarzes Gestein. Dazwischen kommen wir zum Aussichtspunkt Kanzel, der einen herrlichen Blick über den Millstätter See bietet.

Auf einen Blick

 Obermillstatt

 etwa 3 Stunden

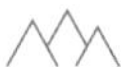 etwa 340 hm

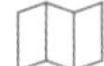 Kompass 066 Millstätter See

Ⓘ Die Wanderung verläuft meist auf Pfaden. Auf den Holzbrücken sollte man vorsichtig sein, denn sie können rutschig sein.

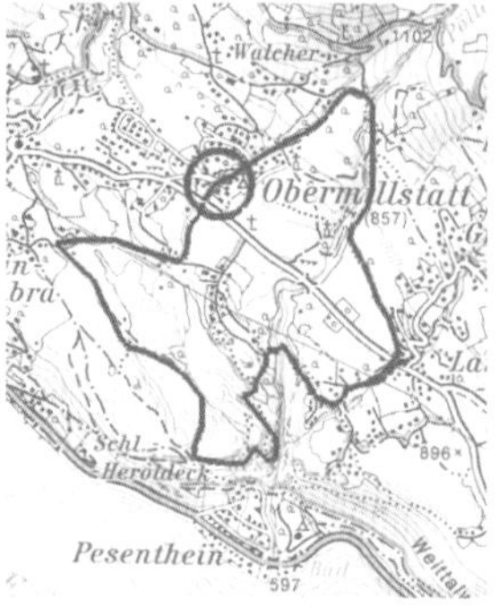

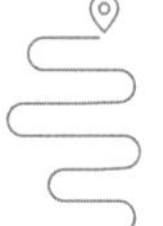

Wegverlauf

Wir gehen vom Parkplatz in der Ortsmitte hinab zur Landstraße und auf ihrer anderen Seite in Richtung »Kleindombra« auf dem Wiesenweg weiter, erst links, dann rechts des Bächleins bis zu den nächsten Häusern. Hier folgen wir dem breiten Weg nach rechts. Nach Haus 9 (Klieber) werden wir in Richtung »Klieberteich Zwergsee« nach links verwiesen.

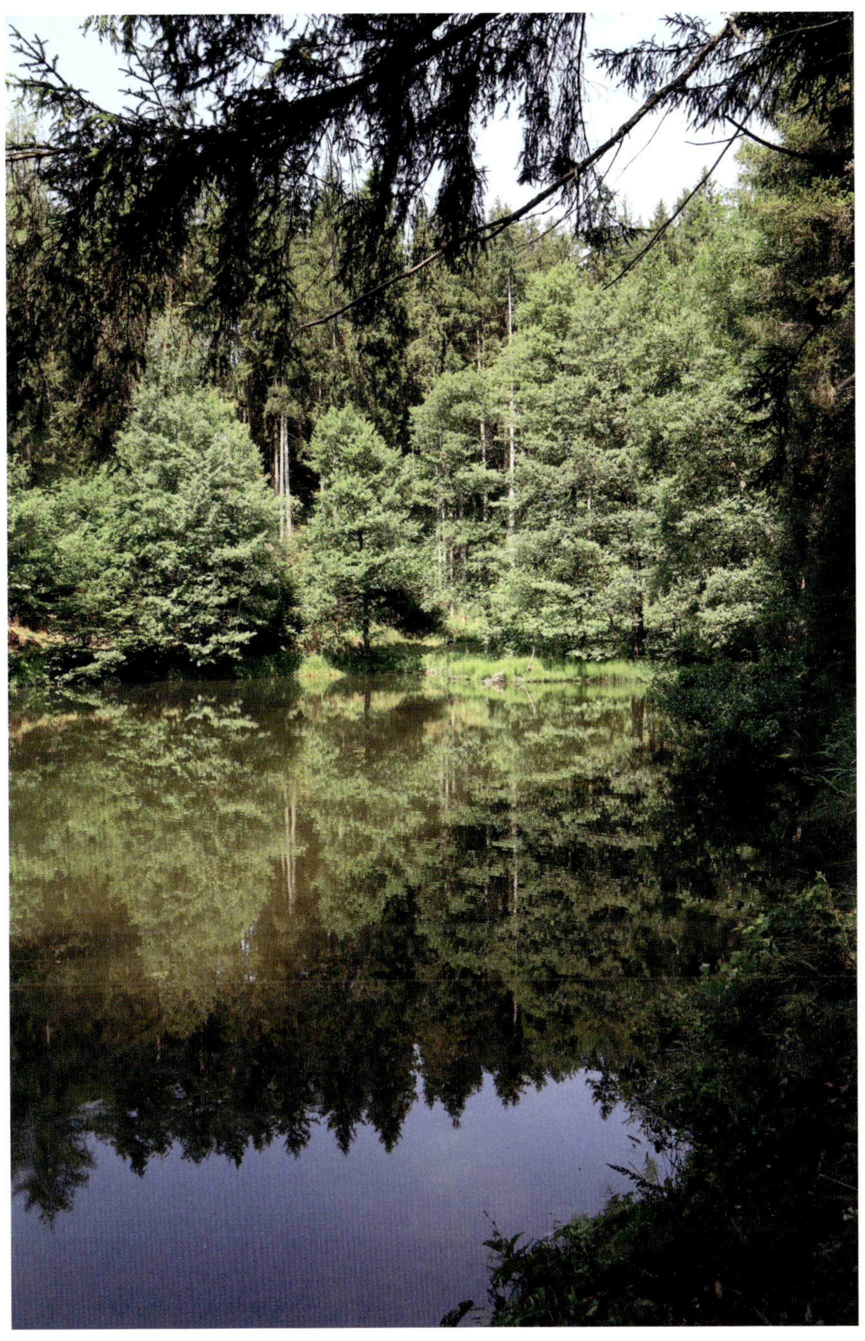

Der Zwergsee ist von einem dichten Wald umgeben.

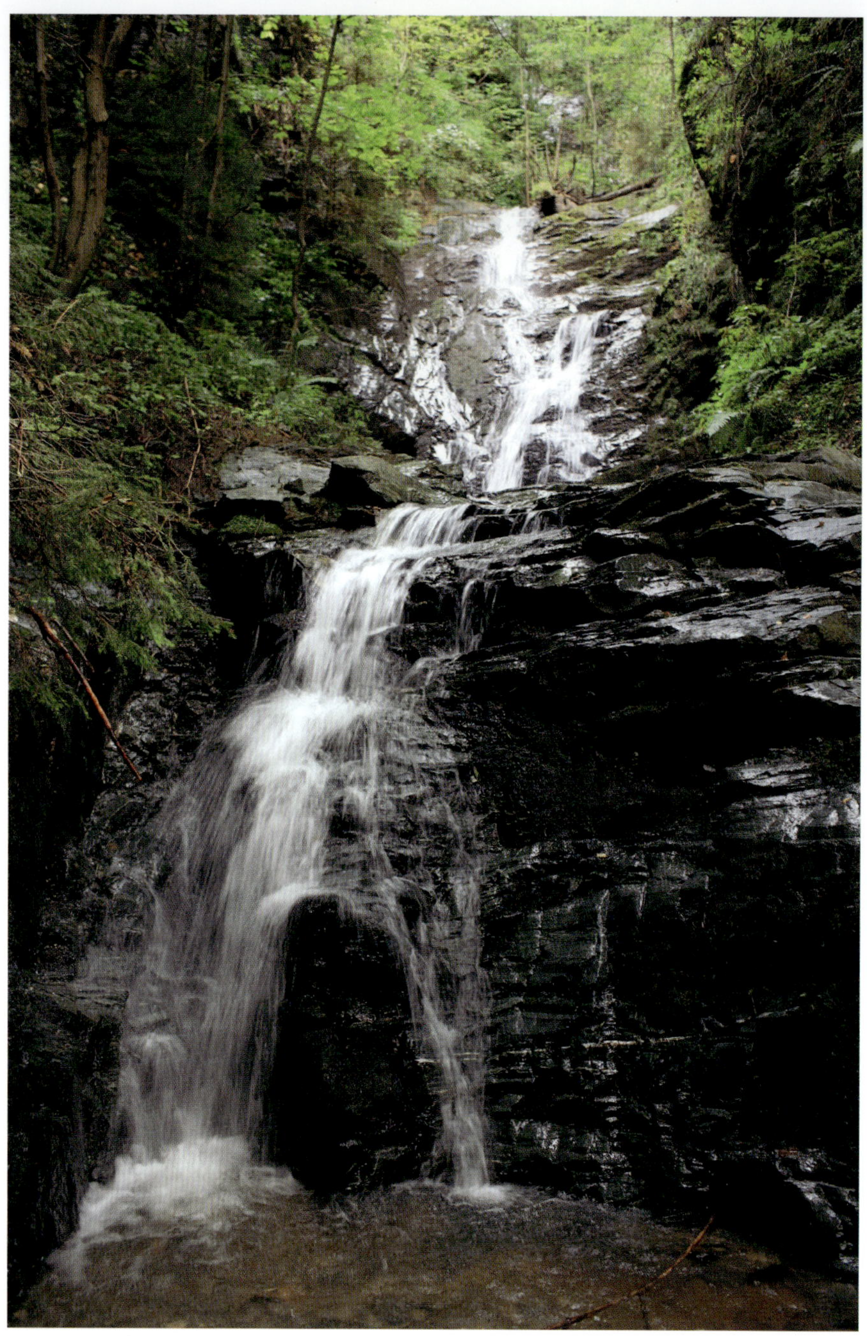

Allein durch das schwarze Gestein ist der Wasserfall eine Besonderheit.

Wir kommen in den Wald, es folgt ein kurzer Anstieg, dann sind wir am Klieberteich, danach geht es mit Auf und Ab weiter zum Zwergsee. Hier folgen wir kurz dem abwärts führenden breiten Weg, dann biegen wir in Richtung »Kanzel Obermillstatt« nach links ab. Wir überqueren einen Bach, es steigt an und bald können wir nach rechts einen Abstecher zum Aussichtspunkt Kanzel machen. Hier sieht man schön auf den Millstätter See und einen Wasserfall des Pesentheiner Baches.

Danach steigt es weiter an. Wir halten uns an die Schilder nach »Malchensitz Obermillstatt«, dann zweigt Weg 33 a nach rechts ab, nun orientieren wir uns an der Bezeichnung »Übergang Pöllandschlucht Lammersdorf«. Auf dieses Zeichen müssen wir immer achten. Wir kommen rechts an Malchensitz vorbei, danach steigen wir hinab in die Pöllandschlucht, dann geht es wieder hoch und über Wiesen nach Lammersdorf.

Wir überqueren die Landstraße und folgen dem kurz danach nach links ziehenden Weg nach »Obermillstatt«. Schließlich kommen wir zum Bach. Wer will, kann hinter ihm direkt nach Obermillstatt gehen. Der Weiterweg ist zwar eine halbe Stunde länger, aber durch den Wasserfall auch erlebnisreicher.

Hierzu gehen wir rechts des Baches durch die fast urwaldartige Schlucht weiter hinauf. Schließlich werden wir auf den »Rundweg« nach links verwiesen, steigen aber erst noch ein paar Minuten geradeaus weiter hoch zum Ortnerfall.

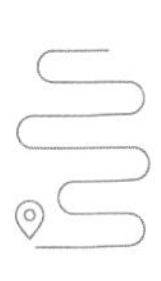

Anschließend gehen wir kurz zurück, dann folgen wir dem Rundweg nach rechts. Es steigt etwas an bis zu einer kleinen Straße, hier halten wir uns links bis zum Bach, wo wir nach links abbiegen und an ihm entlang zurück zum Ausgangspunkt gehen.

17

Kneipp- und Mühlenwanderweg Kaning

Eine Mühle nach der anderen

Auf dem Kneipp- und Mühlenwanderweg ist mit den verschiedenen Mühlen, den Spielgeräten und den Grillmöglichkeiten auch für Kinder allerlei geboten. Wer die Tour mit Kindern unternimmt, wandert den Weg vielleicht nur ab und kehrt nach der letzten Mühle, der Adammühle, um bzw. geht ein Stück auf der anderen Seite des Baches zurück. Ansonsten wandert man weiter das Langalmtal hinauf bis zur Petodnighütte oder sogar bis zur Erlacher Hütte.

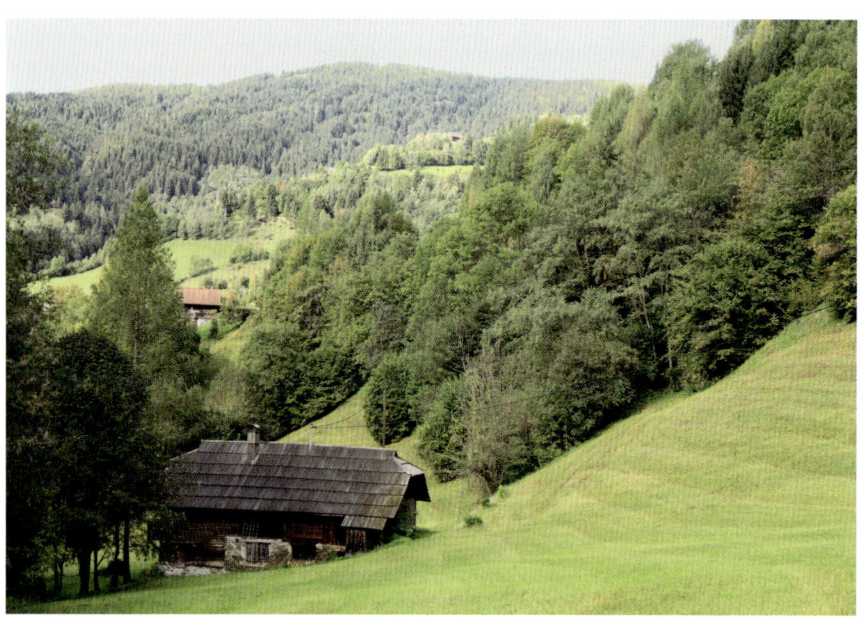

Die alten Gehöfte und Wirtschaftsgebäude unterwegs geben ein gutes Bild davon, wie es in den Nockbergen früher aussah.

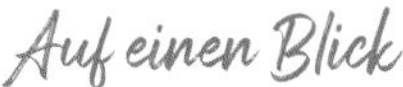

Kaning (Radenthein)

nur Mühlenwanderweg etwa 1 ½ Stunden, zur Petodnighütte etwa 3 ½ Stunden, zur Erlacher Hütte etwa 4 ½ Stunden

nur Mühlenwanderweg etwa 150 Meter, zur Petodnighütte etwa 450 Meter, zur Erlacher Hütte etwa 620 Meter

Kompass 063 Bad Kleinkirchheim

Gemütliche, aber stetig ansteigende Wanderung. Die Wanderung, zumindest die kurze Teilstrecke auf dem Mühlenwanderweg, wird auch **Kindern** viel Spaß machen. Sie ist auch mit stabilen Kinderwagen möglich. Wer beim Backen und Mahlen zusehen will, sollte sich vorher nach den Zeiten erkundigen.

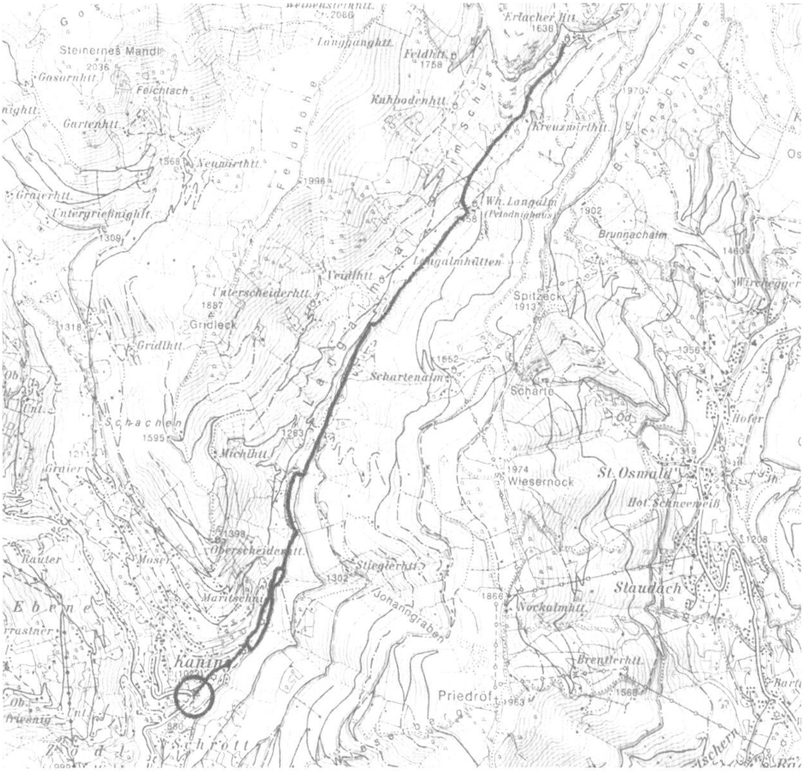

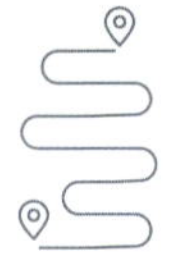

Wegverlauf

Der Wegverlauf ist einfach. Wir starten auf dem großen Parkplatz beim Türkhaus vor Kaning, dann müssen wir nur noch dem Weg durch das Langalmtal dem Roßbach entlang folgen.

Nach der Adammühle muss man sich entscheiden: Man kann entweder auf demselben Weg zurückgehen oder ein Stück auf der anderen Seite des Baches. Wer nach Kaning will, hat zwei Mal die Möglichkeit, vom Mühlenwanderweg abzuzweigen.

Oder man folgt dem Weg weiter bis zur Petodnig- oder weiter bis zur Erlacher Hütte. Von dort aus kann man entweder auf demselben Weg zurückmarschieren oder der Straße folgen. Dies hat den Vorteil, dass man ganz andere Eindrücke vom Tal gewinnt, allerdings muss man mit dem Zufahrtsverkehr zu den Hütten rechnen.

INFO

Am **Roßbach** hatte im 19. Jahrhundert fast jeder Kaninger Bauer seine Mühle, in der er sein Korn mahlte. Einst waren es 22 Flodermühlen, heute sind noch 6 erhalten, die alle aus dem 19. Jahrhundert stammen.

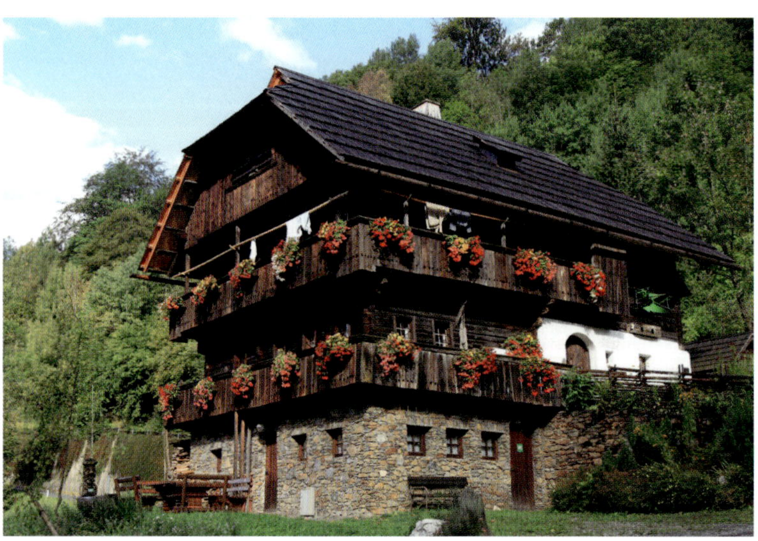

Das Türkhaus ist Ausgangspunkt dieser Wanderung.

Nockberge-Biosphärenpark-Runde

Zur Oswalder Bockhütte

Die Gegend oberhalb von St. Oswald, das ja mit seinen alten Bauernhäusern schon alleine sehenswert ist, bietet herrliche Wandermöglichkeiten in der prächtigen Natur der Nockberge. Man kann diese Runde immer so gestalten, dass sie einfacher und kürzer oder länger und damit auch etwas fordernder ist.

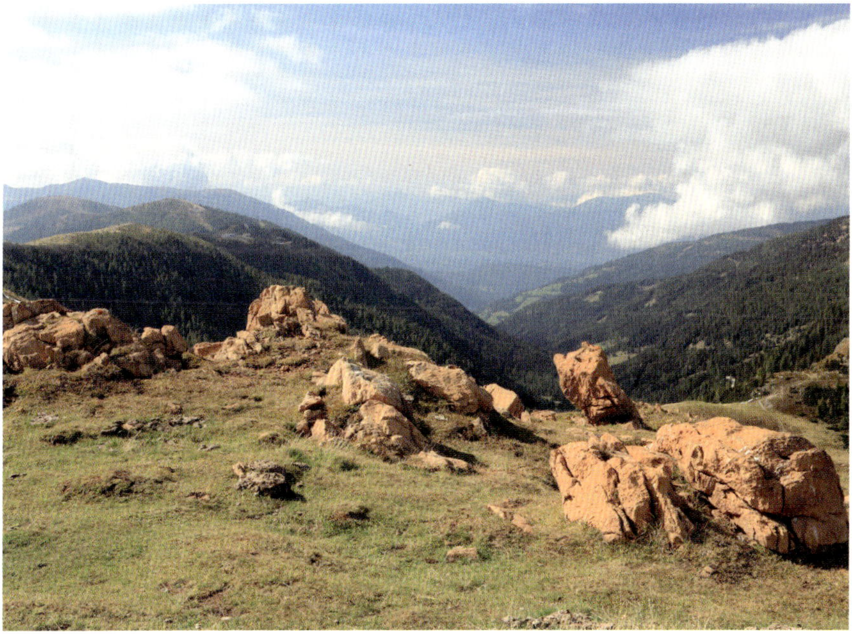

Die rote Farbe deutet auf den Eisengehalt des Gesteins hin. Nicht umsonst heißt eine der Felsformationen »Rote Burg«.

Auf einen Blick

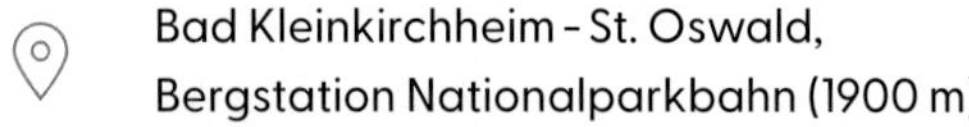

Bad Kleinkirchheim - St. Oswald, Bergstation Nationalparkbahn (1900 m)

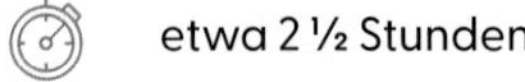

etwa 2 ½ Stunden

etwa 220 Meter

Kompass 063 Bad Kleinkirchheim

Leichte Wanderung für **nicht zu kleine Kinder.** Verläuft teilweise auf gut zu gehenden Pfaden, ansonsten auf breitem Weg.

Bergstation, St. Oswalder Bockhütte

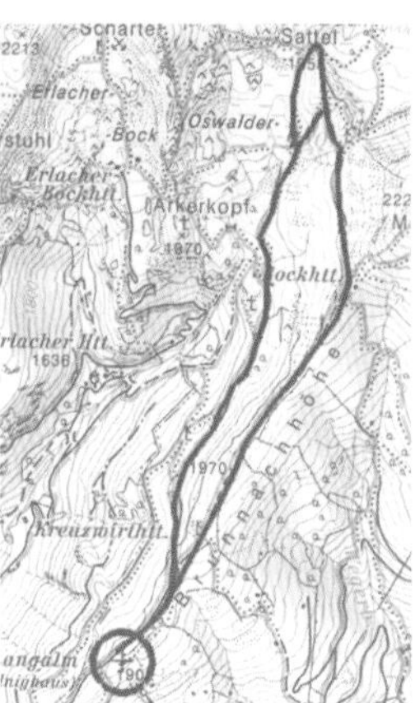

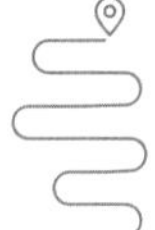

Wegverlauf

Wir halten uns an der Bergstation rechts und marschieren mit Auf und Ab auf dem breiten Weg in knapp 40 Minuten zum Brunnachgatter. Hier biegen wir links ab in Richtung »Kleinkirchheimer Wolitzenhütte«. Nun geht es in einer Viertelstunde hinab bis vor die wegen ihrer Farbe sogenannte Rote Burg. Hier sollte man mit Kindern eine Pause einlegen, in der sie diese Felsformation erobern können.

Dann geht es vor der Roten Burg nach links weiter, 5 Minuten später müssen wir uns entscheiden. Hier zieht der gut zu erkennende Weg scharf nach links weiter. Wir können ihm folgen und kommen in knapp einer halben Stunde vorbei an der Schwarzen Burg – sie hat ihren Namen ebenfalls wegen ihrer Farbe bekommen – zur Oswalder Bockhütte. Sind die Kinder etwas größer und einigermaßen trittsicher, wandern wir da, wo der Weg links abknickt, noch kurz geradeaus weiter. Der Pfad zieht nach links und wir steigen am Steilabsturz (keine Angst, man kann in einiger Entfernung gehen) ab zum Unteren Oswalder Bocksattel. Auch von hier aus geht es in knapp einer halben Stunde nach links zur Hütte.

Von dort marschieren wir in knapp 40 Minuten zurück zur Bergstation. Es geht erst rund 10 Minuten relativ flach in einen schönen

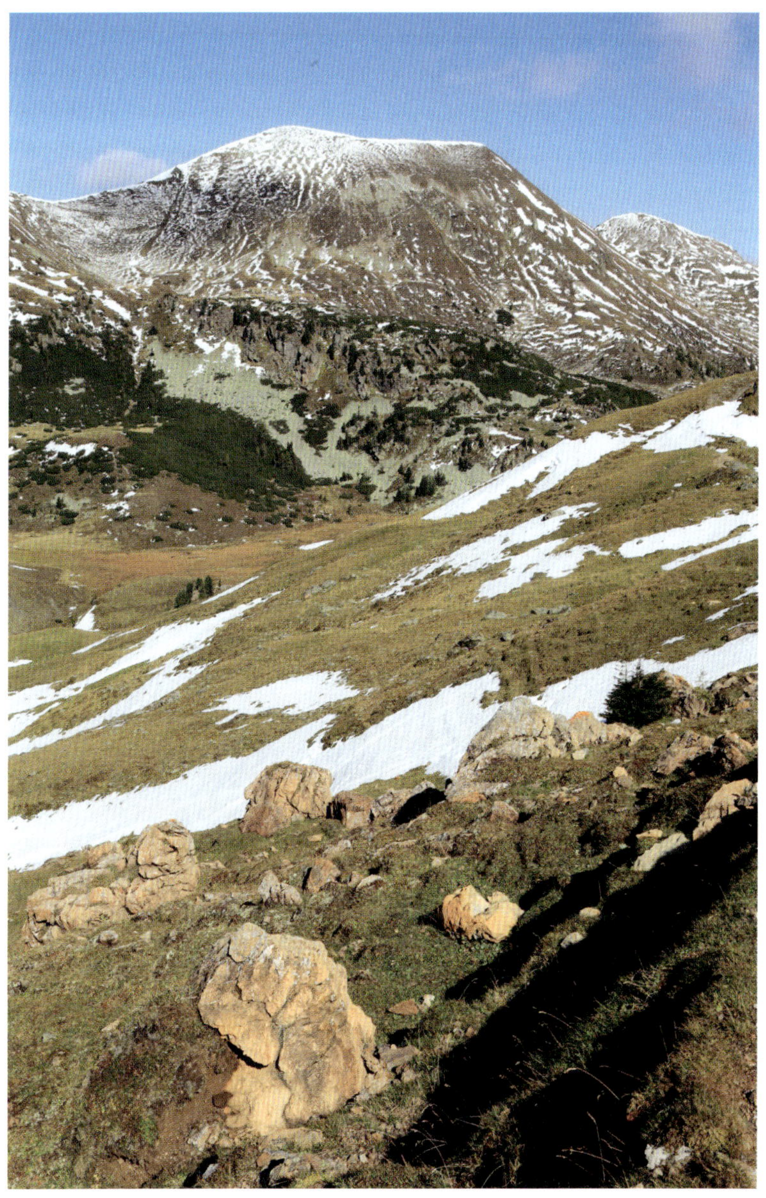

In den Nockbergen findet man nicht nur eine liebliche Natur, sondern auch ernst zu nehmende Berggestalten.

Lärchenwald, dann steigt es mäßig an zur Brunnachhöhe, wo wir nach rechts auf bekanntem Weg in ein paar Minuten zurück zum Ausgangspunkt gehen.

Wenn man anschließend noch Zeit hat, sollte man im Tal das pittoreske St. Oswald besichtigen.

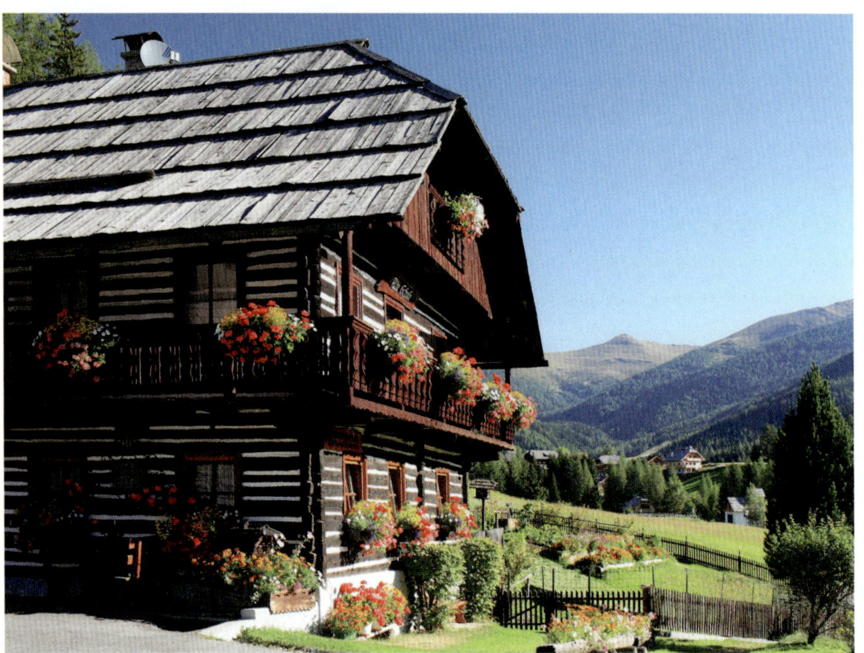

Typischer »Nockberge-Stil« in St. Oswald

INFO

St. Oswald mit seinen schwarzen Holzhäusern mit den Walmdächern bietet noch einen guten Eindruck von den früheren Orten und Höfen im Nockgebiet. Die 1228 erstmals erwähnte Pfarrkirche St. Oswald (Anfang 16. Jh.) besitzt eine sehenswerte Inneneinrichtung, u. a. mit Fresken von 1514 und aus dem 14. Jahrhundert (Sakristei). Hier findet man noch einige gut erhaltene und gepflegte alte Kärntner Bauernhäuser und Getreidekästen, z. B. Nr. 28, Nr. 25 und Nr. 32. In der 1565 erstmals erwähnten Schmiede befindet sich ein Handwerksmuseum und in der alten Badstube ist ein landwirtschaftliches Museum untergebracht. Die Sägemühle besitzt eine Venezianersäge.

Kirchheimer Talrunde

Natur und Kultur

Bei diesem »nock/art Wanderweg« wird viel Natur und Kultur geboten. Wir spazieren durch die Wiesen und Wälder beiderseits des Bad Kleinkirchheimer Tals, erleben verschiedene Bächlein, haben immer wieder einen schönen Ausblick ins Tal und auf den Ort und kommen an einem Museum, an Kirchen, Troadkästen und alten Mühlen vorbei.

Auf einen Blick

Bad Kleinkirchheim

etwa 4 Stunden

etwa 450 hm

Kompass 063 Bad Kleinkirchheim

Einfache Wanderung mit geringen Höhenunterschieden, meist auf festen Wegen, nur kurze Teilstücke auf Pfaden. Die Wanderung ist auch für **Kinder** geeignet, sofern sie die Länge bewältigen.

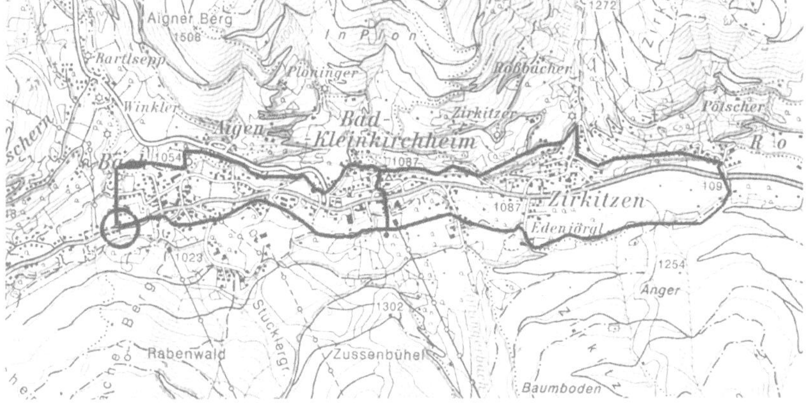

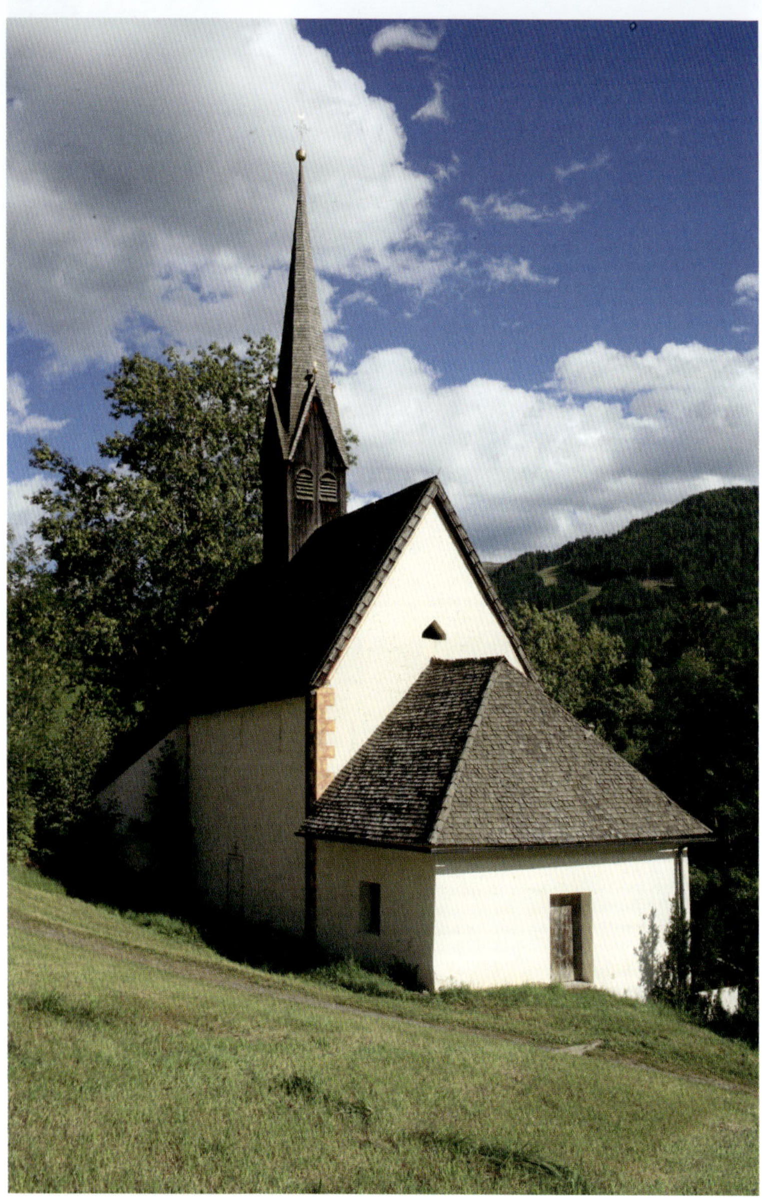

Kirche in Bad Kleinkirchheim

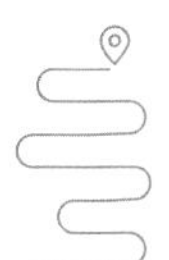

Wegverlauf

Parken können wir am westlichen Ortsausgang auf dem großen Parkplatz. Dann spazieren wir auf der Dorfstraße ins Zentrum, wo sich links die St.-Kathrein-Therme und rechts die Tourismusinformation befinden, hier besorgen wir uns am besten einen Ortsplan. Hinter dem Parkplatz bei der Tourismusinformation biegen wir nach rechts ab (»zum Talrundweg«). Wir orientieren uns immer an den »nock/art«-Wanderzeichen. Gleich darauf biegen wir links ab, an der nächsten Querstraße geht es vor der alten Brechlhütte etwas nach links versetzt weiter (»Talrundweg Römerbad«). Kurz darauf gehen wir nach rechts über den Bach zum Museumsstadel. Er ist allerdings meist geschlossen.

INFO

Der Tourismusort **Bad Kleinkirchheim** mit einer fast ganzjährigen Saison war bis in die Sechzigerjahre des 20. Jahrhunderts hinein fast unberührt, dann aber setzte eine stürmische Entwicklung ein, bedingt auch durch die Thermalquelle. Schon im 15. Jahrhundert wurde sie mit der Kathreinkirche überbaut und geschützt. Die Wassertemperatur beträgt beim Quellaustritt 36 °C, die Temperaturen im Römerbad und in der Therme St. Kathrein liegen zwischen 36 °C und 24 °C in den Freibecken.

Ein »Bauernbad« gab es bereits seit 1470. Entdeckt wurde die Heilquelle im 11. Jahrhundert vom Pfalzgrafen Poto, der sich hier vor seinen Häschern versteckte, als er gegen Kaiser Heinrich III. aufbegehrt hatte und die Verschwörung niedergeschlagen wurde. Er badete seine Wunden darin und war bald wieder gesund.

Der Ortsname kommt von »Chirchem«, den Zusatz »Klein« erhielt es erst im 16. Jahrhundert, im Unterscheid zu Großkirchheim im Mölltal. Östlich von Kirchheim ließen sich die Slawen nieder, die ihrem Ort den gleichen Namen in ihrer Sprache, nämlich Zirkitzen, gaben.

Danach kommen wir zur Kaiserburgbahn, vor ihr halten wir uns am Parkplatz links und gehen zwischen der Talstation und dem Römerbad weiter. Ist das Wetter gut und haben wir Zeit, können wir uns, wenn wir Inhaber einer Kärnten Card sind, überlegen, ob wir nicht einen Abstecher hinauf auf die Kaiserburg machen und dort zum Wöllaner Nock spazieren. Von ihm aus hat man einen prächtigen

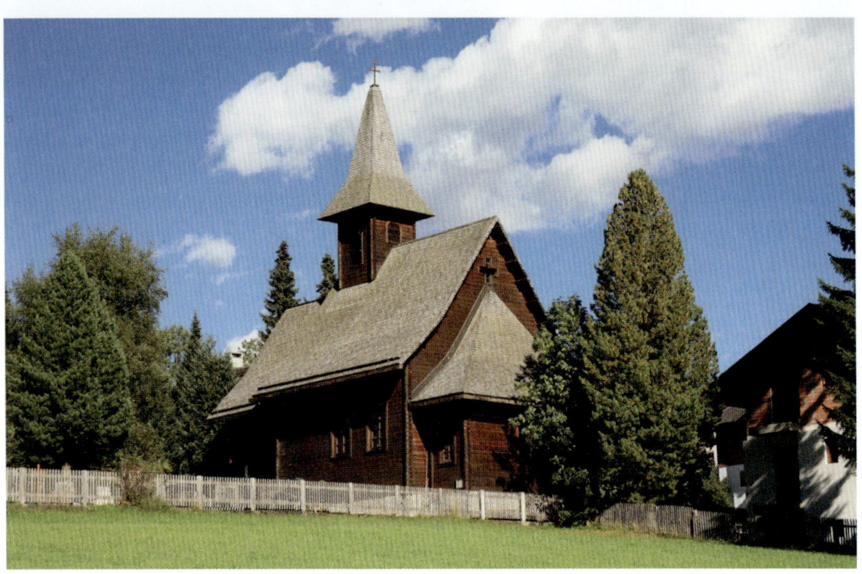

Die evangelische Kirche erinnert an skandinavische Holzkirchen.

Blick zu den Nockbergen und nach Süden. Wenn wir weitergehen, biegen wir nach dem Römerbadparkplatz nach rechts ab, dann nach links in den Mahlerweg. Gleich darauf nehmen wir den unterhalb des Troadkastens nach rechts abzweigenden Wiesenweg und spazieren auf dem folgenden Weg in Gehrichtung weiter.

Die beiden Fußballplätze umgehen wir rechts (»Rottenstein«) und wandern am Waldrand auf einem Wiesenweg, später im Wald, weiter. Nun steigt es etwas an, dann fällt es wieder. Wir kommen zu einem Haus und hinab zum Golfplatz und zur Landstraße. Auf ihrer anderen Seite steigt es wieder an (»Bad Kleinkirchheim«). Bei den Häusern zieht der Weg nach links, nun geht es im Wald weiter. Ab jetzt orientieren wir uns immer an der Bezeichnung »Sonnenweg«.

Den an einen Felsen angebauten Felsenhof umgehen wir rechts. Am nächsten Querweg biegen wir rechts ab, gleich darauf an der alten Mühle geht es nach links in den Zirkitzer Weg. An der Verzweigung gleich danach an der Hofgruppe folgen wir dem Sonnenweg nach links. Nach den Häusern geht es auf einem Wiesenweg weiter. Auch an der nächsten Verzweigung bleiben wir links auf dem Sonnenweg (»Ziehrer Weg«). An der nächsten Kurve zweigen wir nach rechts auf einen Pfad ab. Am übernächsten Haus (Schubertweg 1) geht es mit einem Links-rechts-Knick weiter.

Bald erreichen wir die katholische St. Ulrichskirche, die eine Besichtigung wert ist.

INFO

Die **St. Ulrichskirche** besitzt einen sehenswerten Altar, einige schöne Figuren und eine umfangreiche Ausmalung, wobei vor allem das Deckenfresko mit der Schlacht am Lechfeld interessant ist. Beachtenswert ist insbesondere auch die moderne Jakobskapelle hinter der Kirche. Sie besitzt eine hölzerne Wandverkleidung, eine stilvolle Ausmalung und einen interessanten Glaserker.

Vor der Kirche halten wir uns rechts zum Kirchenwirt und gehen rechts an ihm vorbei. Kurz darauf biegen wir in den Edelweißweg nach links ein, gleich danach sollten wir die alte Hubermühle beachten, sie ist eine typische Flodermühle. An der danach querenden St. Oswalder Straße biegen wir rechts, dann gleich links ab. Hier steht rechts die evangelische Kirche.

INFO

Die **evangelische Kirche** wurde um 1938 von dem Künstler Switbert Lobisser entworfen, auch die Innenausstattung stammt von ihm. Wenn sie geöffnet ist, sollten wir einen Blick hineinwerfen. Sie ist die einzige evangelische Holzkirche Kärntens und erinnert an skandinavische Gotteshäuser.

Dahinter folgen wir dem Wiesenweg. Schließlich stoßen wir nach dem nächsten Hof mit den beiden Troadkästen auf die Straße. Ihr folgen wir kurz nach links, nach dem Ortsschild Aigen und der Brücke biegen wir links ab. Nun geht es wieder hinab.

Bald sehen wir links unten die Kirche St. Katharina im Bade und gehen hinab zu ihr. Unterhalb von ihr können wir den Kräutergarten und die Augenquelle in der Grotte besichtigen. Dann biegen wir rechts ab. Nun steigt es etwas an bis zum Trattler-Kalkbrennofen.

Danach geht es noch 5 Minuten weiter, dann zweigt der Sonnenweg nach links ab. Wir wandern bis zu der querenden Schlucht, durch die der St. Oswalder Bach mit mächtigem Getöse stürzt. Links abbiegend kommen wir nach dem Wald zur alten Trattnigmühle, ebenfalls eine Flodermühle. Danach sehen wir einen Troadkasten. Wir spazieren geradeaus bis zur Landstraße und nach links zurück zum Ausgangspunkt.

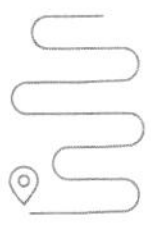

20

Großer Königstuhl

Dreiländergipfel mit prächtiger Aussicht

Dies ist eine der einfachsten Möglichkeiten, um zum Gipfel des aussichtsreichen Dreiländerbergs Königstuhl zu gelangen. Da wir bereits auf über 2000 Meter Höhe starten, sind hier auch weniger Höhenmeter als bei den anderen Zugängen zu bewältigen, sodass diese Tour sich wohl am besten für Kinder eignet.

Auf einen Blick

Eisentalhöhe (2042 m), mautpflichtig zu erreichen über die Nockalmstraße. Die Zufahrt zur Nockalmstraße erfolgt von der B 95 zwischen Ebene Reichenau und Turracher Höhe (im Süden) bzw. östlich von Krems in Kärnten (im Norden).

etwa 3 Stunden

etwa 300 Meter

Kompass 063 Bad Kleinkirchheim

Man wandert auf schmalen Steigen; wo keine Markierungen zu sehen sind, kann man auch »auf Sicht« gehen.

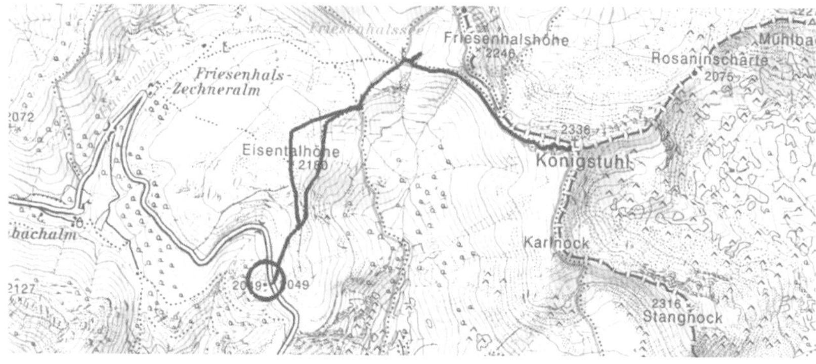

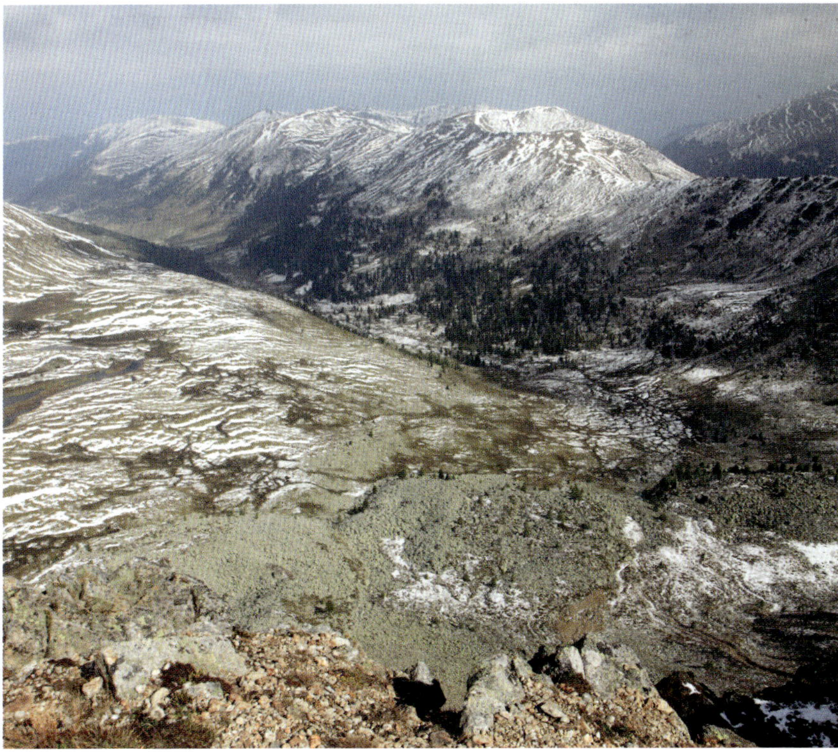

Bei einer lockeren Schneedecke, wie hier bei einem frühen Wintereinfall, wirkt die Landschaft gleich noch einmal dramatischer.

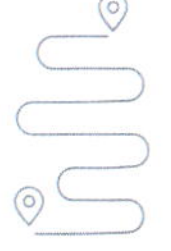

Wegverlauf

Wir wandern auf dem markierten schmalen Steig in nördlicher Richtung. Nach rund 500 Metern kommt eine Verzweigung. Der rechte Weg ist direkter, der linke bringt noch einen kurzen zusätzlichen Anstieg über die Eisentalhöhe (2180 m) mit sich.

Danach treffen wir auf den querenden Weg Nr. 118, der von links vom Grünleitennocklift herkommt. In ihn biegen wir nach rechts ein. Gleich darauf sehen wir links den kleinen Friesenhalssee. Oft befinden sich hier außer den Rindern noch Pferde auf der Weide.

Es geht nun weiter nach rechts zur Königstuhlscharte, wo der Weg vom Rosaninsee hochkommt und von dort aus auf Weg Nr. 125 steil empor zum Gipfel (2336 m).

Zurück gehen wir denselben Weg.

21

Vom Turracher See auf den Schoberriegel

Hoch über der Turracher Höhe

Der Schoberriegel ist der erste Gipfel einer Reihe weiterer in dem Kamm, der sich östlich der Turracher Höhe hinzieht. Er selbst ist relativ leicht – und somit auch für Kinder – zu erreichen. Eisenhut und die umliegenden Nockberge sind von ihm aus schön zu sehen.

Auf einen Blick

 Turracher Höhe

 etwa 2–3 Stunden

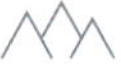 etwa 450 Meter

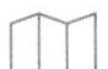 Kompass 063 Bad Kleinkirchheim

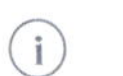 Der Weg verläuft auf einem Steig.

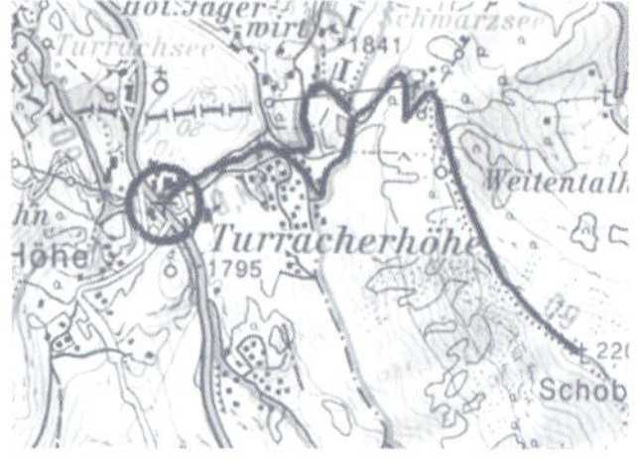

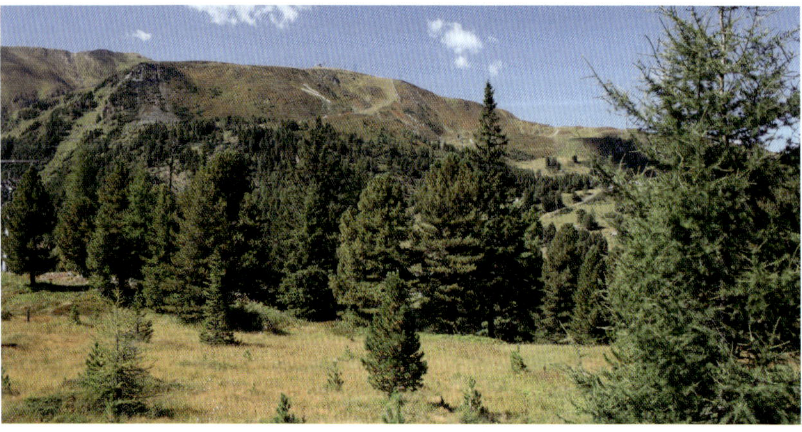

Auf dem Weg zum Schoberriegel.

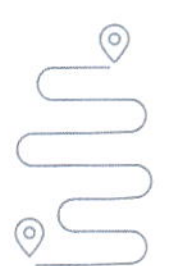

Wegverlauf

Vom Hotel Hochschober aus wandern wir ein Stück am Turracher See entlang – die Wegnummer 09 bzw. »Schoberriegel« ist bereits angeschrieben. Am unteren Ende der Lifttrasse weist Weg 153 nach rechts zum Schoberriegel. Es geht nun auf einem Steig weiter, bis wir unter ständigem Anstieg nach rund 1½ Stunden das Gipfelkreuz des Schoberriegels (2208 m) erreichen.

Zurück gehen wir denselben Weg. Wer möchte, kann am unteren Ende der Lifttrasse noch einen kurzen Abstecher zum Schwarzsee machen. Von ihm aus hat man einen schönen Blick zum Eisenhut, dem höchsten Berg der Nockberge.

INFO

Der **Turracher See** ist 19 Hektar groß und bis zu 33 Meter tief; er ist der größte der drei Seen auf der Turracher Höhe und der erste Kärntner See, an dem die Kanalisation fertiggestellt war (1972/73).

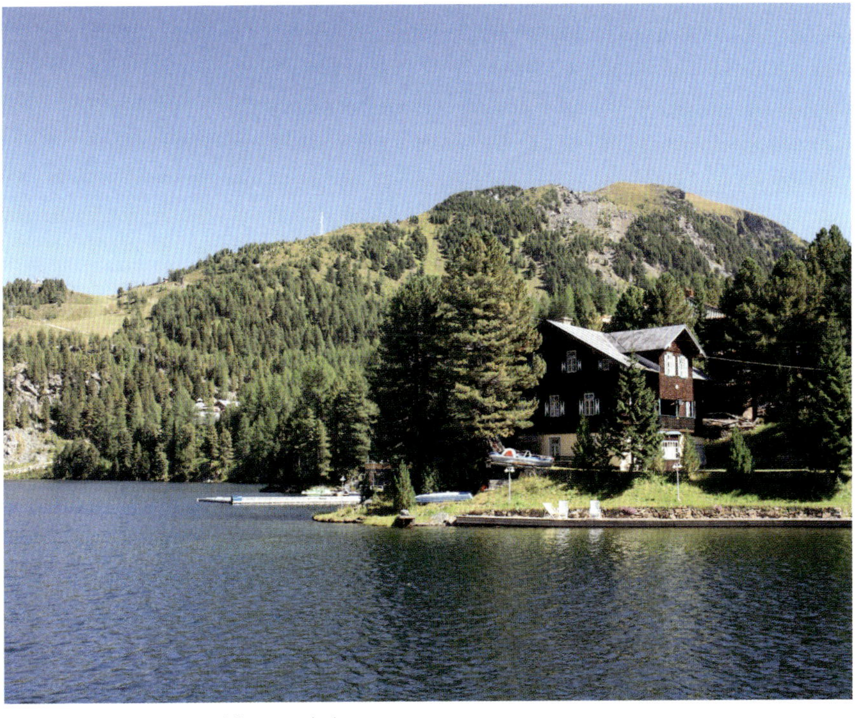

Am Turracher See lässt es sich gut aushalten.

Vier-Gipfel-Tour auf den Wöllaner Nock

Aussichtsparadies hoch über Bad Kleinkirchheim

Gleich hinter dem auch als Wintersport-Eldorado bekannten Bad Kleinkirchheim und seinem beliebten Römerbad reckt sich ein Bergmassiv gen Himmel, in dem der Wöllaner Nock eine Traumaussicht bietet, die ihresgleichen sucht. Den Anstieg dorthin bewältigen wir kräfteschonend mit der Kaiserburgbahn. Wir verbringen unseren Wandertag vollständig oben und fahren anschließend auch mit der Bahn wieder hinab – ein gemütlicher, aber ausgefüllter Tag ist also garantiert.

Auf einen Blick

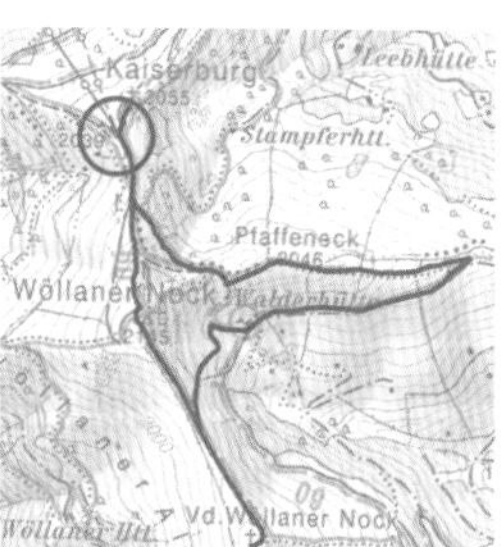

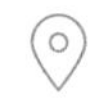
Bad Kleinkirchheim,
Bergstation der Kaiserburgbahn

etwa 2 Stunden

etwa 240 hm

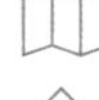
Kompass 063 Bad Kleinkirchheim

Walderhütte, Bad Kleinkirchheim

Wir wandern auf Pfaden, werden aber eine ausreichende Markierung vermissen. Dies ist allerdings in den Nockbergen nicht so schlimm, wandert man doch meist »auf Sicht«.

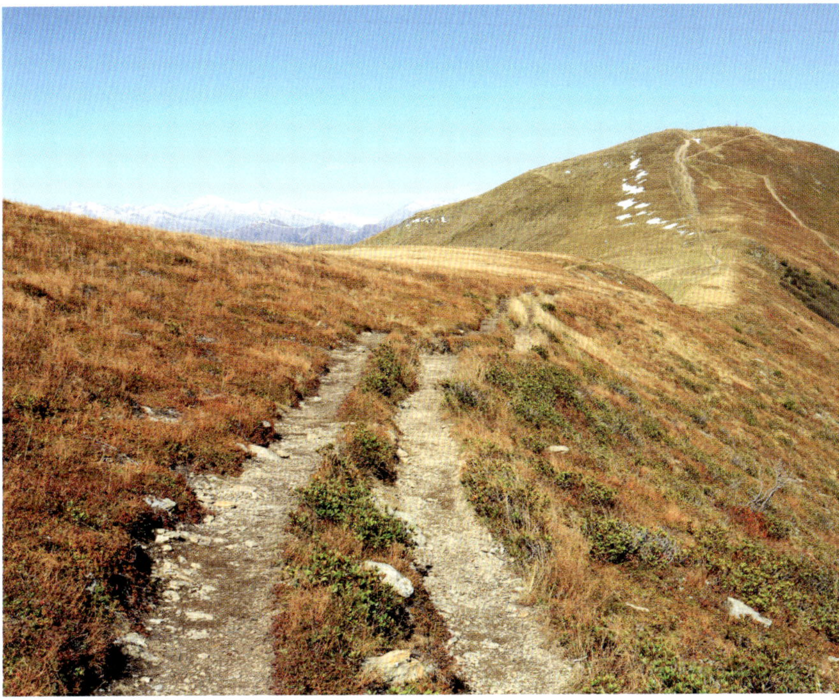

Von der Bergstation zum Wöllaner Nock führt ein bequemer Weg.

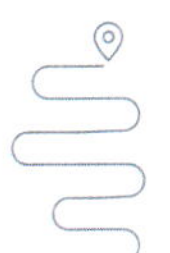

Wegverlauf

Gleich nach der Bergstation besteigen wir das links liegende »Felsmassiv« der Kaiserburg. Wer will, wandert nach der Kaiserburg in knapp einer halben Stunde auf den Gipfel des Wöllaner Nocks und erfreut sich an der Aussicht. Dort sieht man alles, was die Schönheit von Kärnten so ausmacht: Rundum natürlich die Nockberge, die Hohen Tauern, Karawanken, Julischen Alpen, Karnischen Alpen, das Kärntner Unterland, die Gerlitzen und und und. Umgeben ist das Gipfelkreuz von vielen Steinmanderln. Nun kann, wer möchte, noch etwas weiterwandern, bergab und bergauf zum Vorderen Wöllaner Nock. Aussicht: ebenfalls vom Feinsten. Dann geht es wieder zurück.

Wir binden die beiden Nocken jedoch in einen Rundweg ein: Nach fünf Minuten Richtung Gipfel weist die Markierung der »nock/art Route 3 Wöllaner Nock - Alpinrunde« nach links. »Walderhütte« ist hier ebenfalls schon angeschrieben.

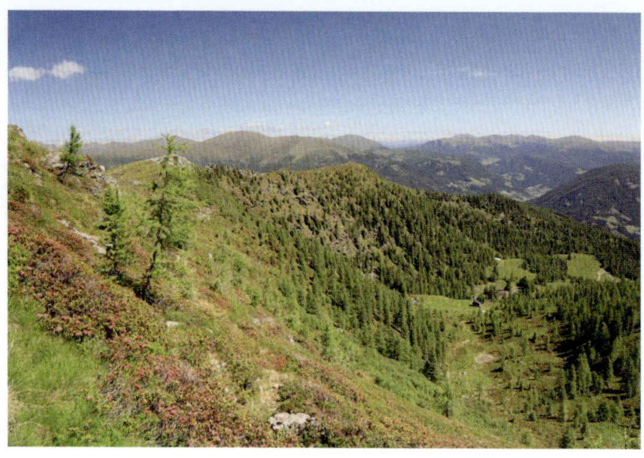

Weiter Blick über die Kärntner Bergwelt vom Höhenweg

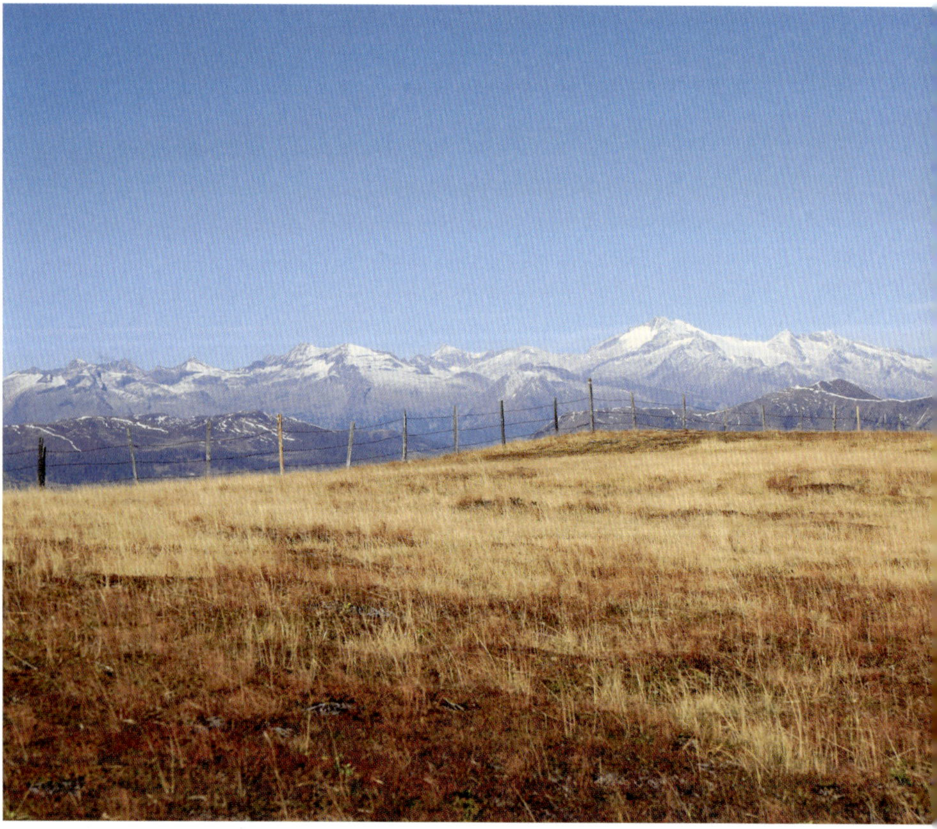

Auch zu den Hohen Tauern reichen die Blicke vom Weg und vom Wöllaner Nock.

Durch eine im Juni reich blühende Flora – hätte der Almrausch Promille, würde man bald schon schwanken, so reich sind die Hänge rot übersät – geht es zuerst eben weiter, dann aber hinab. Schließlich steht man direkt oberhalb der Walderhütte, steigt aber nicht ab zu ihr.

Nach links geht es über einen Bergrücken, über das Pfaffeneck, und vorbei – welch Überraschung: zahlreiche Modellflugzeugbauer haben hier ihren Startplatz! – hinab bis zu einem querenden Weg. Geradeaus kann man noch weiterwandern zu einem weiteren Aussichtspunkt, kehrt aber wieder hierher zurück.

Ansonsten folgt man dem festen Güterweg nach rechts. Weiter mit prächtigster Aussicht erreicht man schließlich die Walderhütte. Hier kann man einkehren.

Nun steigt es wieder an, im Prinzip zeichenlos, aber auf einem gut zu erkennenden Pfad, bis man den Höhenrücken erreicht, der Wöllaner Nock und Vorderen Wöllaner Nock verbindet. Nach rechts geht es über den Wöllaner Nock zwar zurück, aber zuerst hält man sich links zum Vorderen Wöllaner Nock.

Zusätzlich zur Aussicht gibt es hier fest installierte Sehrohre, die bestimmte Gipfel ins Blickfeld nehmen. Eine interessante Sache, die man sich nicht entgehen lassen sollte.

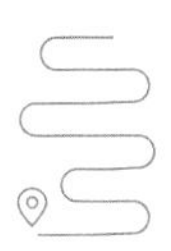

Danach macht man sich auf den Rückweg. Er ist nicht zu verfehlen: Es geht hinab und hinauf zum Wöllaner Nock und von ihm aus wieder hinunter zur Bergstation der Kaiserburgbahn.

Hoch hinaus von St. Oswald

Über den Mallnock zum Falkerthaus

Bei dieser Wanderung bewegen wir uns in der prächtigen Landschaft der Nockberge, seien es die weiten, grasbewachsenen Freiflächen auf der Höhe, sei es der Wald mit seinen markanten alten Bäumen. Wir fahren mit der Nationalparkbahn von St. Oswald bequem hinauf auf die Brunnachhöhe. Dort bietet sich uns eine herrliche Aussicht, vor allem nach Süden zur lang gestreckten Bergkette der Karawanken. Danach steigen wir auf interessanten und teilweise steilen Wegen über das Oswaldeck hinab zum Falkerthaus. Schön und interessant unterwegs sind der lichte Wald mit seinen uralten Bäumen und die Bäche mit ihren kleinen Wasserfällen und Kaskaden.

Auf einen Blick

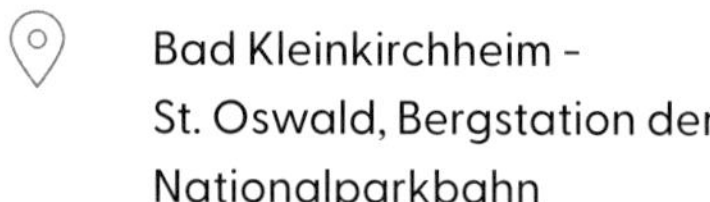

Bad Kleinkirchheim - St. Oswald, Bergstation der Nationalparkbahn

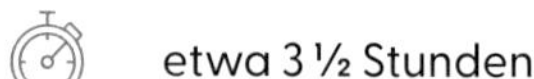

etwa 3 ½ Stunden

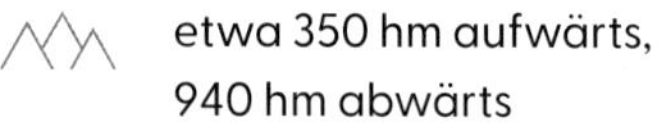

etwa 350 hm aufwärts, 940 hm abwärts

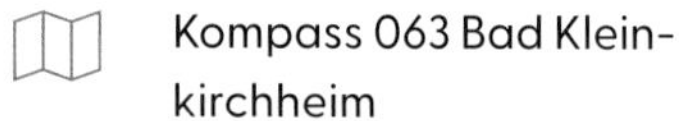

Kompass 063 Bad Kleinkirchheim

Falkerthaus

Wir wandern auf Steigen, die teilweise recht steil abwärts führen.

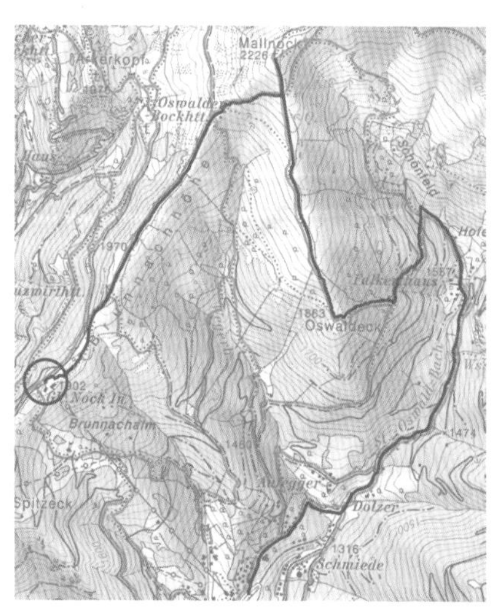

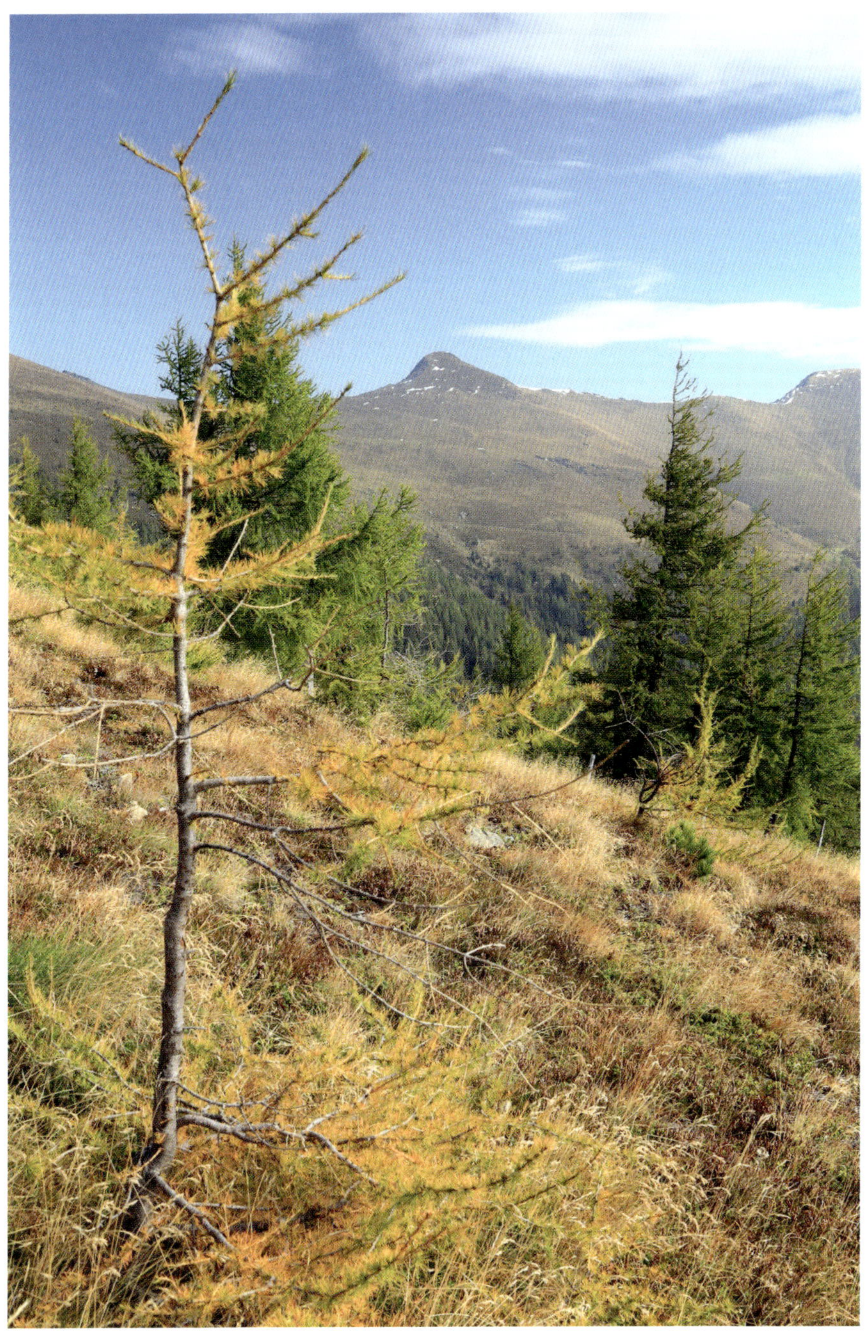

Vom Weg zum Oswaldeck bietet sich ein Blick zu dem Höhenrücken, der zum Falkert führt.

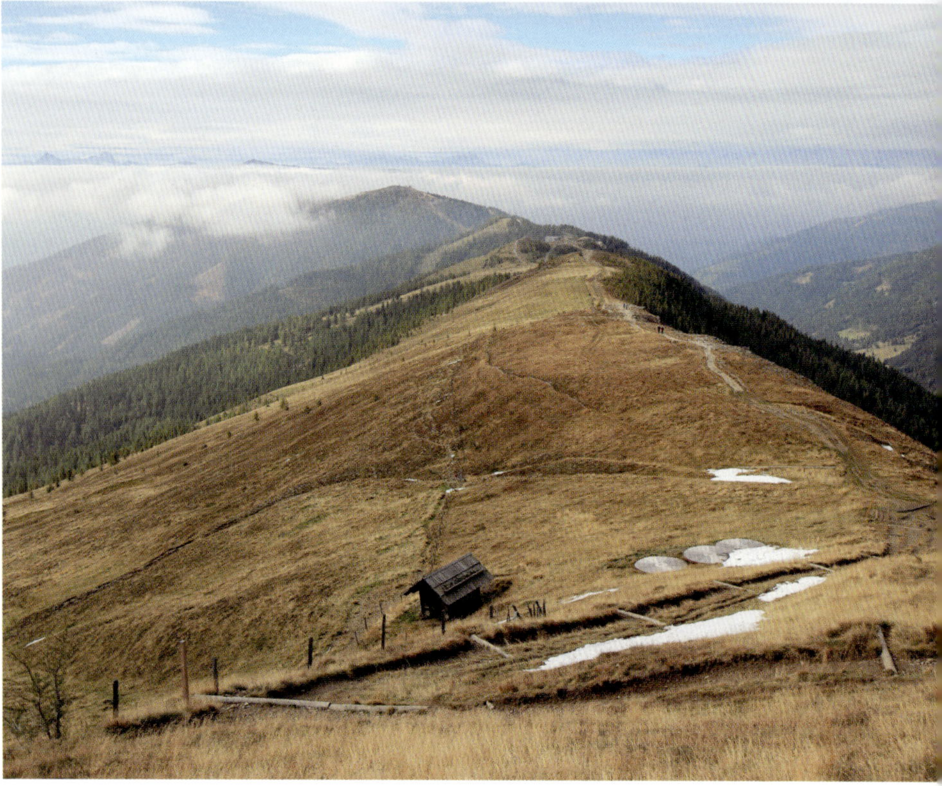

Blick vom Weg zum Mallnock nach Süden in Richtung Bergstation.

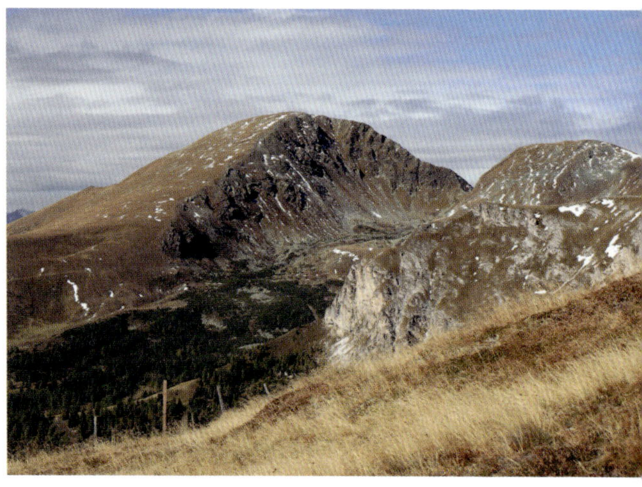

Der Große und der Kleine Rosennock sind mächtige Berggestalten.

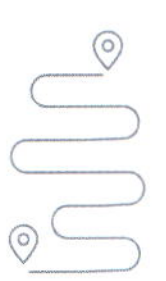

Wegverlauf

Zuerst geht es ab der Bergstation nach rechts in leichtem Bergauf zum Brunnachgatter, wo sich die Wege trennen. Wir steigen hier hinauf zum Gipfel des Mallnock. Die mächtigen Nockriesen wie Großer und Kleiner Königstuhl, Predigerstuhl und Pfannock hat man zwar schon seit der Bergstation im Blick, jetzt hat man sie aber auf »Augenhöhe«.

Vom Gipfel des Mallnocks geht es wieder etwas zurück, dann wandert man dort, wo der Pfad rechts abknickt, geradeaus weiter. Immer in der Falllinie, mit Blick vor allem nach links zum Falkert, geht es nun steil hinab zum Oswaldeck, das, wie der Name bereits vermuten lässt, direkt über St. Oswald liegt.

Von hier aus führt einen der Steig in prächtigem Wald im Zickzack und einen Forstweg überquerend bis vor einen Bach. Ihm folgt man nach rechts, wobei man viele kleine Wasserfälle sehen kann.

Das Falkerthaus mit seinen fangfrischen Forellen lockt zur Einkehr, danach schlendert man gemütlich zurück nach St. Oswald. Wenn man den Abzweig nach rechts nicht verpasst, kommt man am mächtigen Wegerstadl und einem kleinen, ehemaligen Troadkasten vorbei. Danach folgt man dem nach links ziehenden Weg, der einen zu den Parkplätzen der Bergbahn bringt.

24

Kornock und Rinsennock

Zwei Aussichtsgipfel oberhalb der Turracher Höhe

Die Turracher Höhe im Herzen der Nockberge bietet natürlich zahlreiche Wandermöglichkeiten im Biosphärengebiet Nockberge. Man ist dort auf der Passhöhe mit einer Höhe von 1795 Metern sowieso schon recht hoch, und für diese Tour fährt man weiter mit dem Lift hinauf – trotzdem steigt es aber noch ein Stück an.

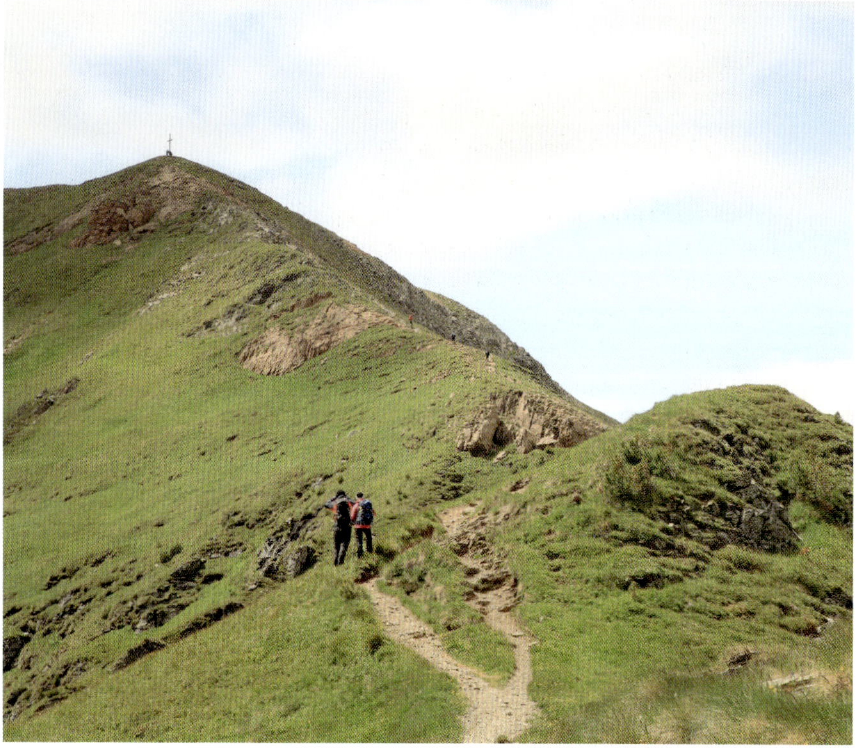

Blick zum Rinsennock, dem Ziel dieser Wanderung

Auf einen Blick

 Turracher Höhe, Bergstation der Panoramabahn

 etwa 2 ½ Stunden

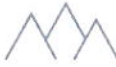 etwa 420 hm

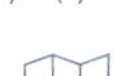 Kompass 063 Bad Kleinkirchheim

 Bergstation, Turracher Höhe

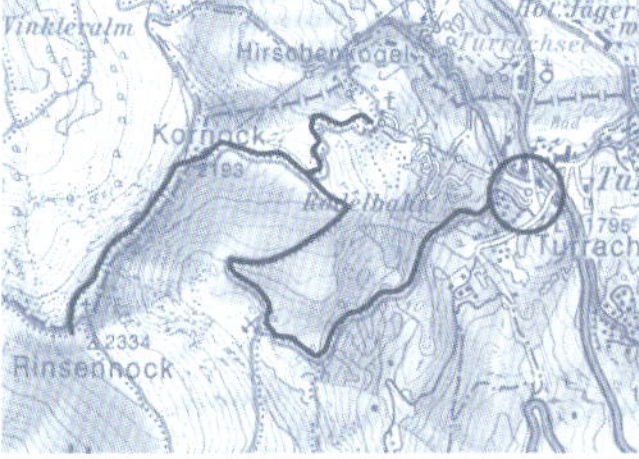

Wir wandern auf schmalen Steigen, die meist recht steil sind. Nach dem Kornock kommen auf dem Weg zum Rinsennock ein paar ausgesetzte Stellen, bei denen man schwindelfrei sein sollte.

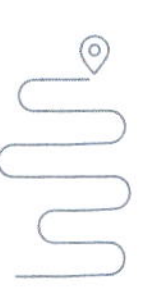

Wegverlauf

Wir fahren mit der Panoramabahn am Kärntner Ende der Höhensiedlung hinauf zur Bergstation (1968 m). Hier kann man sich in der AlmZeit-Hütte ein letztes Mal verköstigen.

Von der Hütte aus folgen wir dem Barbaraweg, der in Richtung »Kornock« (45 Min.) bzw. Rinsennock (1 Std. 15 Min.) weist. Er führt uns im Zickzack recht steil hinauf, bis wir vor einem Zaun auf eine Verzweigung stoßen. Nach links führt der Barbaraweg weiter, dies wird unser Rückweg sein. Erst biegen wir aber rechts ab in Richtung »Rinsennock«.

Weiter ansteigend erreichen wir bald die Bergstation der Kornockbahn bzw. den Kornock (2193 m). Hier gehen wir nach links weiter, das Gipfelkreuz des nur noch eine halbe Stunde entfernten Rinsennocks ist bereits zu sehen. Kurz danach kommen wir an ungewöhnlich gestalteten »Zeigesteinen« vorbei, die uns in vier Richtungen anzeigen, was wir dort alles an Bergen sehen können.

Es steigt erst mäßig, dann steiler an und der Weg wird auch felsiger. Zeitweise geht es rechts oder links steil hinab, da wir auf einem Grat wandern. Nach dem Schlussaufschwung erreichen wir schließlich das Gipfelkreuz des Rinsennocks (2334 m). Nun genießen wir die herrliche Rundumsicht: Großer und Kleiner Rosennock, Gregerlnock, Turracher Höhe, dahinter Schoberriegel und Gruft.

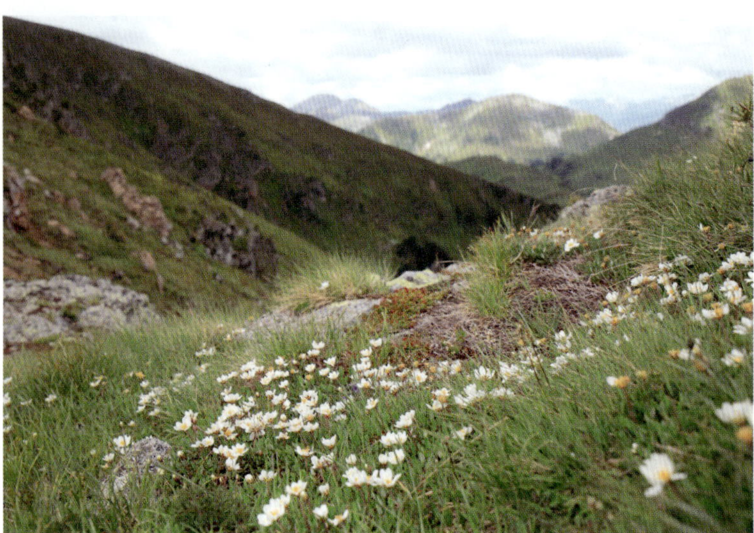

Die Wiesen mit ihren teilweise seltenen Blumen erscheinen ziemlich unberührt.

Nachdem wir uns ausgeruht haben, steigen wir wieder abwärts. Vorbei am Kornock erreichen wir wieder die Stelle, an der wir von links heraufgekommen sind. Nun können wir entweder links abbiegen und auf dem Anstiegsweg hinabgehen oder auf dem Barbaraweg geradeaus weiterwandern.

Der Barbaraweg bringt uns in wenigen Minuten zum 3-Seen-Blick, von wo man gut den Turracher See sowie ein wenig den Schwarz- und den Grünsee sieht. Rechts reicht der Blick bis zu den Julischen Alpen.

Nun zieht der Weg nach rechts und fällt in den Wiesen ab in die Kormulde. Vor einem kleinen Tümpel beschreibt der Pfad einen Linksknick und wir kommen nach weiterem Bergab zu einem verfallenen Knappenhaus. Dahinter sehen wir eine große Abraumhalde

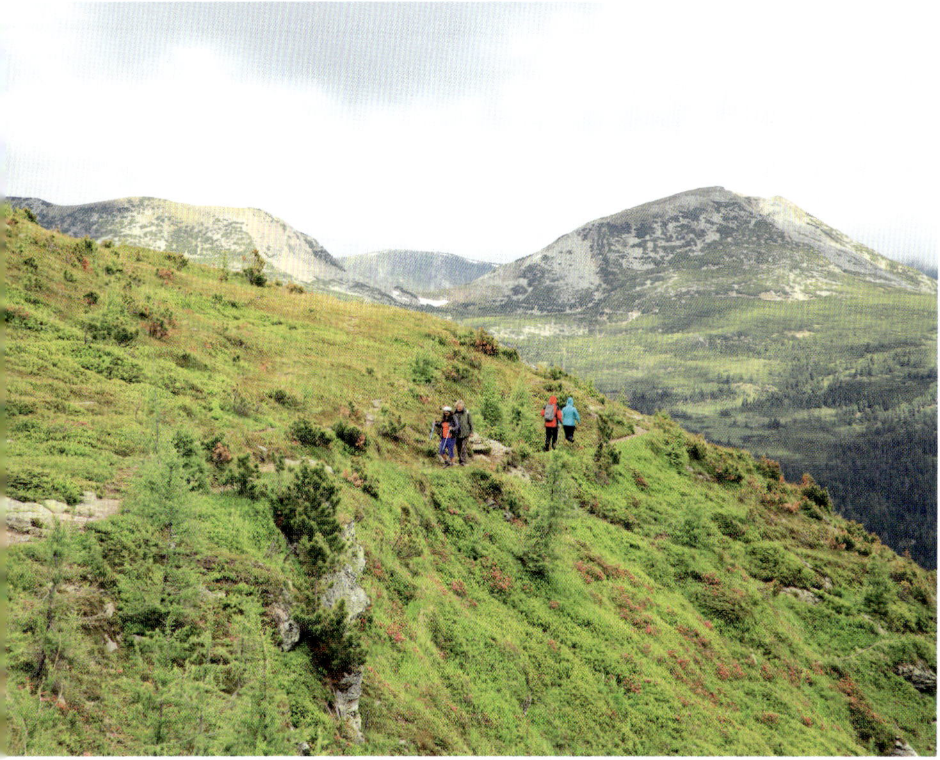

Auf dem Barbaraweg – ein prächtiger Blick auf die Nockberge ist garantiert.

des früheren Bergbaus, rechts hinter dem Bach erblickt man eine Höhle, den ehemaligen Zinnoberstollen.

In den Wiesen finden wir zahlreiche Alpenblumen, auch Orchideen wie Knabenkräuter wachsen hier. Nach einem Linksbogen führt uns der Pfad in einen lichten Wald mit vielen Zirben und Lärchen. Nun geht es bergab.

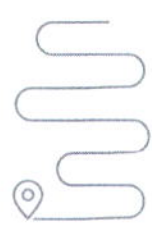

Wir queren eine Lawinenmauer und erreichen kurz danach die ersten Häuser, dahinter liegt die Panoramabahn. Nach rechts gehen wir zurück zur Talstation.

25

Drei-Seen-Wanderung auf der Turracher Höhe

Turrachsee – Grünsee – Schwarzsee

Wenn eine Landschaft schön grün ist, dann heißt das, dass sie gut mit Wasser versorgt ist. Auf der Turracher Höhe gibt es viel davon, denn der Ort ist gleich von drei Seen umgeben, die wir uns bei dieser Wanderung alle ansehen. Dazu bewegen wir uns in einer fantastischen Landschaft, mit Alpenrosen, Knabenkräutern und weiterer Almflora, vor allem aber mit markanten alten Zirben. Es sind richtige Baummethusalems, die einem Bewunderung abverlangen.

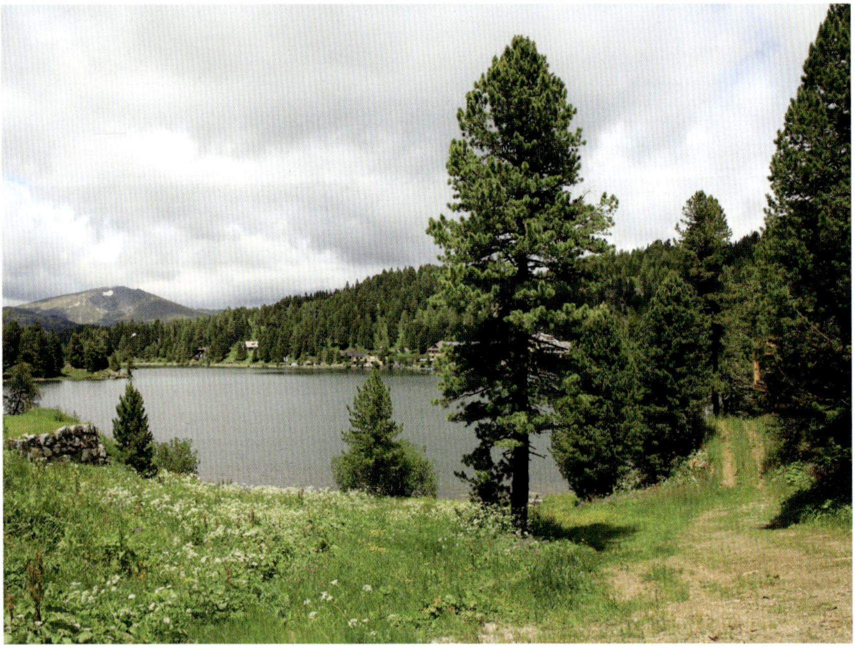

Hinter dem Schwarzsee erhebt sich mit dem Großen Eisenhut der höchste Berg der Nockberge.

Auf einen Blick

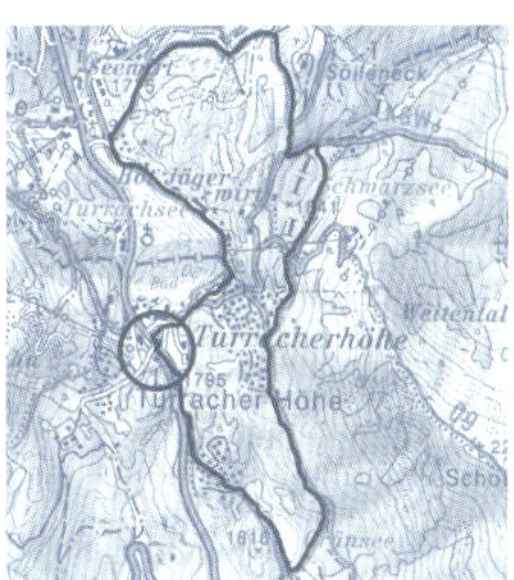

 Turracher Höhe

 etwa 2 Stunden

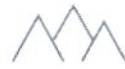 etwa 110 hm

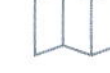 Kompass 063 Bad Kleinkirchheim

 Turracher Höhe

 Wir wandern überwiegend auf Pfaden.

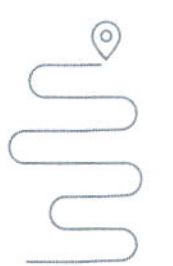

Wegverlauf

Man parkt, aus Kärnten kommend, gleich am Ortsrand. Dann geht man etwas zurück, bis links ein Weg Richtung »Karlsiedlung« abgeht, auch die Beschilderung »3-Seen-Wanderung« sieht man.

Das Sträßchen führt durch die Siedlung und bringt uns zum Grünsee. Nach ihm zweigen wir links ab und wandern entlang seiner Ostseite zurück Richtung Turracher Höhe. Bald hat man zwei Möglichkeiten. Entweder man zweigt rechts ab und geht direkt zur Sonnalmhütte. Oder man wandert geradeaus weiter bis zu einem querenden Weg und hält sich dort rechts zur Sonnalmhütte.

Bei der Sonnalmhütte hat man nach links bereits einen schönen Blick zum Schwarzsee, hinter dem der Eisenhut in die Höhe strebt; er ist nicht nur der höchste Berg der Nockberge, sondern der ganzen Gurktaler Alpen.

Wir gehen hinab zum See und an seinem Ostufer entlang; immer wieder kommen wir an interessanten Informationstafeln vorbei. Nach dem See geht es nach links weiter, erst kann man aber dem Schild Richtung »Stollen« folgen und auf einem Pfad geradeaus weitergehen. Man kommt zwar nicht zu einem offenen Stollenloch, aber zu einer Abraumhalde des einstigen Kohleabbaus. Zudem säumen mächtige Zirben den Weg.

Danach geht man wieder zu dem breiten Weg zurück und orientiert sich rechts. Kurz danach kann man entweder geradeaus weitergehen, wenn man nur eine kurze Wanderung unternehmen

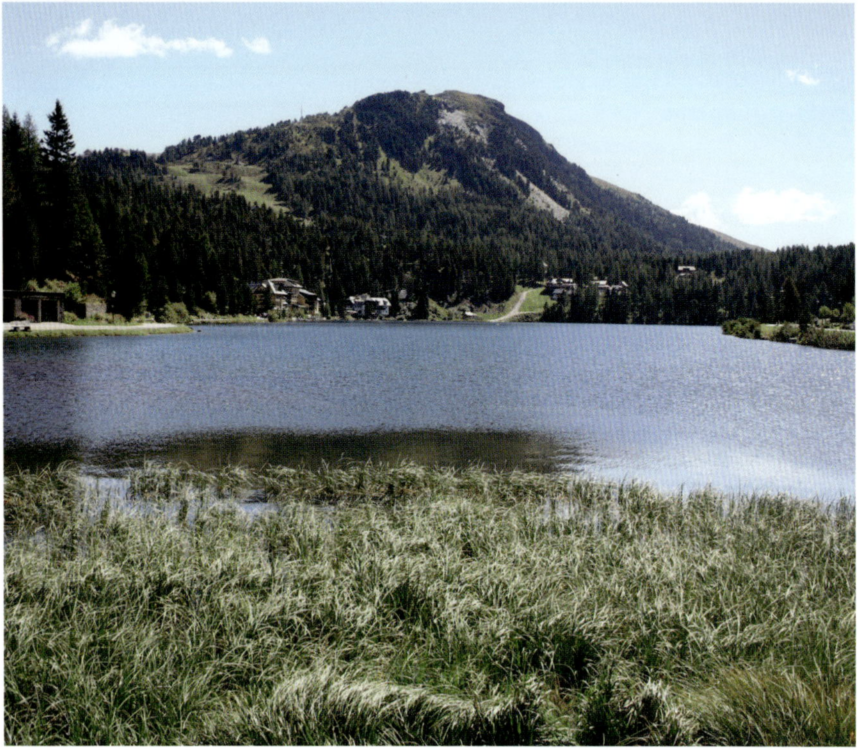

Blick über den Turrachsee in Richtung Schoberriegel.

will. Schöner ist es allerdings, man folgt dem Schild nach rechts. Nun führt uns der Weg durch ein Moor; feuchte Stellen sind durch einen Bohlenweg entschärft. Wir sehen weitere interessante Baumgestalten, außerdem Blockhalden von Steinen, die durch Frostsprengung aus dem Fels entstanden sind. Und vor uns sehen wir immer noch zum Eisenhut.

An einem querenden breiten Güterweg halten wir uns links. Er führt uns in einigen Windungen hinab zum Turrachsee. Hier orientieren wir uns links und wandern an seinem Ostufer entlang. Nach dem letzten Haus kommen wir in den Wald und der Weg steigt etwas an. An einem Querweg biegen wir rechts ab und erreichen bald wieder unseren Ausgangspunkt.

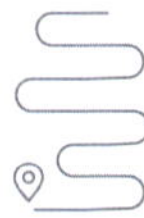

Wandern ab der Nockalmstraße

Über den Grünleitennock zum Friesenhalssee

Die beliebte Nockalmstraße führt nicht nur Autotouristen in und durch den herrlichen Biosphärenpark Nockberge, sondern eröffnet auch Wandermöglichkeiten, die sonst nicht oder nur schwierig möglich wären. Zu den Zielen, die man von der Nockalmstraße aus gut erreichen kann, gehört auch der Grünleitennock. Eine herrliche Fernsicht – in diesem Fall unter anderem auch zu den Hohen Tauern mit der Hochalmspitze – ist deshalb garantiert. Ein schöner Bergsee, eingerahmt in die ihn umgebenden Höhenzüge, ist auch der am Fuß des Königstuhls liegende Friesenhalssee, an dem wir als Zwischenstation vorbeikommen.

Auf einen Blick

 Zechneralm, erreichbar über die Nockalmstraße

 etwa 3 Stunden

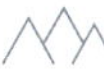 etwa 400 hm

 Kompass 063 Bad Kleinkirchheim

 Zechneralm, Pfandlhütte

 Wir wandern auf Pfaden. Vom Grünleitennock aus geht es steil über Wiesen hinab, sie ist deshalb bei feuchtem Wetter nicht zu empfehlen.

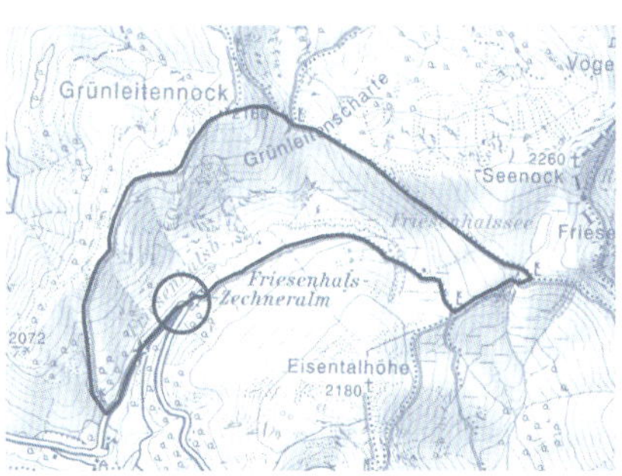

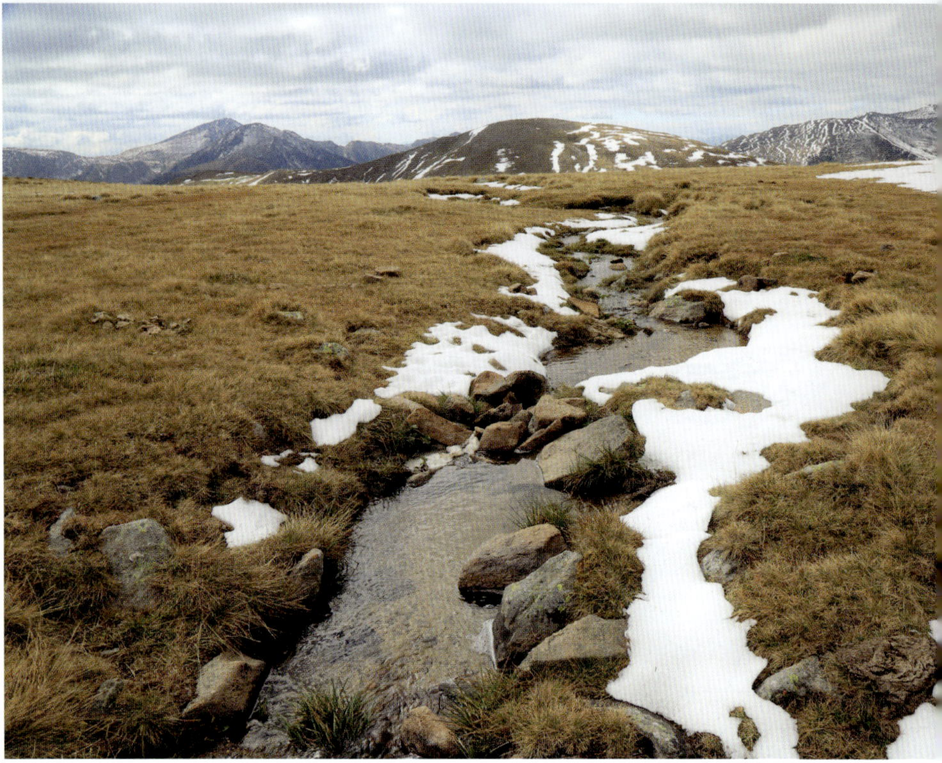

Vom Friesenhalssee mäandert der Ausfluss über die Wiesen.

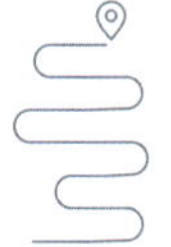

Wegverlauf

Von der Zechneralm spaziert man auf der Straße kurz hinab bis vor die Pfandlhütte, in der eine Ausstellung in das »Reich der Murmeltiere« einführt. Hier lohnt sich ein Besuch.

Kurz vor der Hütte biegen wir rechts ab auf einen breiten Weg, der gleich danach am Hang als Steig nach rechts aufwärts führt. »Grünleitennock 1 Std.« ist angeschrieben. Nun geht es immer in der Falllinie hinauf. Die schönen Lärchenbestände und die Aussicht – ab und zu mal anhalten und sich umdrehen ist nicht nur Erholung für Beine, Lunge und Herz, sondern auch ein visuelles Erlebnis. Es geht immer am Zaun entlang, schließlich wird es flacher und dann hat man den Gipfel des Grünleitennocks (2160 m) erreicht. Links sieht man die Bergstation der Bahn.

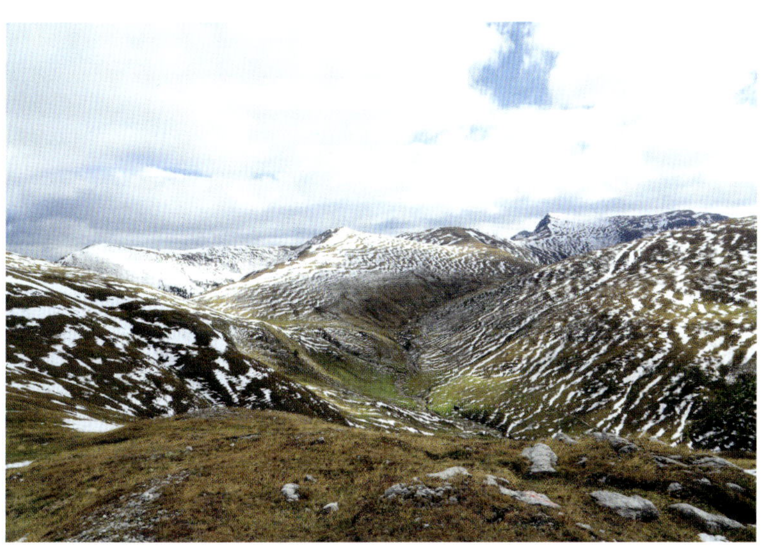

Früher Schnee berzieht die Höhen und modelliert die Landschaft gut erkennbar heraus.

Nun folgen wir jenseits des Stacheldrahtzauns dem auf einem Fels aufgemalten Pfeil nach rechts abwärts. Es geht über die Weide außerordentlich steil hinab, einen Weg gibt es nicht und ausrutschen sollte man tunlichst auch nicht.

Dafür ist das Ziel schon in Sichtweite: die Grünleitenscharte (2040 m). Hier folgen wir dem gelben Wegweiser. Von hier aus steigt man wieder an, praktisch auf die gleiche Höhe wie der Grünleitennock. Der Weg ist durch weiß-rot markierte Pfosten gut erkennbar.

Schließlich hat man den links des Weges liegenden Friesenhalssee erreicht. Vom See aus geht es nach rechts kurz hinab in einen Sattel. Von hier aus wandert man nach rechts in gut einer halben Stunde auf einem Pfad zurück zur Zechneralm. In dieser kann man einkehren, auf dem Bauernmarkt einkaufen oder die Almwirtschaftsausstellung besuchen.

27

Über die Millstätter Alpe

Vom Zauber der Halbedelsteine

Die Granate auf der Millstätter Alpe sind rötliche Halbedelsteine, die hier im wahrsten Sinne des Wortes auf dem Weg liegen, so zahlreich, dass man beim Wandern praktisch auf ihnen geht. Was aussieht wie kleine runde Kieselsteinchen, sind bei näherem Hinsehen rohe Granate. Früher wurden sie bergmännisch gewonnen, nach Böhmen zum Weiterverarbeiten gebracht und als böhmische Granate zu Schmuck verarbeitet. Wenn man Glück hat, kann man auf der Tour das eine oder andere schöne Stück finden, das vielleicht von einem starken Regenguss freigespült wurde.

Auf einen Blick

Lammersdorfer Hütte, erreichbar auf einer asphaltierten Mautstraße

etwa 3 Stunden

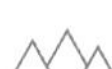

etwa 460 hm

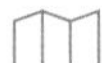

Kompass 063 Bad Kleinkirchheim

Lammersdorfer Alm

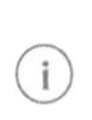

Man wandert auf Steigen und Güterwegen. Beim Abstieg ist Aufmerksamkeit angebracht, einerseits wegen des steilen Steigs, andererseits wegen des Wegverlaufs.

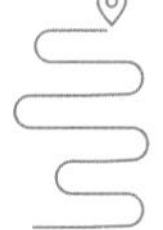

Wegverlauf

Wir wandern rechts an der Hütte vorbei, halten uns nach ihr gleich links und dann wieder rechts. Immer wieder sieht man Wanderzeichen mit einem gemalten Enzian, als Wegnummern gelten die 191 und 192. Gleich zu Anfang sollte man sich die Übersichtstafel

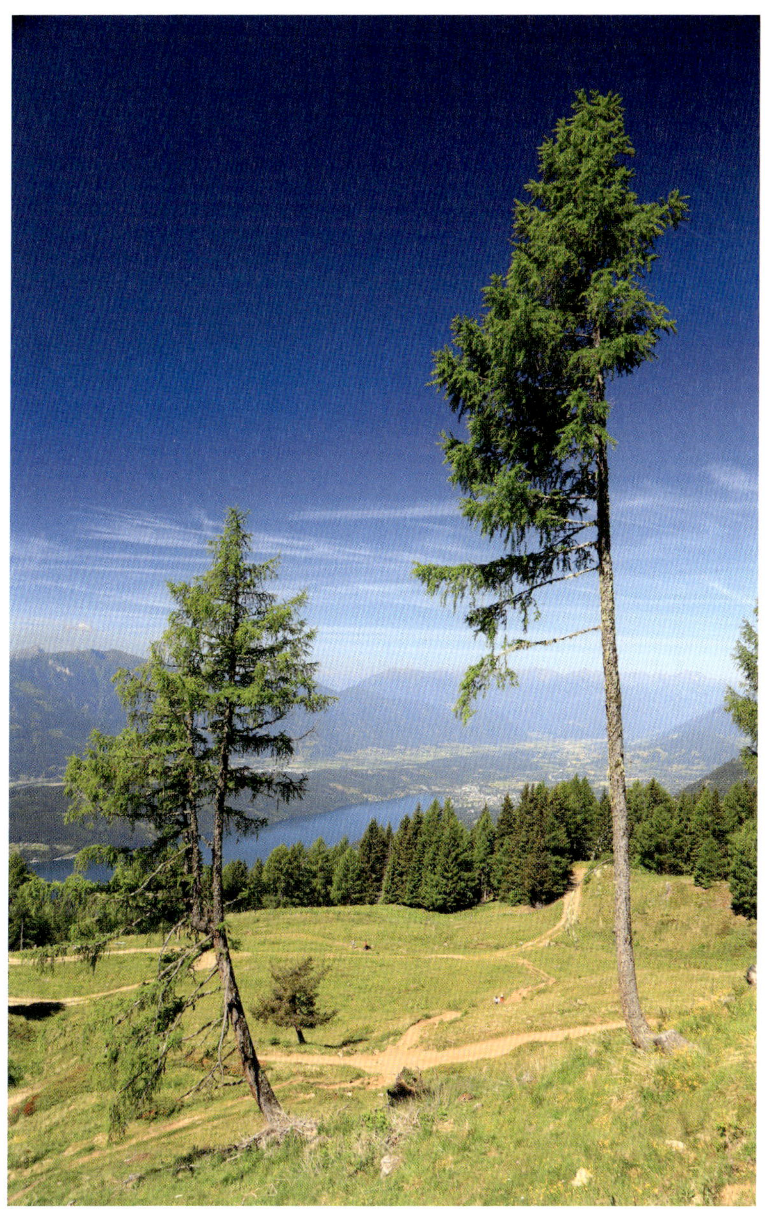

Zur Wanderung lockt hier die herrliche Landschaft der Nockberge mit prächtigen Blicken hinab zum Millstätter See, der wie ein dunkelblauer Fjord vor einem ausgebreitet liegt.

ansehen – hier sind die verschiedenen Besonderheiten aufgezählt, die man unterwegs sieht. Alle haben eine Nummer und einen Namen.

Wir steigen zuerst in vielen Serpentinen immer bergauf, mal auf einem Steig, mal auf einem Güterweg, man kann da nach Belieben etwas variieren. Wenn man immer gut auf die Zeichen achtet, kann man den Weg nicht verfehlen. Auch die Metallschilder, die auf verschiedene Besonderheiten hinweisen, zeigen den richtigen Weg an. Gleichzeitig wird der Blick zum Millstätter See und den Bergen im Hintergrund immer großartiger.

Schließlich erreichen wir das sogenannte Wetterkreuz. Jetzt ist sicher eine Rast angebracht. Danach steigt der Weg weiter an, beschreibt neuerliche Serpentinen und gibt schließlich auf der Höhe den Blick zu den Nockbergen und zum großen Rosennock frei. Bei einer Linkskurve sehen wir links eine große Steinpyramide, das Stana Mandl.

INFO

Das **Stana Mandl** ist ein Steinmanderl, aber präzise aufgeschichtet und höher, als man gewohnt ist. Wie man lesen kann, wurde es aufgeschichtet, damit die Bergleute, die hier zu jeder Jahreszeit oben am Berg wohnten und arbeiteten, auch bei Nebel ihren Weg fanden. Keine angenehmen Zeiten ... Daneben ist ein Rastplatz, wo wir auch zwei Tafeln mit Erklärungen zur Aussicht finden.

Von hier aus sieht man auch bereits zum Granattor, unserem nächsten Ziel. Auch dies ist ein herrlicher Aussichtspunkt und ein Hinweis auf den Bodenschatz, der hier gewonnen wurde: die erwähnten Halbedelsteine, die Granate. Tische und Bänke laden zur Rast und es ist meist viel los. Ab jetzt wird der Blick zur Eisspitze der Hochalmspitze, der Königin der Hohen Tauern, immer schöner.

Wir wandern weiter auf dem Bergrücken und kommen bald zum Obermillstätter Almkreuz, das links des Weges liegt. Wer will, kann von hier aus noch zum 2091 Meter hohen Gipfel der Millstätter Alpe wandern, danach aber wieder hierher zurückkehren.

Jetzt sind wir am Wendepunkt, bei dem wir entscheiden müssen, wie wir zurück zum Ausgangspunkt gehen. Wir haben dazu zwei Möglichkeiten.

Ich selbst ziehe es vor, auf demselben Weg zurückzuwandern. Er ist einfach schöner, aussichtsreicher und trotz steilem Bergab etwas bequemer als der ausgeschilderte Rückweg.

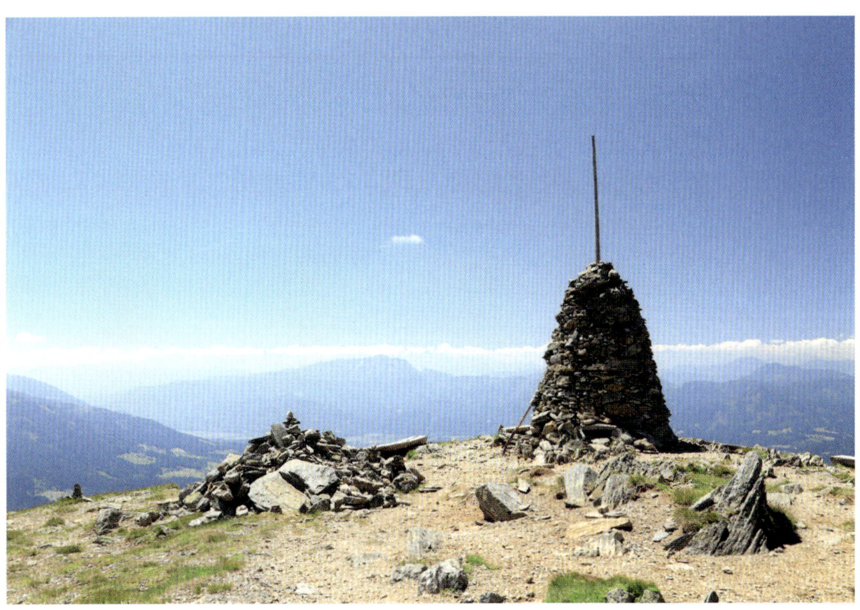

Vom Stana Mandl bietet sich ein prächtiger Blick auf den Millstätter See und die südlich liegende Bergwelt.

Wer aber die Rundwanderung machen will, geht am Obermillstätter Almkreuz nach links hinab. Man sollte dem Güterweg folgen und nicht die in Falllinie verlaufenden Abkürzungen nehmen – sie zerstören schlicht und einfach die Almwiesen. Die Almbauern freuen sich nicht darüber und für einen selbst ist es mühsamer. Dass der Güterweg etwas länger ist, wird dadurch wettgemacht, dass er bequemer zu gehen ist.

Der Weg führt in einigem Abstand an der kleinen Enzianhütte vorbei, die aber nur als Materiallager für die Alm dient. Etwas später führt rechts ein Weg ohne Fortsetzung weiter, wir halten uns aber links. Danach dürfen wir den Abzweig nach rechts auf einen Steig nicht verpassen.

Nun geht es in einem Wechsel zwischen steilen Steigen und Güterwegen weiter. Man muss gut auf die angezeigten Abzweigungen achten, damit man nicht dem falschen Weg folgt. Einmal zweigt er auch nach links als Pfad vom Güterweg ab und steigt sogar etwas an. Das ist zwar verwirrend, stimmt aber. Schließlich erreicht man wieder die Lammersdorfer Alm und den Parkplatz.

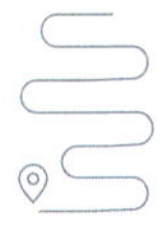

Zwei-Seen-Tour über dem Millstätter See

Zwergsee und Klieberteich

Ist das Wetter einmal nicht berggeeignet, dann bietet sich eine Zwei-Seen-Tour zum Zwergsee und zum Klieberteich am Rand der Nockberge an. Beide Seen sind künstlich geschaffene Weiher, die heute von den Naturfreunden betreut werden. Sie schmiegen sich oberhalb des Millstätter Sees und Millstatt im Wald an den Hang. Eine Tour zu ihnen Wanderung zu nennen, ist fast ein wenig oversized, ein Spaziergang ist es aber auch nicht mehr. Also die perfekte Tour für Menschen, die nicht »richtig« wandern, aber sich trotzdem in der herrlichen Natur bewegen wollen.

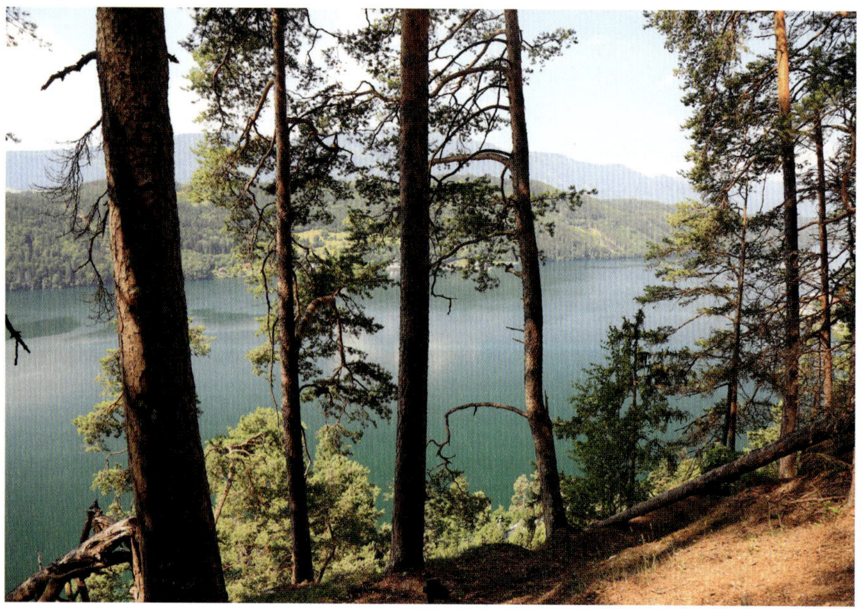

Blick durch den Wald zum Millstätter See

Auf einen Blick

 Millstatt, Friedhof

 etwa 1 Stunde

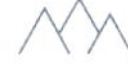 etwa 50 hm

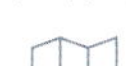 Kompass 066 Millstätter See

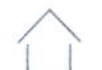 Millstatt

 Die Wege sind gut gehbar, bei der Orientierung und Wegfindung muss man jedoch etwas aufpassen.

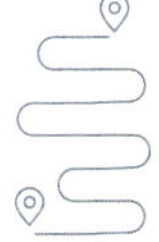

Wegverlauf

Man nimmt den Weg oberhalb des Friedhofparkplatzes, der sich durch die Häuser von Kleindombra schlängelt. Hierbei ist das eine oder andere sehenswerte alte, ebenso aber auch moderne Haus zu sehen. Als Markierung gelten, so weit angebracht, »Zwergsee«, »Klieberteich«, Rundweg »34« oder »Millstätter Gesundheitsweg Bewegung ist Leben«. Man muss also schon ein bisschen aufpassen, um auf dem richtigen Weg zu bleiben – aber man ist ja nicht weit weg von der Zivilisation.

Beim Petersbründl zweigen wir rechts ab, gehen durch die Scheunenzufahrt, die den Weg überspannt, und wandern mit schönem Blick ab und zu zum Millstätter See und zum Goldeck in den Wald. Der Weg fällt und wir erreichen schließlich einen Wegweiser, der uns nach links zum »Zwergsee« weist. Nach einer Linkskurve stehen wir auch gleich vor dem idyllischen See.

Der Weiterweg führt rechts vom See an dessen Anfang kurz hinauf, dann an einem Wegweiser nach links. Es steigt etwas an, dann geht es relativ eben zum nicht minder idyllischen Klieberteich. Dem Weg weiter folgend erreichen wir wieder Kleindombra, kommen am Petersbründl vorbei und spazieren auf bekanntem Weg zurück zum Friedhof.

Jetzt sollte man nicht versäumen, den riesigen Kalvarienberg mit Blick zum und über den See aufzusuchen. Außerdem findet man hier noch weitere Fresken an den Wänden.

29

Zwischen Millstätter See und Drautal

Wanderung zum Egelsee

Der 9,35 Hektar große und bis zu 25 Grad warme Egelsee ist eines der beliebtesten Ausflugsziele am Hochgosch, dem Höhenrücken zwischen dem Südufer des Millstätter Sees und dem unteren Drautal. Schon in früheren Zeiten diente der Moorsee als Badesee und im Winter zum Schlittschuhlaufen. Im Frühsommer können wir uns bei der Wanderung im Wald an verschiedenen Knabenkrautarten erfreuen. In der Nähe des Egelsees fand man eine frühmittelalterliche Befestigung. Ein deutlich sichtbarer Wall zeugt von ihrer Existenz. Fundstücke sind im Museum Carantana in Molzbichl zu sehen.

Auf einen Blick

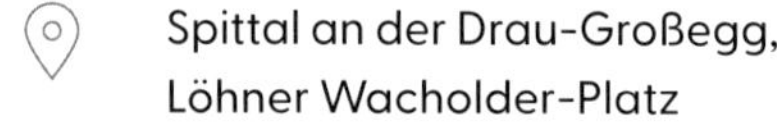

Spittal an der Drau-Großegg, Löhner Wacholder-Platz

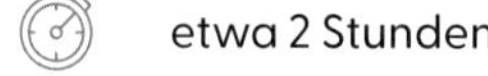

etwa 2 Stunden

etwa 200 hm

Kompass 066 Millstätter See

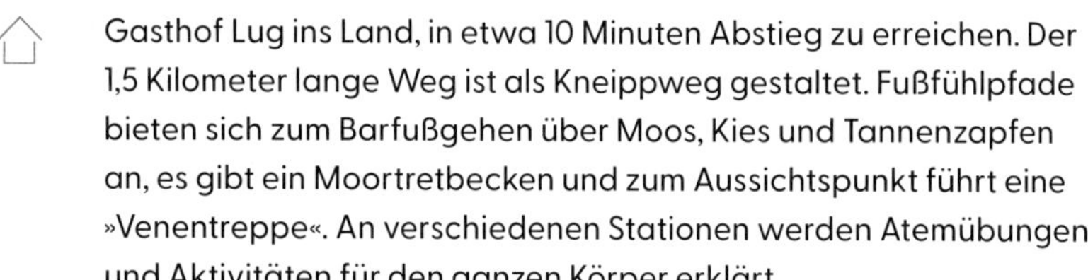

Gasthof Lug ins Land, in etwa 10 Minuten Abstieg zu erreichen. Der 1,5 Kilometer lange Weg ist als Kneippweg gestaltet. Fußfühlpfade bieten sich zum Barfußgehen über Moos, Kies und Tannenzapfen an, es gibt ein Moortretbecken und zum Aussichtspunkt führt eine »Venentreppe«. An verschiedenen Stationen werden Atemübungen und Aktivitäten für den ganzen Körper erklärt.

Wir wandern auf festen Wegen.

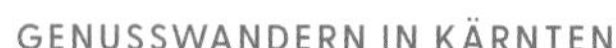

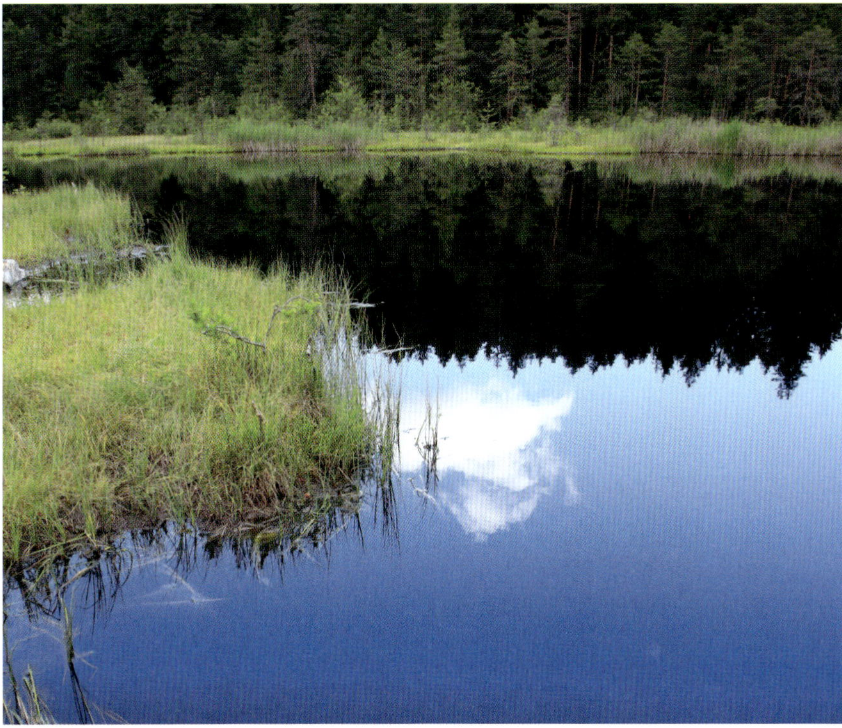

Um den Egelsee findet man oft eine einsame Natur.

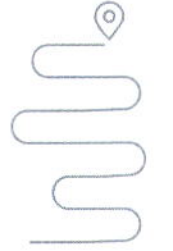

Wegverlauf

Wir fahren bis zum Parkplatz am Löhner Wacholder-Platz mitten im Wald. Hier gehen wir mit dem Wanderzeichen 23/1 nach links in den Wald, zweigen aber gleich von dem abwärts führenden Weg rechts in den ansteigenden Weg ab. Auf diesem etwas holprigen Weg steigen wir jetzt an. Einen rechts abgehenden Weg auf der Höhe ignorieren wir und folgen dem nach links ziehenden Weg.

Am nächsten Querweg biegen wir rechts ab (Egelsee Höhenweg). Es steigt sanft an, dann fällt der Weg wieder bis zu einem querenden Weg. Hier biegen wir links in Richtung »Schloßvilla über Egelsee« ab. Kurz danach quert wieder ein Weg. Unsere Wanderung führt nach links weiter. Zuerst biegen wir aber rechts ab in Richtung »Opferstein«, den wir nach wenigen Minuten erreichen.

INFO

Das **christliche Zeichen des Kreuzes** auf dem Findling stammt vielleicht vom Blutgericht der Millstätter Jesuiten aus dem 17. und 18. Jahrhundert, das hier stattgefunden haben soll. Mehrere eingemeißelte Jahreszahlen (1653, 1660, 1766, 1792) mit Kreuzen und eine Richtmulde für den Kopf der Verurteilten sollen darauf hinweisen. Allerdings wurde die Herrschaft Millstatt bereits 1773 vom Staat übernommen. Die Jahreszahlen können aber auch von Grenzbegehungen stammen.

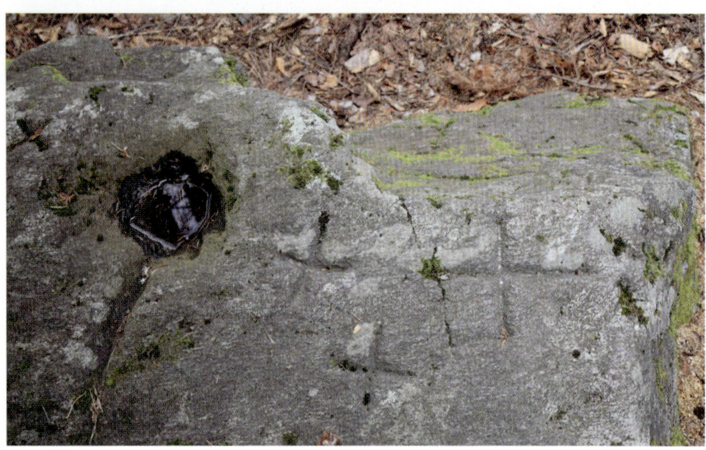

Danach gehen wir wieder zurück und am Abzweig geradeaus weiter. Wo es etwas später rechts zum Gasthof Lug ins Land geht, wandern wir geradeaus weiter. Schließlich erreichen wir eine Kreuzung, wo links zwei große Steine stehen – für esoterisch veranlagte Wanderer ein Kraftplatz. Nach links geht es hier zum Egelsee. Wir halten uns aber erst rechts in Richtung »Aussichtspunkt Lug ins Land«.

Gleich danach zweigt der Weg zum Aussichtspunkt links ab. Es steigt etwas an, dann zieht der Weg nach rechts und führt uns hinauf zu dem Aussichtspunkt, der uns eine herrliche Aussicht hinab ins Drautal, zum Dobratsch und zum Goldeck bietet.

INFO

Der 816 Meter hohe **Lug ins Land** liegt hoch über der Ortschaft Molzbichl und bietet einen prächtigen Ausblick über das Drautal. Der Name Lug ins Land ist hier nicht üblich und stammt aus der Zeit, als Ende des 19. Jahrhunderts die Zeit der Sommerfrische begann. Eine ältere Bezeichnung für den Aussichtspunkt ist Zmölnigkofel und noch heute hier üblich. Im Mittelalter wurde er Stermitz (slawisch = steiler

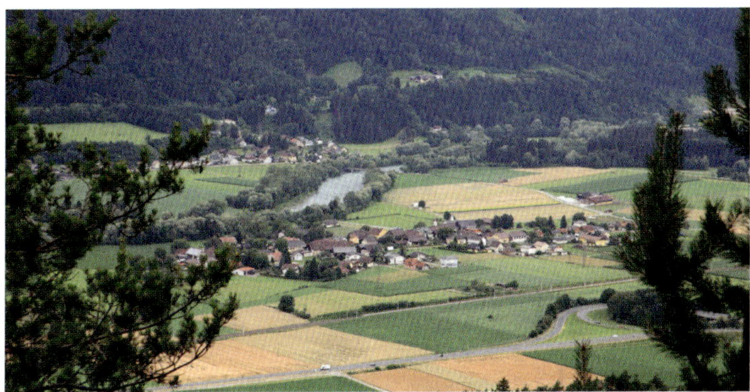

Der Blick reicht bis hinab ins Drautal.

Abhang) genannt. Bei archäologischen Grabungen fand man Funde aus der Kupferzeit (3. Jahrtausend v. Chr.) bis in die Bronze- oder Hallstattzeit (1200–600 v. Chr.).

Danach kehren wir wieder zurück zu den beiden Steinen, folgen aber dem Weg noch kurz weiter. Etwas später führt nach links ein Steg hinaus zum Egelsee und dem Badeplatz.

INFO

Der **Name des Egelsees** kommt nicht vom Blutegel, sondern geht auf den ursprünglichen Namen »Ecksee« ab. Er wurde im Jahr 1991 zum Naturschutzgebiet erklärt, das sich, mit Ausnahme der Badezone im Südwesten, um den gesamten See mit seinem Schwingrasen erstreckt. Botanische Besonderheiten sind unter anderem das Papillentorfmoos, der fleischfressende rundblättrige und langblättrige Sonnentau und der Wasserschlauch, die Rostblättrige Alpenrose, das Scheidige Wollgras, die Rosmarinheide (Andromeda polifolia) und die Moorbeere. Alle Stufen der Moorbildung lassen sich am Egelsee beobachten. Eine zoologische Besonderheit ist das Auftreten eines Plankton-Hüpferlings. Vom Frühjahr bis zum Frühsommer leben zahlreiche Larven des Grasfroschs und des kleinen Teichfroschs im See.

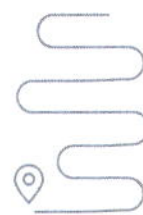

Nach einer Rast am See folgen wir weiter dem Weg. Er verläuft eine Zeit lang rechts des Sees. Bald halten wir uns an einem Wegweiser links in Richtung »Schloßweiher«, am nächsten Querweg noch einmal links in Richtung »Höhenweg«. Der erste danach rechts abgehende Weg bringt uns auf bekanntem Weg zurück zum Parkplatz Löhner Wacholder-Platz.

Arriacher Hofwanderweg

Bauernhöfe und Landschaft

Der Hofwanderweg in Arriach ist seit seiner Einführung ein sehr empfehlenswerter Rundwanderweg. Er führt auf der Südseite der Nockberge, unterhalb des Wöllaner Nocks, rund um den Ort und führt an verschiedenen alten Bauernhöfen vorbei. Der eine oder andere davon hat sich zwar in den letzten Jahren verändert, aber trotzdem sieht man Sehenswertes und Typisches für die Nockberge mit ihrer ganz eigenen bäuerlichen Architektur und Gestaltung: aus Holz errichtete Bauernhöfe, Troadkastn, einen Strohstadel, eine Kandelaberfichte und vieles mehr. Dazu bietet sich immer wieder ein prächtiger Blick zu den Julischen Alpen. Und als kleine Überraschung führt der Weg am »Mittelpunkt Kärntens« vorbei.

Auf einen Blick

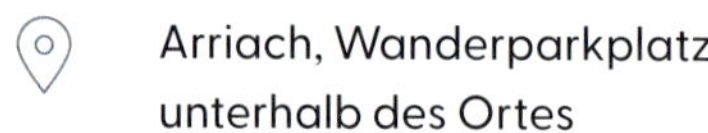

Arriach, Wanderparkplatz unterhalb des Ortes

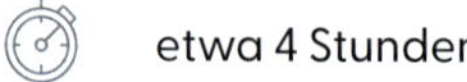

etwa 4 Stunden

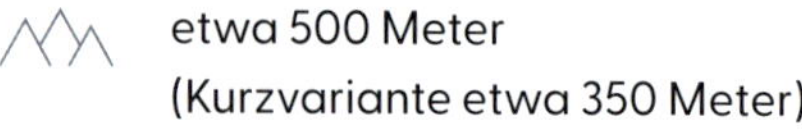

etwa 500 Meter (Kurzvariante etwa 350 Meter)

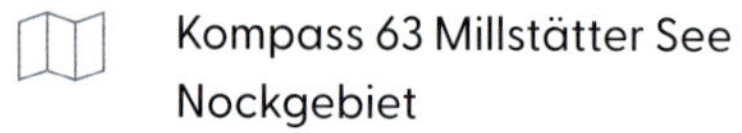

Kompass 63 Millstätter See Nockgebiet

Arriach

Wir wandern auf festen Wegen und Pfaden.

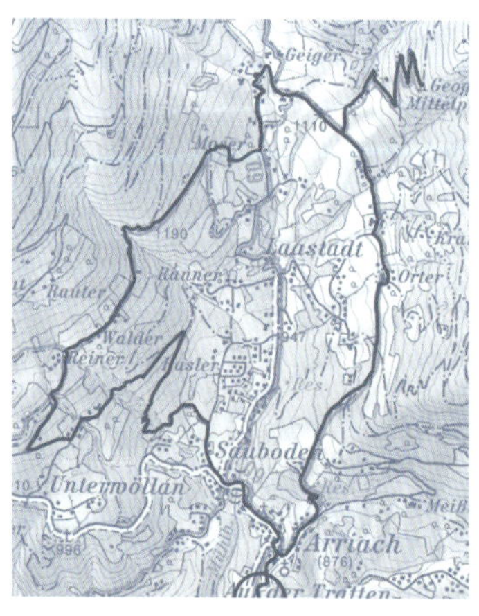

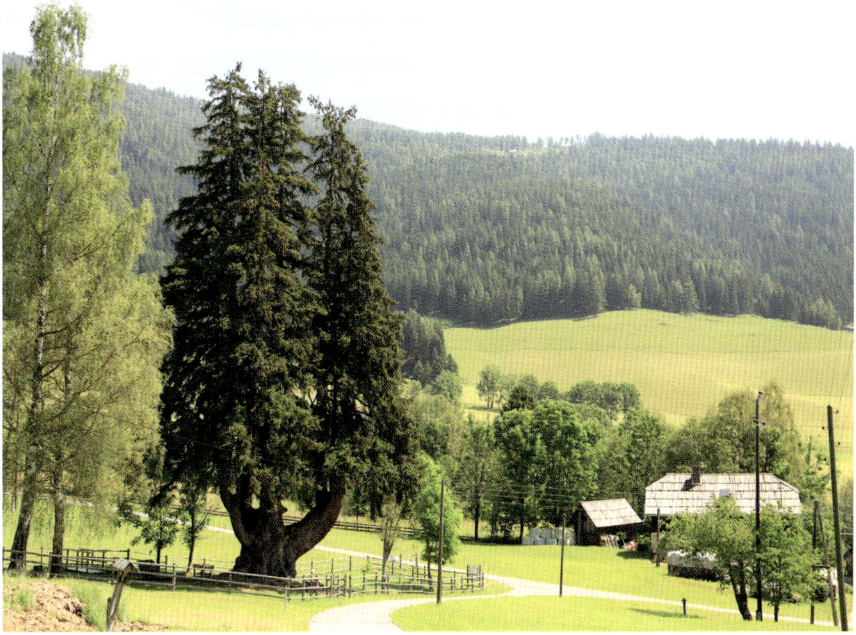

Blick über die Kandelaberfichte zu einem der alten Bauernhöfe von Arriach.

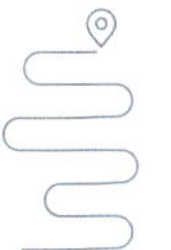

Wegverlauf

Wir gehen von dem großen Wanderparkplatz entlang des evangelischen Friedhofs hinauf zum Ortsrand, biegen am Bierbrunnen rechts ab und folgen dem schmalen Weg links der katholischen Kirche. Danach knickt der Hofwanderweg links ab.

Wir folgen der Straße, die sich nach dem Ort bergauf schlängelt. Vor den nächsten Häusern werden wir auf einen schmalen Naturpfad nach rechts verwiesen. Nun steigt es an und wir wandern in einem Hohlweg aufwärts. Solche Hohlwege entstanden durch die Holzabfuhr, als man die Baumstämme hinabzog und so die Wege ausschliff.

Nach einiger Zeit liegt links ein Aussichtspunkt. Danach kommen wir zu einer Kreuzung, jetzt geht es nach links weiter. Bald verlassen wir den Wald und wandern durch die Wiesen bis zum Hof Huber vlg. Ortner. Hier sehen wir einen für Kärnten seltenen gemauerten und bemalten Troadkastn – eine Form, die eher für den Lungau typisch ist.

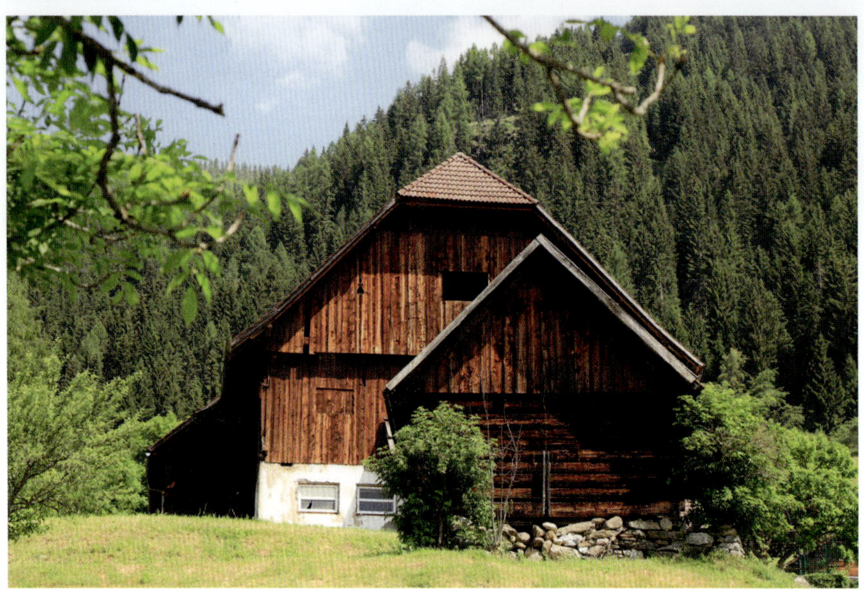

Hölzerne Scheunen waren und sind für Kärnten typisch.

Danach erreichen wir den Hof Baumgartner vlg. Huber; hier sieht man eine alte Brechlstube. Vorbei am Feuerwehrgebäude erreichen wir den Hof Brandstätter vlg. Schmoliner. Danach zweigt ein Weg ab zum geografischen »Mittelpunkt Kärntens«. Wenn wir dem Weg durch die Baumallee folgen, erreichen wir zuerst einen schönen Rastplatz, danach Kärntens Mittelpunkt. Der Anstieg dauert etwa 45 Minuten und bringt gut 200 Höhenmeter zusätzlich mit sich.

INFO

Der **geografische Mittelpunkt Kärntens** ist mit einer roten Betonplattform markiert. Es gibt eine Webcam, deren Fotos ins Internet übertragen werden. Durch ein »Fenster« im Wald hat man einen schönen Blick auf die Kärntner Bergwelt und die Julischen Alpen. Eine Tafel erklärt, was man sieht.

Das Sträßchen führt uns nun zum Hof Tabojer vlg. Tengg, danach zum Hof Greimann vlg. Geiger. Zwischen ihm und dem Hof Baumgartner vlg. Seiter werden wir nach links verwiesen. Nun fällt das Sträßchen. Rechts sehen wir bald die Kandelaberfichte. Nun muss man sich entscheiden: Wer nur eine kurze Tour unternehmen will, folgt hier der Straße abwärts.

Ansonsten biegen wir vor der Fichte rechts ab und kommen zum Hof Rabitsch vlg. Moser. Nach diesem Hof steigt es auf einem Wiesenpfad an in den Wald. Dort treffen wir auf einen breiten Forstweg, dem wir geradeaus aufwärts folgen.

Nach einiger Zeit fällt das Gelände ab, wir überqueren einen Bachlauf und verlassen bald den Wald wieder. Vorbei an verschiedenen Höfen erreichen wir den Lanerhof, der auch eine Jausenstation ist. Hier knickt der Hofwanderweg links ab. Nach einem Bachlauf sehen wir rechts den alten Lackner Stadl.

INFO

Der **Lackner Stadl** ist der älteste datierte Blockstadel in Kärnten. Über der Einfahrtsbrücke zur Vortenne sieht man die Jahreszahl 1593.

Nun folgen wir dem abwärts führenden Sträßchen mit seinen Kurven, wobei vor uns im Tal Arriach liegt, dahinter sehen wir die Gerlitzen. Bei Haus Nr. 29 und den Garagen biegen wir links ab und kommen zum Hof Ofner vlg. Galler. Jetzt führt der Wanderweg als Steig weiter. Es geht durch den Wald steil bergab. Schließlich führt uns ein breiter Weg nach links aus dem Wald hinaus in die Wiesen. An einer querenden Straße biegen wir rechts ab, an der nächsten Querstraße links.

Nun kommen wir zurück nach Arriach, wo wir an der evangelischen Kirche vorbeiwandern. Danach biegen wir links ab, auf die katholische Kirche zu. Vor ihr halten wir uns am Bierbrunnen rechts und gehen auf bekanntem Weg zurück zum Parkplatz.

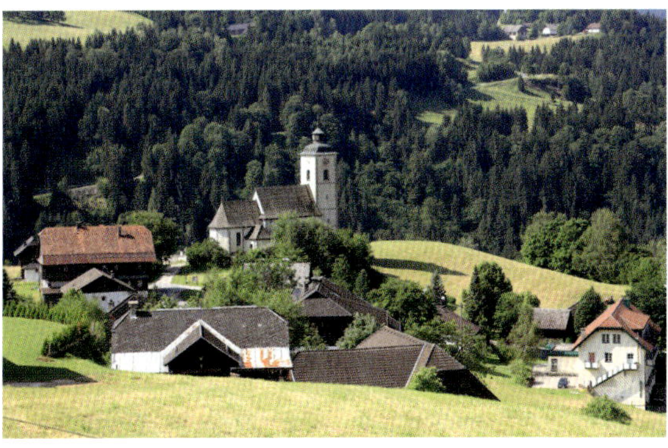

Blick auf die mächtige Kirche in Arriach.

31

Bergab von der Gerlitzen

Aussichtsberg über dem Ossiacher See

Die Gerlitzen macht ihrem Ruf als hervorragender Aussichtsbalkon alle Ehre. Man sieht zwar nicht hinab auf den zu ihren Füßen liegenden Ossiacher See (außer von der Seilbahnkabine aus), wohl aber ringsum bis zum Horizont auf das Kärntner Land.

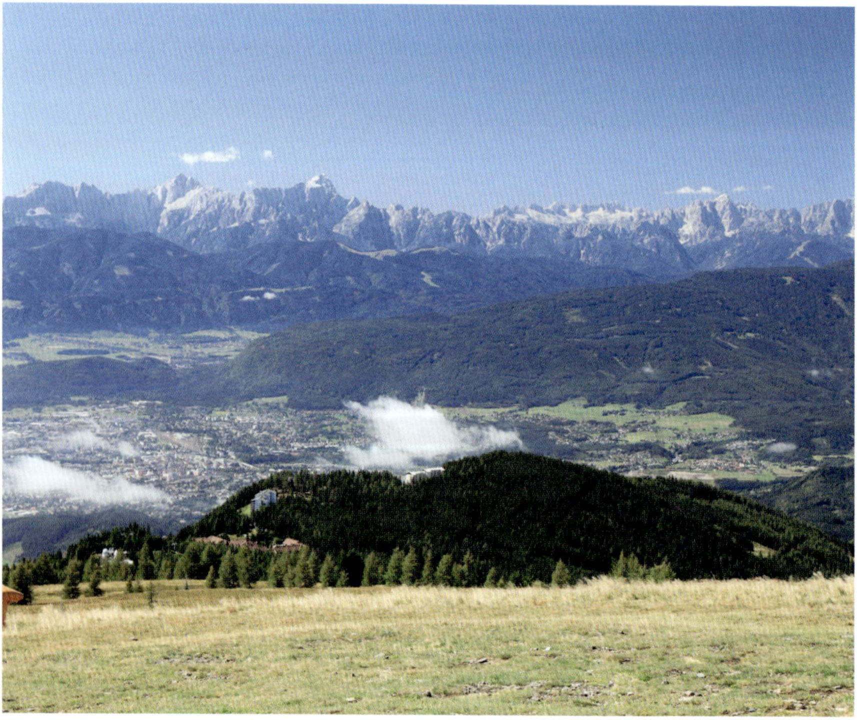

Vom Gipfel aus haben wir einen prächtigen Blick über das Kärntner Unterland.

Auf einen Blick

 Annenheim, Gipfel Gerlitzen

 etwa 2 Stunden

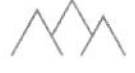 Abwärtswanderung

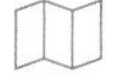 Kompass WK 61 Wörthersee-Karawanken West

 Gipfel, Mittelstation, Kammerhütte, Pöllinger Hütte

 Wir wandern auf Steigen und festen Wegen.

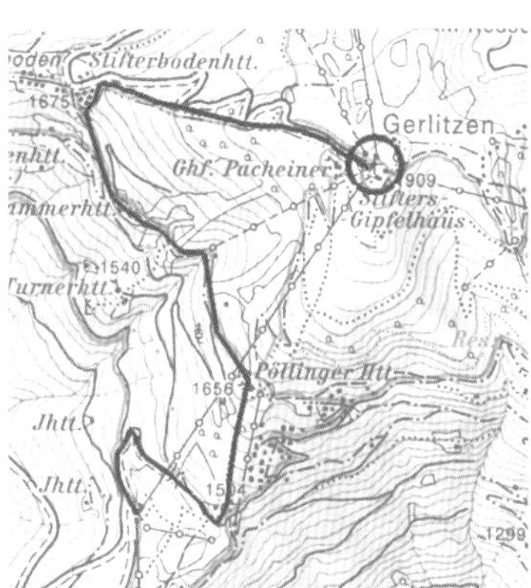

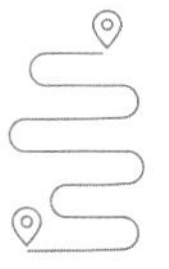

Wegverlauf

Wir fahren mit der »Kanzelbahn« zur Mittelstation, danach mit dem Sessellift hinauf zum Gipfel. Dort sollten wir zuerst einen kleinen Spaziergang rund um das Gipfelplateau unternehmen, um die herrliche Aussicht nach allen Himmelsrichtungen genießen zu können.

Dann folgen wir Weg 177/3 in Richtung »Stifterboden«. Zuerst geht es auf der schmalen Zufahrtsstraße bergab, dann zweigen wir links ab, bleiben aber rechts des Zauns. Nun wandern wir auf einem Steig immer geradeaus abwärts, wobei wir mehrmals auf die Straße stoßen. Schließlich erreichen wir den Stifterboden.

Dort zweigen wir am Anfang der Häuser links ab und wandern mäßig abwärts bis zur Kammerhütte. Nach rechts ist »Mittelstation« angeschrieben, wir biegen aber links ab in Richtung »Pöllinger Hütte«. Nun wandern wir leicht ansteigend bis zur Pöllinger Hütte, wo wir das Alm- und Bergbauernmuseum besuchen können. In diesem privaten Museum wird das harte Leben der Bergbauern und des Almpersonals gezeigt. Einkehren kann man natürlich auch.

Danach geht es nach rechts auf einem Steig über die Almwiese steil bergab bis zu den nächsten Häusern. Hinter ihnen folgen wir der nach rechts ziehenden kleinen Straße, zweigen bald links ab und kommen hinab zur Mittelstation.

32

Durch das Bleistätter Moor

In Steindorf am Ossiacher See

Das Bleistätter Moor am Fuß der Gerlitzen liegt am Ostufer des Ossiacher Sees bei Steindorf. Derzeit läuft ein Wiedervernässungsprojekt und für Besucher und zur Besucherlenkung gibt es zwei Aussichtstürme. Von ihnen aus hat man einen schönen Blick über das Moor, die Schilfflächen und den Ossiacher See.

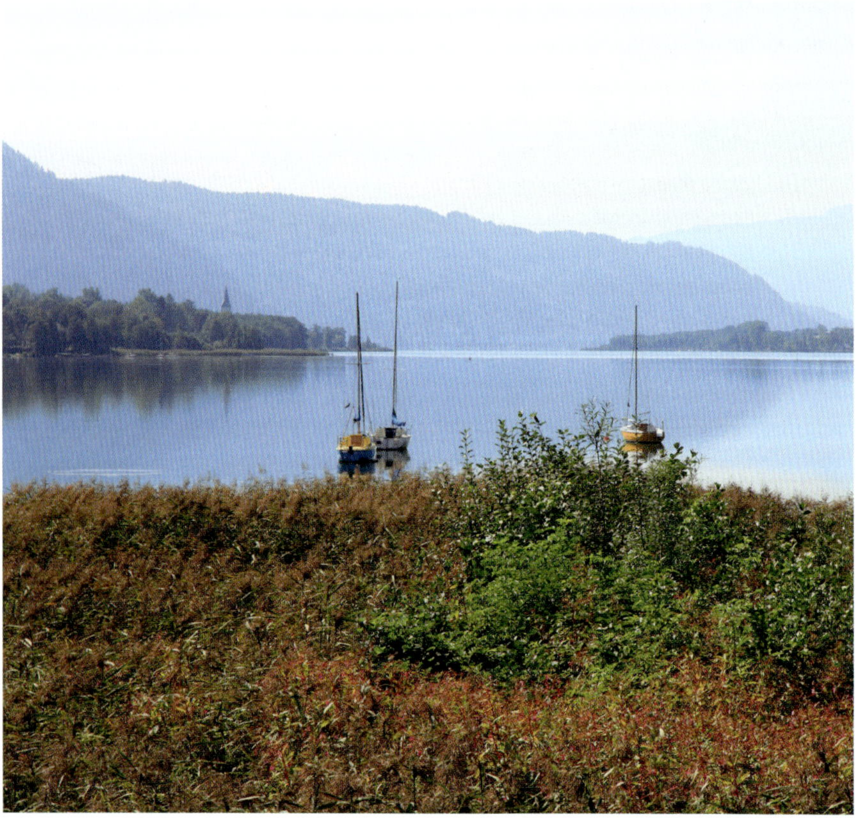

Am Ossiacher See

Auf einen Blick

Steindorf am Ossiacher See

etwa 1½–2 Stunden

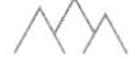
unwesentlich

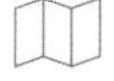
Kompass WK 61 Wörthersee-Karawanken West

Steindorf

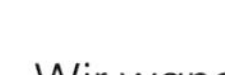
Wir wandern auf festen Wegen. Kann auch bei schlechterem Wetter unternommen werden.

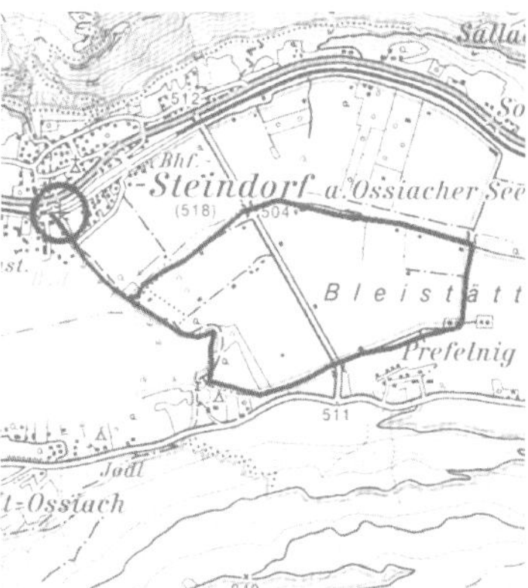

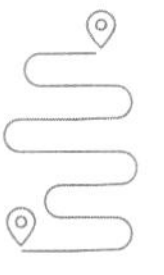

Wegverlauf

Wir fahren vom Dorf aus in Richtung See. Nachdem wir die Bahnlinie unterquert haben, führt der Dammweg geradeaus weiter. Eine Parkmöglichkeit finden wir etwas weiter rechts; von diesem Parkplatz aus kann man auch das berühmte »Steinhaus« von Günther Domenig, ein Meisterstück moderner Architektur, besuchen.

Zur Wanderung folgen wir dem Dammweg. Nach dem letzten Haus geht es am Ufer entlang zu einem Aussichtsturm. Hier finden wir auch Informationen zum Bleistätter Moor. Danach wandern wir weiter auf dem Ostuferweg. Wir überqueren die Tiebelmündung und wandern, vorbei an einem weiteren Aussichtsturm, bis kurz vor die südliche Uferstraße. Vor einem Bach folgen wir aber dem Wegweiser, der nach links in Richtung »Feldkirchen« weist. Nun wandern wir durch Wiesen, bei Rückblicken haben wir schön den mächtigen Bergstock der Gerlitzen vor uns.

Bald überqueren wir eine kleine Straße und gehen noch geradeaus weiter. Nach einem Haus zieht der Wanderweg nach links. Vor dem Tiebelbach orientieren wir uns links und gehen immer geradeaus, auch über die Landstraße, bis wir wieder auf den bekannten Weg vom Anfang der Tour stoßen. Nach rechts gehen wir zurück zum Aussichtsturm.

33

Blick von der Ruine Landskron

Mit Greifvogelschau und Affenberg

Diese ansprechende kurze Wanderung führt um die Ruine Landskron, von der wir eine weite Aussicht ins Land, zu den Bergen, nach Villach und zur Villacher Alpe genießen. Wir gehen meist im Wald, sodass die Tour sowohl an heißen Tagen wie auch bei trübem Wetter gut unternommen werden kann. Die Ruine kann wegen der Kürze der Tour gut besichtigt werden, und wer die Vorführungen der Adlerwarte ansehen will, hat ebenfalls genügend Zeit.

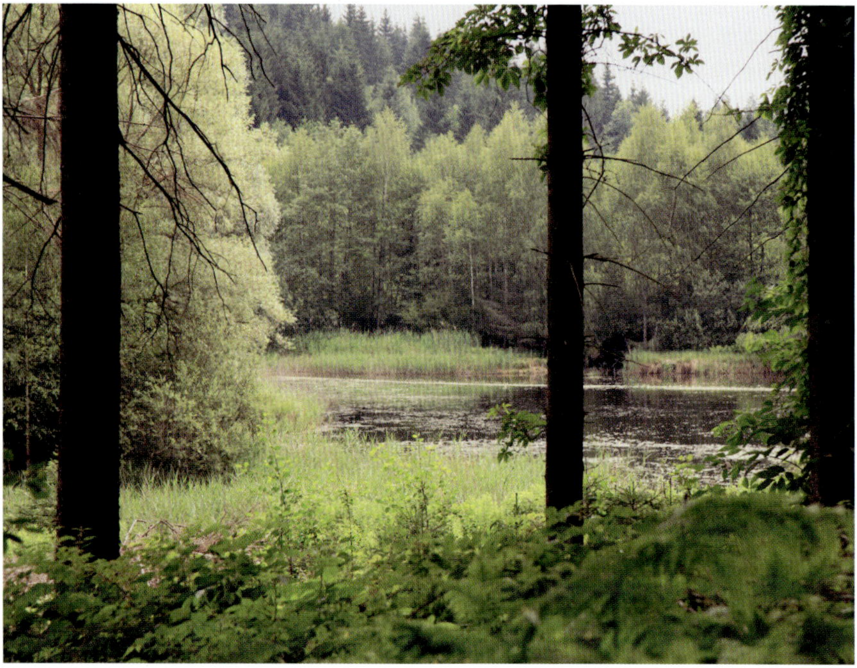

Idylle am Schlossteich

Auf einen Blick

 Villach - Gratschach (Landskron)

 etwa 3 Stunden

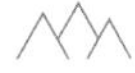 etwa 350 hm

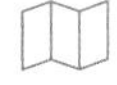 Kompass WK 062 Villach - Faaker See, 61 Wörthersee - Karawanken West

 Landskron, Gratschach

 Wir wandern auf festen und Naturwegen. Kann auch bei schlechterem Wetter unternommen werden.

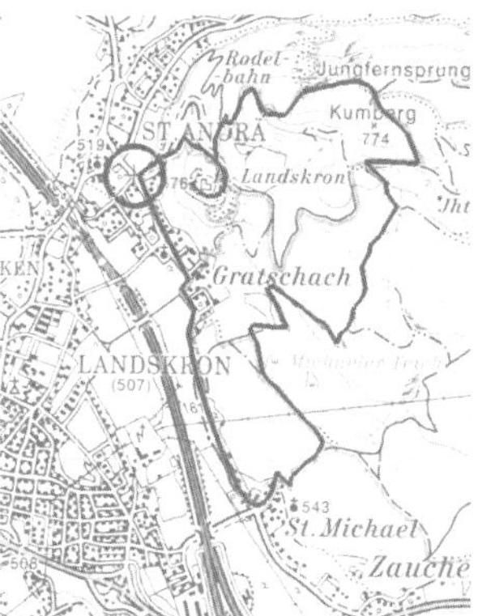

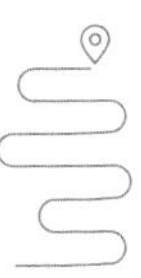

Wegverlauf

An der Abzweigung in Gratschach zur Ruine Landskron befindet sich vor der Mautstation ein Parkplatz. Man kann hier parken und sich so die Mautgebühr ersparen, denn hochwandern zur Burg muss man ohnehin einmal. Wer oben parkt, kann allerdings nach der Wanderung den Affenberg ansehen. Dann wartet am Ende der Wanderung aber der Anstieg.

Vom unteren Parkplatz aus gehen wir hinter die Mautstation, dort zweigt rechts ein Steig ab, der in Richtung »Landskron« führt. Ständig ansteigend und ab und zu mit Blick auf die Ruine wandern wir hoch, bis wir auf die Zufahrtsstraße treffen. Auf der anderen Seite geht unser Wanderweg in Richtung »Jungfernsprung Ossiacher Tauern« weiter.

Zuerst sollten wir aber die Ruine besichtigen. Hierzu gehen wir nach rechts zum Parkplatz, wo sich links der Schlossteich befindet. Nach rund 10 Minuten Anstieg erreichen wir die Ruine.

Nach der Besichtigung gehen wir wieder zurück und zweigen hinter dem Schlossteich rechts ab. Der Weg steigt nun in Serpentinen steil an. An einer Verebnung kreuzt sich der Weg. Wir halten uns links in Richtung »Jungfernsprung«. Auf einem Steig mit etwas Auf und Ab erreichen wir diesen Aussichtspunkt in wenigen Minuten. Er bietet uns einen prächtigen Blick hinab zum Ossiacher See.

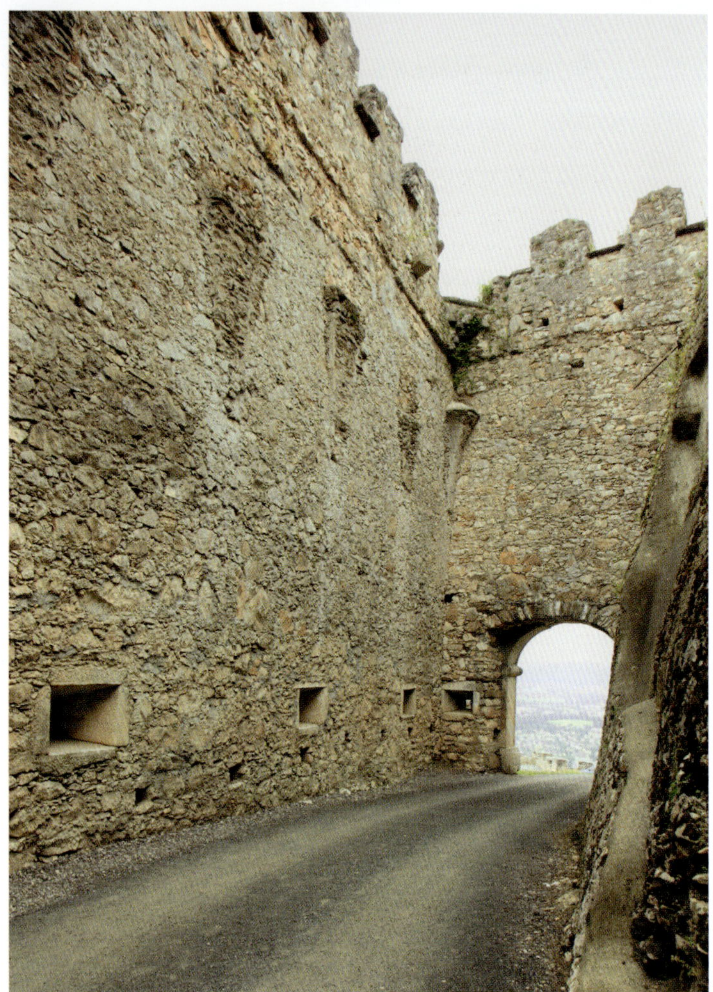

Die Ruine Landskron macht noch einen wehrhaften Eindruck.

Die **Ruine Landskron** ist ein ehemaliges Renaissanceschloss. Eine Herrschaft Landskron wurde 1351 erstmals genannt. 1542 verkaufte sie der Kaiser an den Landeshauptmann Christoph Khevenhüller von Aichelberg, der sie zu einem luxuriösen Renaissanceschloss umbauen ließ. 1639 wurde die Anlage an den Grafen Dietrichstein verkauft. Sie verfiel aber und brannte 1812 durch einen Blitzschlag sogar ab. Heute sind Reste der ausgedehnten Anlage mit einer Vorburg auf einem steil abfallenden Bergvorsprung, zinnengekrönte Mauern, ein mehrgeschossiger Turm und eine Kapelle erhalten.

INFO

Danach wandern wir mit den Wegnummern 5 und 1732 weiter, bis wir auf einen querenden breiten Forstweg treffen. Auf ihm gehen wir nach rechts bis zu einem weiteren Querweg. Wir halten uns rechts und wandern nun abwärts.

Der Weg beschreibt einige Serpentinen. Kurz nach einer rechts des Weges liegenden Weide kommen wir zu einem Absatz, hier befinden sich einige Hügelgräber. Nun gehen wir mit den rot-weißen Wanderzeichen nach links und kommen bald zum Michaeler Teich. Nach ihm folgen wir dem Weg weiter. An der Verzweigung kurz nach dem Teich orientieren wir uns rechts. Bald überqueren wir einen kleinen Bachlauf. Nach ihm zweigt ein mit den Wanderzeichen markierter Pfad links ab, wir halten uns aber an den rechten, breiten Forstweg. Kurz darauf treffen wir auf einen weiteren Forstweg, dem wir nach rechts folgen.

Nach etwas bergab kommen wir nach St. Michael. An der querenden Michaeler Straße biegen wir rechts ab, nach der nächsten Abzweigung heißt sie Max-Lauritsch-Straße. Immer am Fuß des Berges wandern wir nach Gratschach. Dort liegt rechts der an seinem Staffelgiebeleingang erkenntliche Gutshof Landskron. Ihm gegenüber steht die kleine Gratschacher Kirche, die außen mit einigen Römersteinen geschmückt ist. Ihr Inneres kann nicht besichtigt werden, da sie verschlossen ist. Kurz darauf kommen wir zurück zum Ausgangspunkt.

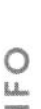

INFO

Ein bleibendes Erlebnis, insbesondere für Kinder, ist der Besuch des nahe gelegenen **Affenberges**. Hier sieht man Japanmakaken in freier Natur. Öffnungszeiten: April bis Oktober täglich 9:30 bis 17:30 Uhr (letzte Führung). Information: www.affenberg.com, Tel. 04242 430375.

Interessant ist auch die **Adlerarena**, bei der eine Vorstellung verschiedener Greifvögel zu sehen ist. Vorführzeiten: Mai, Juni, September täglich 11, 15 Uhr, Juli, August täglich 11, 15 und 18 Uhr. Information: adlerarena.com, Tel. 04242 42888.

Über den Forstsee zum Aussichtspunkt

Wilde Schlucht und weiter Blick

Die Römerschlucht oberhalb von Velden heißt zwar so, hat aber mit den Römern nichts zu tun. Trotzdem ist es ein Erlebnis, in ihr zu wandern: Riesige, bemooste Felsbrocken liegen im Bachbett, umgestürzte Bäume und immer wieder Gumpen, in denen sich das Wasser staut. Für Kinder ist das ein Erlebnis der Sonderklasse, denn man kann immer wieder an den Bach herangehen.
Das nächste Erlebnis ist der stille Forstsee, der von dichtem Wald umgeben ist. Auch an sein Ufer kommt man an einigen Stellen. Abschließend bietet uns die Tour mit dem Hohen Kreuz noch einen hervorragenden Aussichtspunkt. Man muss zwar über den Lärm der darunter verlaufenden Autobahn hinweghören, kann aber einen prächtigen Blick auf Velden und den Wörthersee, die dahinter liegenden Karawanken und Julischen Alpen genießen. Von den Kärntner Bergen ist der Mittagskogel der markanteste Gipfel.

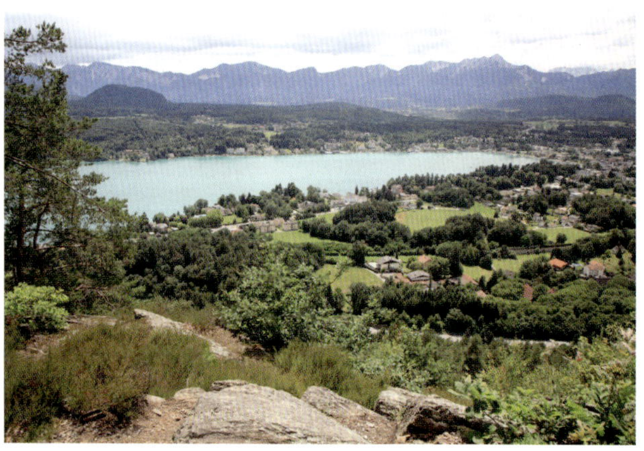

Vom Hohen Kreuz aus bietet sich eine prächtige Aussicht.

Auf einen Blick

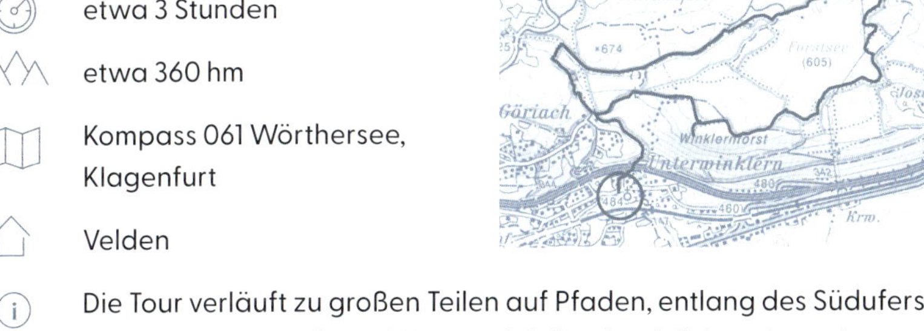

Velden, Franzosenkirche, bei Gebäude Unterwinklern 1

etwa 3 Stunden

etwa 360 hm

Kompass 061 Wörthersee, Klagenfurt

Velden

Die Tour verläuft zu großen Teilen auf Pfaden, entlang des Südufers auch an einem steil zum Wasser abfallenden Stück entlang der Felsen. Am Nordufer des Sees wandern wir auf breiten Forstwegen. Am See gibt es verschiedene WC-Anlagen.

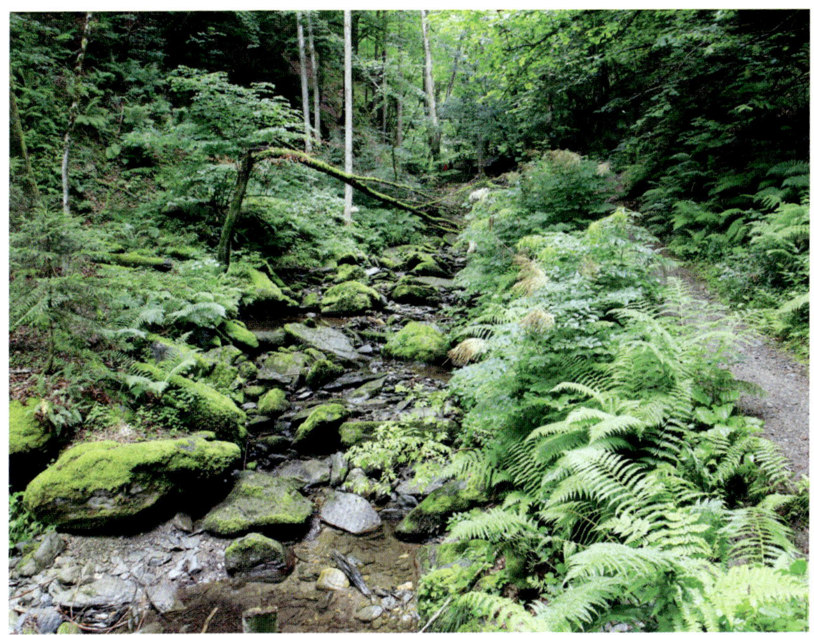

In der Römerschlucht findet man eine recht wilde Natur.

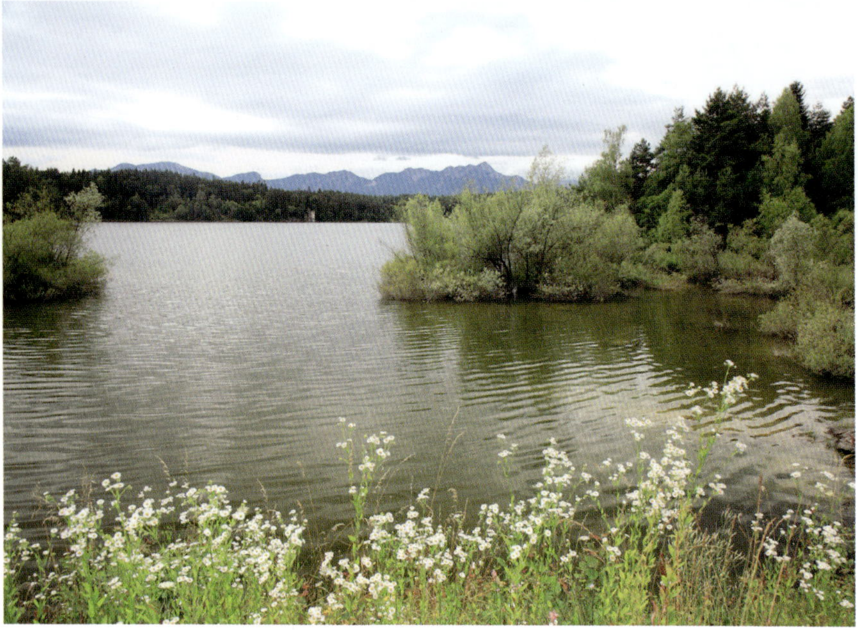

Stimmungsvoller Blick über den Forstsee

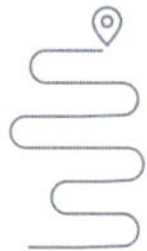

Wegverlauf

Man kann von dem kleinen Parkplatz unterhalb der Franzosenkirche in wenigen Minuten auf den Hügel mit dem Kirchlein steigen, dieses wird aber verschlossen sein. Dafür sieht man außen einige Fresken, darunter auch eines mit einem für Kärnten typischen Christophorus.

Dann orientieren wir uns am Parkplatz an dem Wanderschild, das zum Weg »Forstseerunde« verweist. Es geht erst vom Kirchenhügel weg, an einem Haus vorbei und danach unter der Autobahn hindurch zum Wald. Dort sehen wir etwas nach rechts versetzt am Eingang der Römerschlucht eine große Tafel, die den Beginn des »Slow Trails« markiert. Hier finden wir auch eine Erklärung zur Römerschlucht.

Nun folgen wir dem Weg durch die Schlucht, immer entlang des Baches, bis zu einem Römerstein. Hier könnte man zwar nach rechts abbiegen, wir gehen aber auf dem »Romantischen Weg« mit Nummer 24 a immer geradeaus, entlang des Baches, weiter.

Nach vier Brücken und verschiedenen Steilstücken erreichen wir, wie am Römerstein angekündigt, Weg Nr. 14. In ihn biegen wir in

Richtung »Forstsee« nach rechts ein. Nun wandern wir eben weiter. Nach einiger Zeit begleitet uns ein Bach, der in seinem kanalartigen Erscheinungsbild an einen Waal, einen Südtiroler Bewässerungskanal bzw. -graben, erinnert.

Etwas später dürfen wir den nach rechts abzweigenden Pfad zum »Forstsee« nicht übersehen. Entlang des Baches kommen wir zu einem querenden Weg. Kurz dahinter können wir den See schon ahnen. Wir wandern nach links weiter, nun kommen verschiedene Stellen, an denen man ans Wasser gelangen kann.

Nach zwei Gebäuden überqueren wir die Staumauer nach rechts, gehen an einer WC-Anlage vorbei und kommen wieder in den Wald. Hier dürfen wir uns durch die verschiedenen abzweigenden Wege, die zum Teil zum Ufer führen, nicht verwirren lassen. Wir orientieren uns immer an der Beschilderung »Forstsee Südufer Hohes Kreuz«, später auch »Römerschlucht«.

Zum Glück gibt es bei der verwirrenden Zahl von Wegen immer genügend Schilder, denn man kann auf dieser Strecke schon die Orientierung verlieren. Schließlich erreichen wir einen querenden Weg. Wir gehen erst nach links zum »Aussichtspunkt«, später nach rechts in Richtung »Römerschlucht«.

Am Aussichtspunkt genießen wir nicht nur die oben erwähnte Aussicht, wir finden auch Bänke und eine Informationstafel, die das Panorama erklärt.

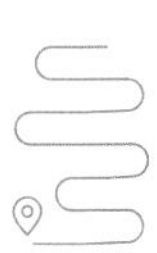

Danach gehen wir zurück, am Abzweig vorbei und danach bergab, bis wir wieder den bekannten Römerstein erreichen. Nach links wandern wir nun auf dem Anstiegsweg zurück zum Ausgangspunkt.

35

Durch das Rosental

Flache Tour mit weitem Blick

Wir wandern durch die Wiesen- und Felderlandschaft des Rosentales zwischen den Karawanken und der Drau. Während der ganzen Wanderung hat man einen schönen Blick über die Landschaft und auf die Bergwelt.

Auf einen Blick

St. Jakob im Rosental

etwa 2 Stunden

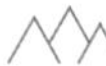
etwa 100 hm

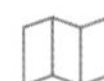
Kompass WK 062 Villach - Faaker See

(i) Wir wandern auf festen Wegen und Naturwegen. Kann auch bei schlechterem Wetter unternommen werden.

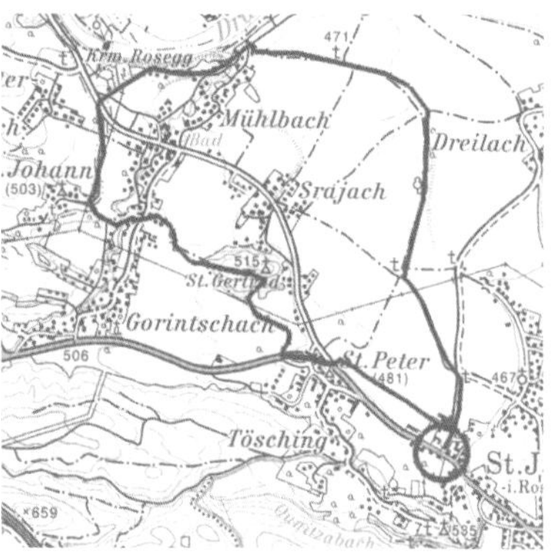

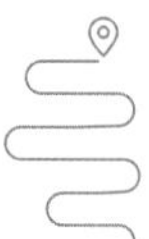

Wegverlauf

Parkmöglichkeiten findet man an der Durchgangsstraße westlich von der Abzweigung in Richtung »Dreilach Längdorf« oder kurz nach der Abzweigung bei der Hauptschule. Dann wandern wir auf der Landstraße nach Norden, biegen aber an dem Wegkreuz links ab. Wir wandern bis zu einem weiteren Wegkreuz, das an beiden Seiten mit einem Kunstwerk ausgestattet ist. Hier halten wir uns rechts.

Wir kommen an einem mächtigen Baum vorbei, danach zieht der Weg nach links und wir erreichen schließlich die ersten Häuser von Mühlbach. Dort halten wir uns an der kleinen Straße links, zweigen aber gleich darauf rechts ab. Nun steigt es etwas an, wir kom-

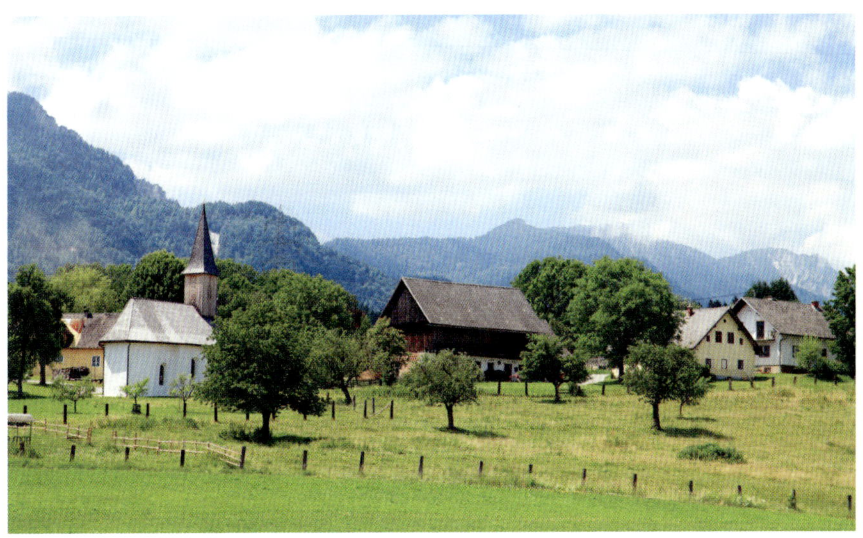

Viele Dörfer im Rosental wirken mit ihrer Kirche und den alten Gebäuden recht idyllisch.

men der Drau recht nahe – wandern aber hoch über ihr, danach fällt der Weg wieder. Nach dem Umspannwerk gehen wir nach rechts zur Straße.

Dort halten wir uns kurz links, dann zweigen wir bald rechts ab. Vor dem Ortsrand von St. Jakob biegen wir links ab. An der scharfen Rechtskurve kurz danach gehen wir auf einem unbefestigten Weg geradeaus bergab an dem Haus vorbei, überqueren den Bach und steigen danach wieder etwas an.

An Haus Nr. 26 gehen wir rechts vorbei, überqueren die Straße und wandern auf der Wiese an den beiden auf der anderen Seite stehenden Häusern vorbei. Danach erreichen wir einen Feldweg mit einem Wegkreuz. Wir gehen geradeaus auf den Wald zu und in ihm zur Kapelle St. Gertrud.

Vor der Kapelle halten wir uns rechts und steigen auf einem Steig steil hinab zum Waldrand. Dann gehen wir auf dem Wiesenweg unter den Elektroleitungen hindurch und bis zur Landstraße, die wir nach einem Rechtsknick erreichen. Wir überqueren sie und wandern rechts von ihr auf dem Fußweg nach St. Jakob hinab.

Unten halten wir uns am Bildstock links, unterqueren die Landstraße und überqueren eine weitere Straße. Danach nehmen wir den Feldweg. Er zieht bald darauf nach rechts und bringt uns zurück zur Hauptschule. Rechts davon liegt unser Ausgangspunkt.

Maria Rain

Von der Wallfahrtskirche zu zwei Aussichtspunkten

Kulturinteressierte besichtigen bei diesem Ausflug die Wallfahrtskirche Maria Rain mit ihren zahlreichen Kunstschätzen. Danach wandern wir, meist im Wald, zu zwei Aussichtspunkten, die uns herrliche Blicke auf die Bergwelt und das Rosental bieten.

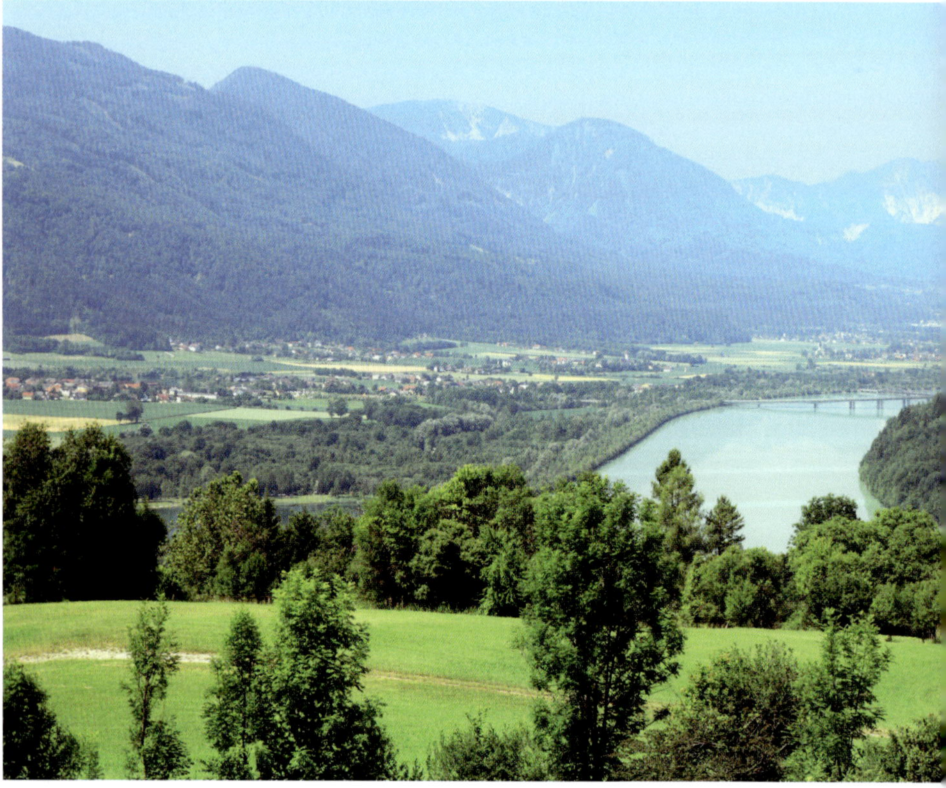

Zwei Aussichtspunkte bieten einen prächtigen Blick zur Drau und durch das Rosental.

Auf einen Blick

 Maria Rain

 etwa 1½ Stunden

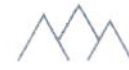 170 hm

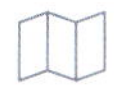 Kompass WK 65 Klopeiner See - Karawanken Ost - Steiner Alpen

 Maria Rain

 Wir wandern auf festen Wegen und Naturwegen, der Abstieg zum Aussichtspunkt Petelinz ist zwar kurz, aber recht steil, hier sollte man bei feuchtem Wetter vorsichtig sein oder ganz auf diesen Abstecher verzichten. Bis auf diesen Abstecher kann die Tour auch bei schlechterem Wetter unternommen werden.

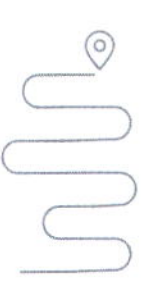

Wegverlauf

Wir gehen hinter der Wallfahrtskirche in der 10.-Oktober-Straße nach links und folgen ihr bis zum querenden Holunderweg, auf dessen anderer Seite ein Bildstock steht. Dort gehen wir nach rechts den Berg hinauf bis zur Landstraße nach dem Ort. Wir halten uns rechts, dann gehen wir gleich wieder rechts in den Kaiserhüttenweg.

Vor Haus Nr. 9/11 und dem Bildstock biegen wir mit dem Wanderzeichen »weißes Dreieck auf rotem Grund« links ab und kommen in den Wald. Kurze Zeit später erreichen wir den Aussichtspunkt Kaiserhütte. Von dort aus hat man einen schönen Blick nach Westen über das Rosental mit dem Ferlacher Stausee und nach Süden hin auf die Karawanken.

Danach wandern wir weiter durch den Wald. Der anfangs breite Waldweg wird zu einem schmalen Pfad. Nach einiger Zeit zieht er nach rechts hinunter und trifft dort auf einen querenden Weg. Nach rechts geht es wieder nach Maria Rain, auf diesem Weg gehen wir später zurück. Erst biegen wir aber links ab.

Es geht mit leichtem Auf und Ab durch den Wald, bis zu einem Aussichtspunkt, wo der Steilabfall durch ein Geländer abgesichert ist. Hier zieht der Weg nach links, dann steil hinab und weiter zum

Aussichtspunkt Petelinz. Hier sieht man ebenfalls ins Rosental, aber nach Osten, nach Ferlach sowie zum dahinterliegenden Ferlacher Horn und in die Koschuta.

Zurück wandern wir erst denselben Weg; wo wir von rechts oben gekommen sind, wandern wir nun geradeaus weiter. Schließlich kommen wir zu den ersten Häusern von Maria Rain. Wir gehen am Gasthof Kirchenwirt vorbei, dann nach dem großen Bildstock am Marienweg rechts hinauf zur Wallfahrtskirche.

INFO

Die bereits 927 als Marienkirche erwähnte **Wallfahrtskirche Mariä Himmelfahrt** besitzt eine reiche Ausstattung wie eine spätgotische Marienfigur am Hochaltar (1694) und weitere überlebensgroße Figuren. Die wertvolle Reliquienmonstranz ist von 1659. In den Seitenkapellen sieht man Barockaltäre mit Schnitzfiguren und Bildern. Die Kanzel wurde 1706 erbaut. Sehenswert sind auch der Römerstein mit Delfin, Panther und Kantharos mit Lebensbaum, der als Opferstock dient, und die Weihwasserschale, die von einer reliefierten Hand gestützt wird. In der Kirche schlägt seit 1990 die Friedens- und Freiheitsglocke, die an die Kärntner Volksabstimmung und die Gefallenen, Vermissten und Verschleppten der Kriege erinnert.

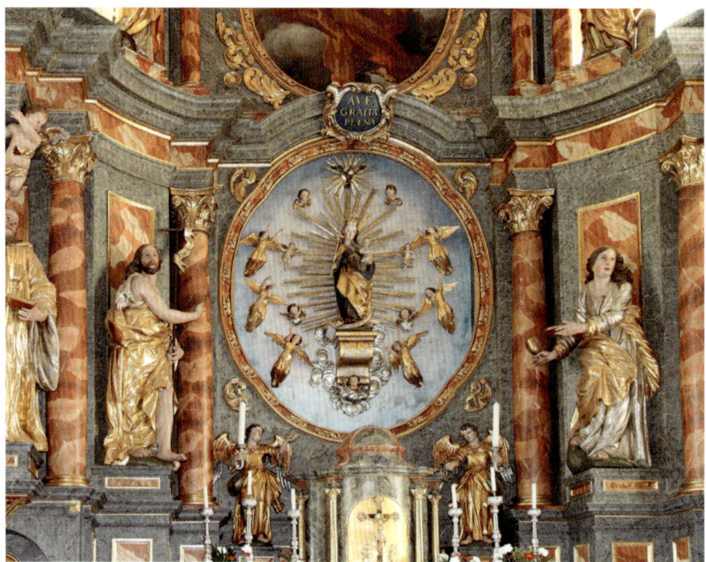

Die Wallfahrtskirche Maria Rain besitzt eine prächtige Ausstattung.

Herrliche Aussicht vom Plöschenberg

Auf dem Naturlehrpfad

Diese Wanderung führt uns über die Sattnitz. Der Naturlehrpfad Schleiereule auf dem Plöschenberg besitzt eine Vielzahl von sehr ansprechend gestalteten und informativen Tafeln. Am schönsten ist sicherlich die Aussicht hinunter auf den Rauschelesee und das Klagenfurter Becken mit den dahinterliegenden Höhenzügen. Im Frühsommer sieht man eine Vielzahl von Blumen auf den Wiesen, darunter häufig das Knabenkraut.

Auf einen Blick

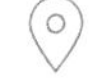 Plöschenberg (Köttmannsdorf)

 etwa 2 Stunden

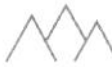 etwa 200 hm

 Kompass WK 61 Wörthersee - Karawanken West

 Landgasthof Plöschenberg, Buschenschanken unterwegs

 Wir wandern auf festen Wegen und Naturwegen. Kann auch bei schlechterem Wetter unternommen werden. Am Steilabfall sollte man auf Kinder achten.

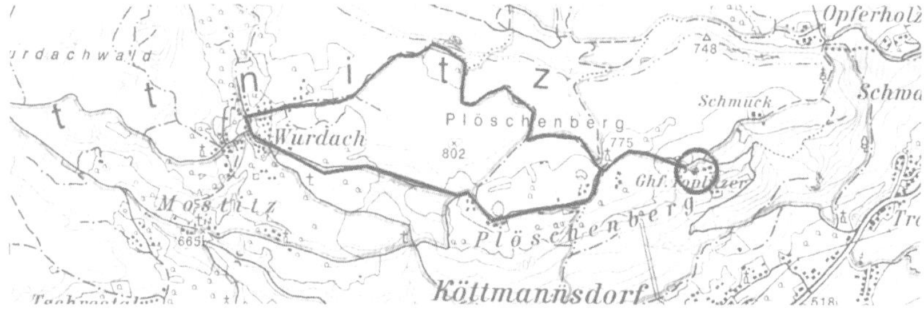

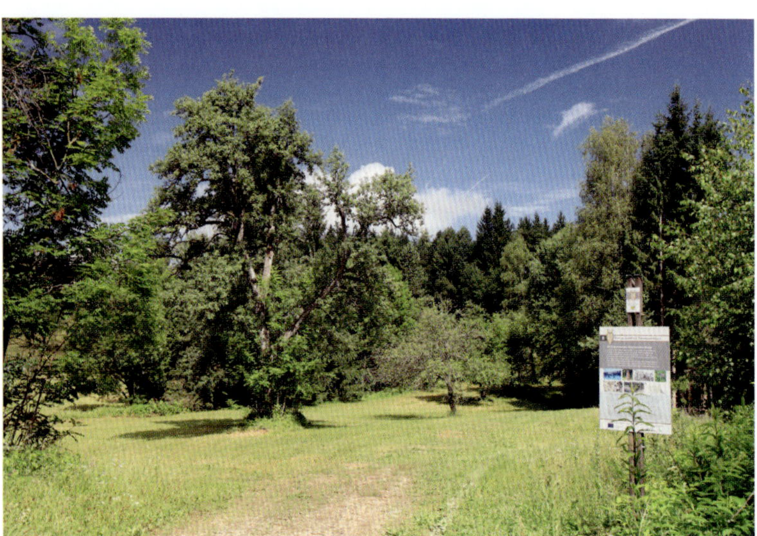

Zahlreiche Informationstafeln geben einen Einblick in die Natur.

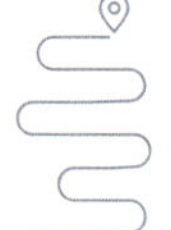

Wegverlauf

Einen Parkplatz finden wir kurz hinter dem Landgasthof Plöschenberg. Von dort aus folgen wir der Straße weiter. Von dieser hat man einen prächtigen Blick hinab ins Rosental und zu den Karawanken. Wir gehen an den nächsten Häusern mit dem Bildstock mit den modernen Bildern noch ein Stück weiter, dann werden wir bei Haus Nr. 16 nach rechts auf einen Wiesenweg verwiesen. Der hohlwegartige Weg bringt uns in den Wald, wo wir uns am nächsten Querweg rechts halten. Immer wieder sehen wir die Wegnummer 33.

Vorbei an Lehrpfadtafeln wandern wir leicht bergab bis zu einer Rodungsinsel, auf der auch einige Obstbäume wachsen. Wir gehen geradeaus weiter, nun mit der Wegnummer 36. Am Ende der Freifläche kommen wir zu einer steil abfallenden Wand direkt über dem Rauschelesee. Die Aussicht von hier sucht ihresgleichen.

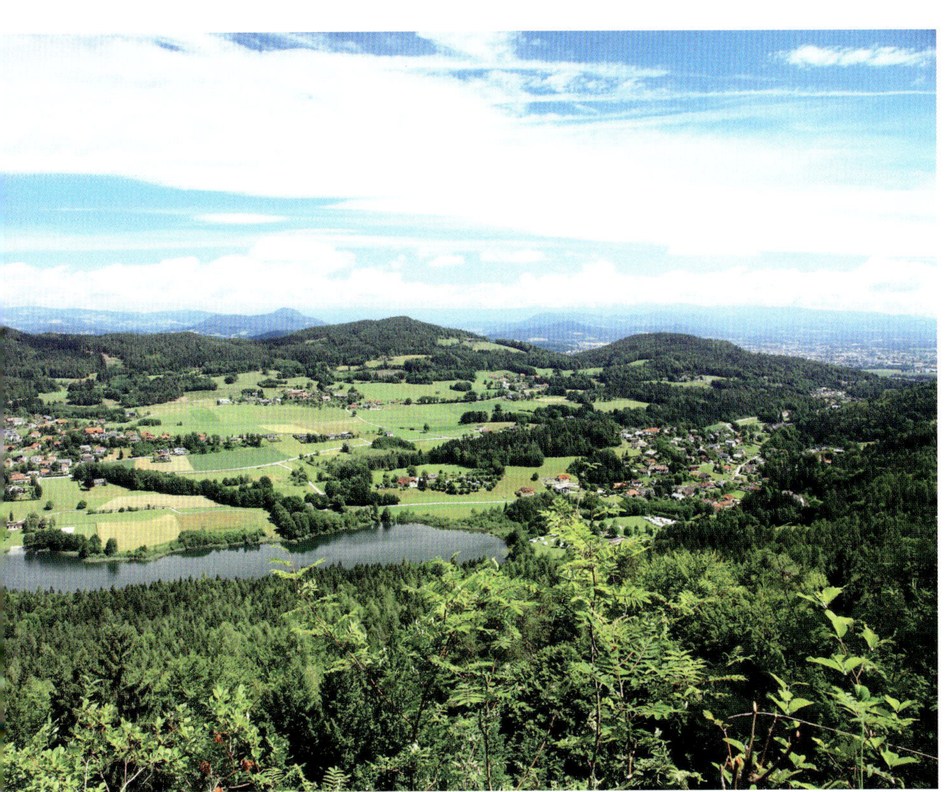

Aussicht hinab zur Drau

Nun geht es nach links weiter, erst entlang des Steilabfalls, dann im Wald. An einer Kreuzung kann man entweder auf dem zweiten Weg von links weitergehen oder nach rechts die Tour etwas verlängern, indem man nach Wurdach wandert. In Wurdach hält man sich links und geht auf Weg 36 a weiter. Wer die kürzere Variante nimmt, verlässt bald den Wald. Davor sieht man eine Tafel zur Geologie mit einem Steinhaufen, in dem man Beispiele für die beschriebenen Gesteine findet.

Wir wandern nach links am Waldrand entlang und kommen in den Wald. Dort gehen wir am Querweg nach rechts hinab und kommen zum Zufahrtsweg nach Wurdach, ab hier sind beide Varianten wieder gleich. Wir halten uns links und wandern, bald auf bekanntem Weg, zurück nach Plöschenberg zum Ausgangspunkt.

Hinauf zum Penkensee

Im Keutschacher Seental

Mit dem Penkensee, einem künstlich aufgestauten teichartigen Gewässer, und dem Hafnersee besuchen wir zwei stille Seen im Keutschacher Seental. Dabei kann man im Hafnersee baden, den Penkensee jedoch nur als romantisches Gewässer genießen.

Auf einen Blick

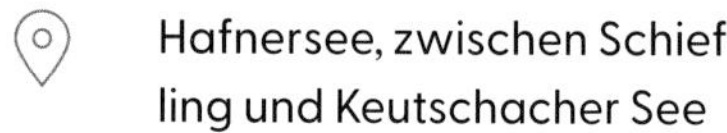

Hafnersee, zwischen Schiefling und Keutschacher See

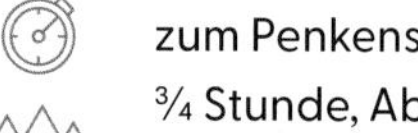

zum Penkensee etwa ¾ Stunde, Abstieg ½ Stunde, zurück zum Ausgangspunkt weitere ½ Stunde

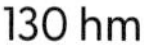

130 hm

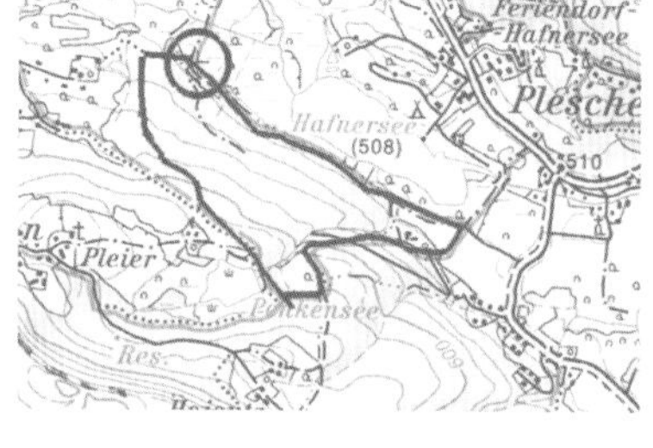

Kompass WK 61 Wörthersee - Karawanken West

Wir wandern auf festen Wegen und Steigen.

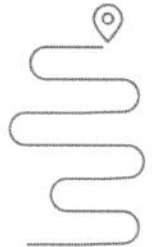

Wegverlauf

Wir fahren von Schiefling in Richtung Keutschach und biegen, kurz bevor es links nach Roda geht, rechts ab in Richtung Techelweg. An der scharfen Rechtskurve im Wald finden wir eine kleine Parkgelegenheit.

Von hier aus überqueren wir den Bach und spazieren auf dem Waldweg in Richtung »Hafnersee-Penkensee« (Wegnummer 28/379). Nach dem Wald geht es durch Moorwiesen, bis der Weg links abzweigt, hier finden wir geradeaus am Waldrand einen Wegweiser. Ihm folgen wir nach rechts in Richtung »Penkensee«.

Nun steigt es an, erst auf einem steinigen, breiten Weg, der aber später in einen schmalen Pfad übergeht. Wir müssen gut auf die

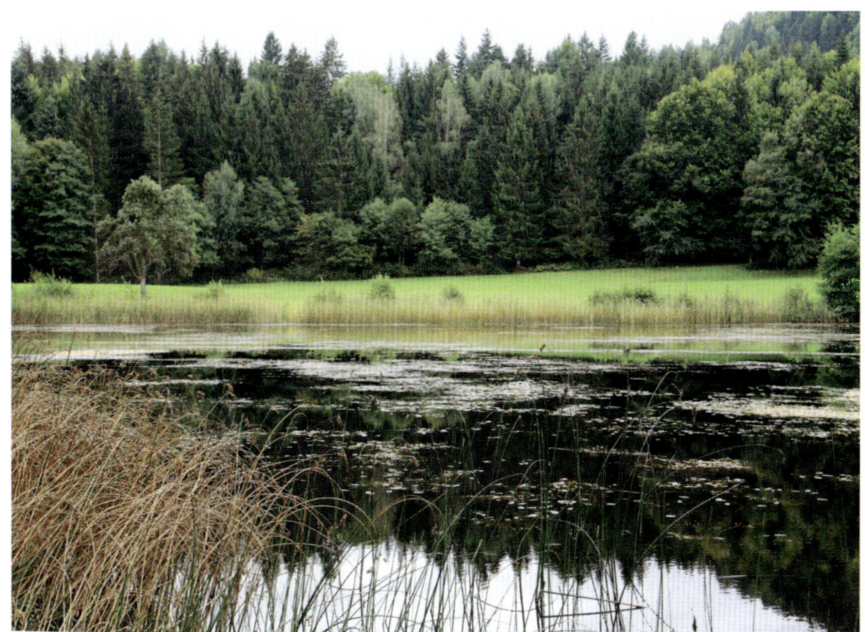

Stille am Penkensee

weiß-grün-weißen Markierungen achten, außerdem können wir uns noch an den Wanderschildern mit dem Hinweis »Penkensee« orientieren.

Schließlich verlassen wir den Wald und sehen rechts hinter der Wiese ein Gehöft. Wir wandern am Waldrand weiter und erreichen etwas später den rechts liegenden Penkensee. Dort orientieren wir uns erst am Schild nach »Hojoutz«. Nach dem See und der rechts liegenden Wiese kommen wir zu einem Wanderschild, wo es rechts nach »Plenken-Plejer« ginge; wir wandern aber auf Weg Nr. 28 geradeaus weiter in Richtung »Hafnersee 30 Minuten«. 5 Minuten später bei der links liegenden Wiese zieht Weg Nr. 28 nach links in Richtung »Hafnersee«. Nun geht es auf einem Steig steil hinab.

Nach dem Wald kommen wir an einem Gehöft vorbei; nach 5 Minuten treffen wir in den Wiesen auf eine Kreuzung, wo wir links abbiegen. Wir wandern nun am Hafnersee vorbei, wobei man an manchen Stellen nach rechts hinaus zu ihm gehen kann. Später an der Rechtskurve liegt links das Schild, das wir noch vom Anfang her kennen. Nach rechts gehen wir in wenigen Minuten zurück zum Ausgangspunkt.

39

Um St. Job

Am Fuß der Karawanken

Wir wandern am Fuß der Karawanken ohne große Höhenunterschiede zum kleinen Kirchlein St. Job. Unterwegs haben wir immer einen schönen Blick zum Dobratsch.

Auf einen Blick

Fürnitz (Finkenstein)

etwa 1½ Stunden

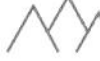
etwa 90 hm

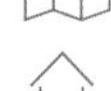
Kompass WK 062 Villach - FaakerSee

Fürnitz

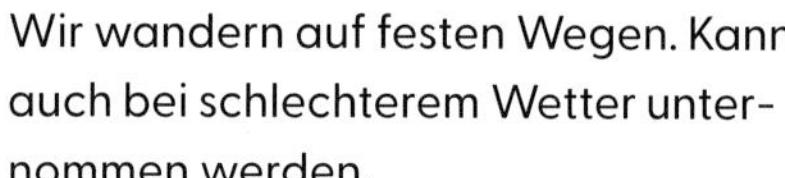
Wir wandern auf festen Wegen. Kann auch bei schlechterem Wetter unternommen werden.

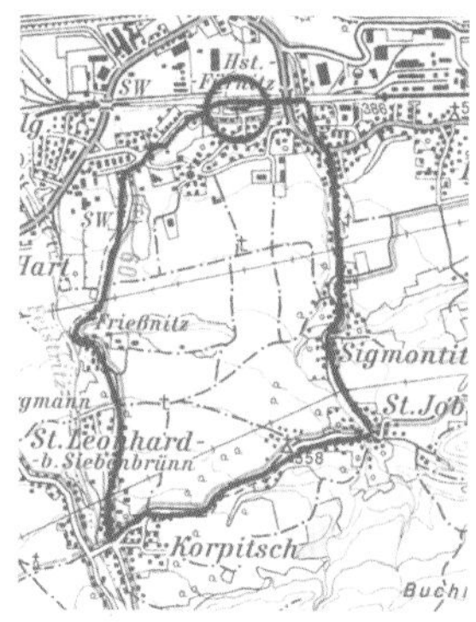

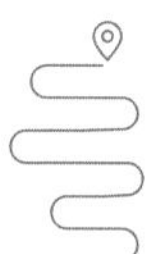

Wegverlauf

Wir starten am Bahnhof, gute Parkmöglichkeiten finden wir auch beim Friedhof, an dem wir am Schluss vorbeikommen. Dort folgen wir der Bahnhofstraße ins Zentrum von Fürnitz. An der Durchgangsstraße B 58 halten wir uns kurz links, zweigen aber gleich rechts ab in Richtung St. Job. Wir wandern auf der schmalen Straße leicht ansteigend über die Siedlung Sigmontitsch nach St. Job. Dort halten wir uns an der Brücke rechts nach »Korpitsch«. Kurz nach dem Weiler kommen wir zu dem Kirchlein.

Danach kommen wir nach Korpitsch. Dort halten wir uns am Bildstock rechts, etwas später am Denkmal für die Wasserversorgung und der mächtigen Linde noch einmal rechts. Nun wandern wir leicht bergab auf den Dobratsch zu. Wir umgehen Frießnitz links

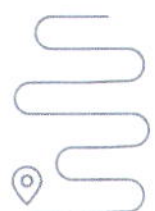

und kommen nach dem Friedhof wieder nach Fürnitz. An der vorfahrtsberechtigten Straße folgen wir etwas nach links versetzt der Bahnhofstraße, die uns zurück zum Ausgangspunkt führt.

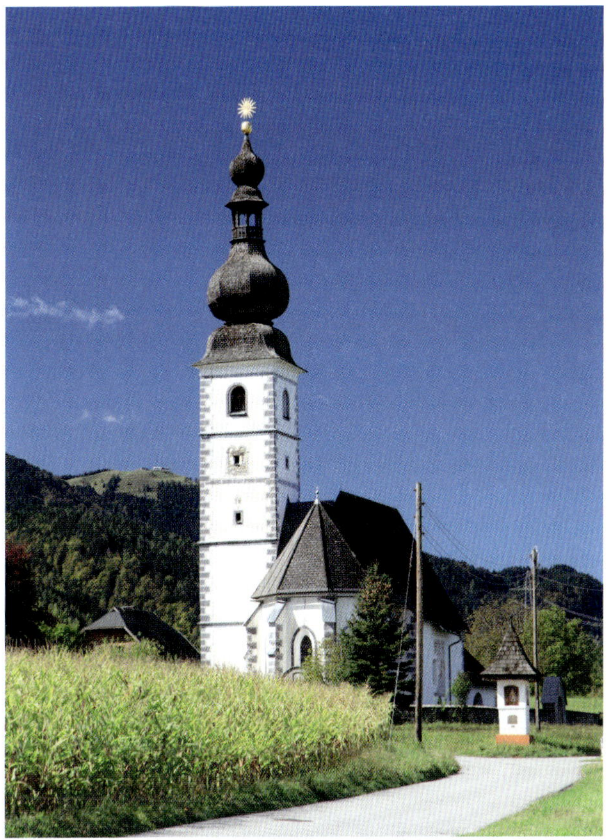

Mit ihrem mächtigen Turm ist die Kirche eine weithin sichtbare Landmarke.

INFO

Die **kleine Kirche in St. Job** ist eine der seltenen dem Hiob geweihten Kirchen. Sie stammt aus dem 15. Jahrhundert, wurde aber später barockisiert. An der Langhauswand sieht man eine aus dem Barock stammende Marienkrönung, außerdem besitzt die Kirche spätgotische Freskenfragmente. Auch außen ist sie mit Fresken, darunter einem Christophorus, geschmückt. Sehenswert ist auch die Inneneinrichtung. Der barocke Bildstock östlich der Kirche ist mit erneuerten Malereien geschmückt.

Vom Faaker See zum Aichwaldsee

Zwei-Seen-Tour

Wir wandern vom großen und bekannten Faaker See zum kleinen, idyllischen Aichwaldsee. An beiden gibt es Bademöglichkeiten, dazwischen wandern wir durch den Wald.

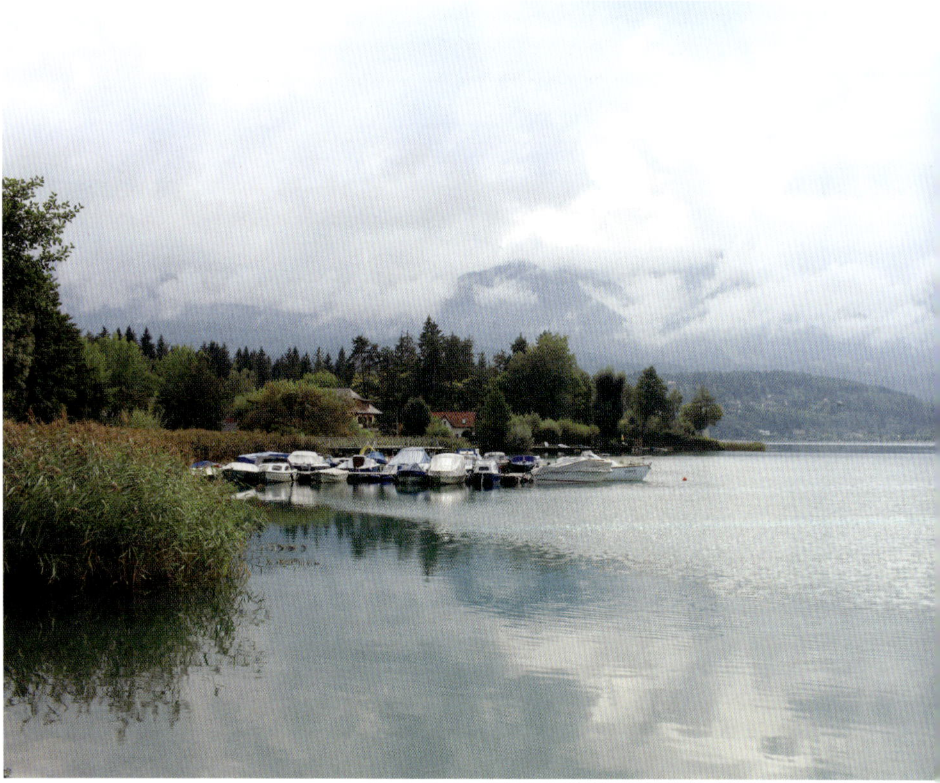

Am Aichwaldsee

Auf einen Blick

Faaker See

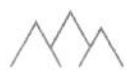
etwa 2 ½ Stunden

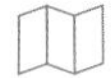
etwa 130 hm

Kompass WK 062 Villach - Faaker See, 61 Wörthersee - Karawanken West

Faaker See

Wir wandern auf festen Wegen und Naturwegen. Kann auch bei schlechterem Wetter unternommen werden. Bademöglichkeiten im Faaker See und im Aichwaldsee.

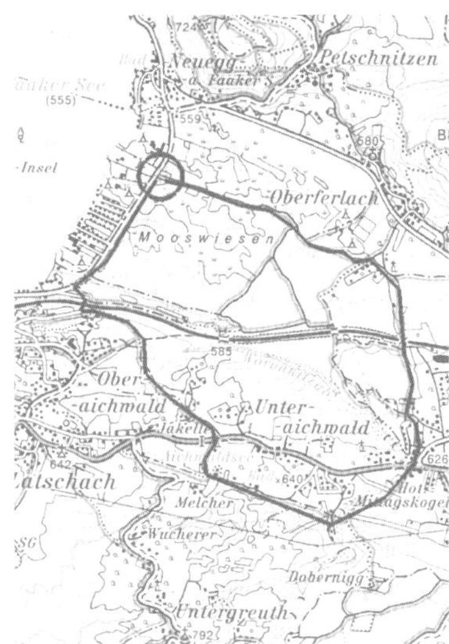

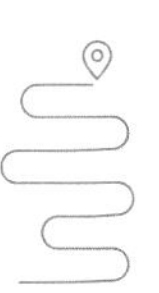

Wegverlauf

Wir beginnen an der Ostseite des Faaker Sees beim Camping Anderwald. Alternative Parkmöglichkeiten und Ausgangspunkte finden wir etwas weiter südlich bei der Abzweigung nach Oberaichwald und am Aichwaldsee.

Vom Camping Anderwald (560 m) aus spazieren wir nach Osten in den Wald. Bald kommen wir durch die Mooswiesen, die einen Blick auf den Tabor eröffnen, danach geht es im Wald weiter. Wir ignorieren die Abzweigung zum »Aichwaldsee« und behalten immer unsere Richtung bei.

Nach dem Wald kommen wir in eine Siedlung, hier nehmen wir am Bildstock und an Gebäude Zur Weide 5 rechts den Asphaltweg. Er führt uns durch die Wiesen zum Wald und unter den Eisenbahngleisen durch. Danach folgen wir dem weißblauen Wanderzeichen geradeaus weiter, erreichen bald eine Ansiedlung und danach die B 85, wo das Hotel Mittagskogel steht.

Rechts vom Hotel nehmen wir den mit Nr. 20 markierten Weg in Richtung »Aichwaldsee«. Er führt uns in den Wald, wenige Minuten danach geht der Pfad zum Mittagskogel geradeaus weiter, wir biegen aber mit dem weißblauen Zeichen rechts ab. Wir überqueren den Bach und behalten danach unsere Richtung bei. Bald sind wir am Aichwaldsee und wandern an ihm entlang.

Wir spazieren am Aichhof vorbei, danach geht es durch den Hof mit den schwarzverbrannten Holzhäusern nach rechts, gleich danach nach links zum Schild »Aichwaldseeweg 640 m«. Hier halten wir uns rechts und wandern zur Straße, wo wir eine kleine Kapelle sehen.

Auf der anderen Seite folgen wir dem Aichweg in Richtung »Faak See«. Bei den Häusern gehen wir geradeaus weiter auf den Wald zu, zweigen aber kurz vor ihm rechts ab auf Weg Nr. 21 und gehen über die Wiese zum Waldrand. Nun geht es im Wald kurz bergab, dann am Waldrand über die Wiese nach rechts bergauf und oben nach links in Richtung der Häuser. Wo der Wiesenweg auf einen Asphaltweg trifft, biegen wir rechts in den Wald ab. Es geht mit dem blauweißen Zeichen in einem Hohlweg etwas bergab, kurz danach halten wir uns an einer Verzweigung links.

Beim nächsten Haus biegen wir rechts ab und überqueren auf der Straße die Bahnlinie. Weiter abwärts wandernd kommen wir zu der Straße, die um den Faaker See führt und wo der oben erwähnte Parkplatz liegt (560 m). Nach rechts wandern wir in 10 Minuten zum Ausgangspunkt.

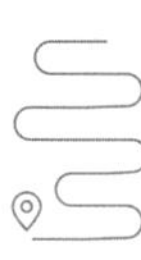

Vom Kanzianiberg zur Ruine Finkenstein

Freier Blick

Wir starten am Kletterparadies Kanzianiberg und steigen zuerst hoch zum Wallfahrtskirchlein. Als nächstes Zwischenziel steuern wir die Ruine Finkenstein an, danach geht es noch weiter hinauf auf die Höhe.

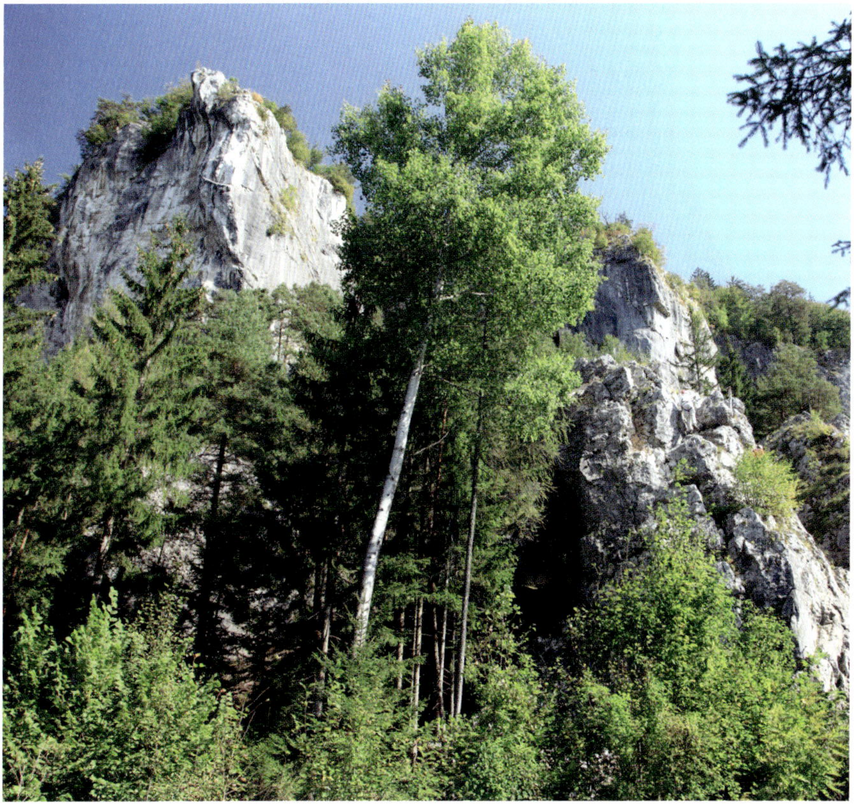

Der Weg führt an mächtigen Felsen vorbei.

Auf einen Blick

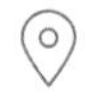

Finkenstein

etwa 4 Stunden

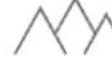

etwa 500 hm

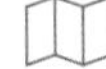

Kompass WK 062
Villach - Faaker See

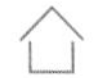

Burgruine,
Gasthof Baumgartner

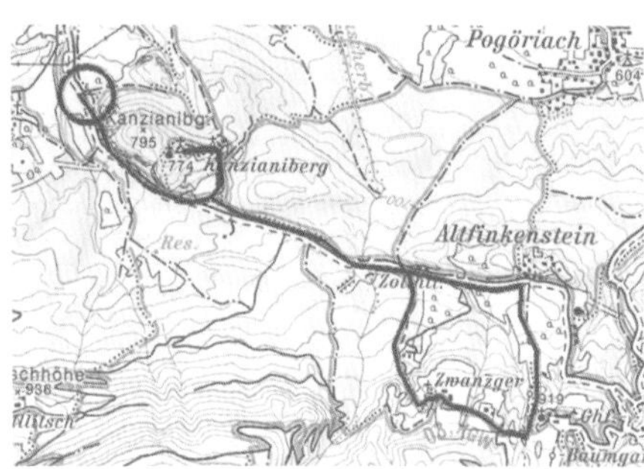

ⓘ Wir wandern meist auf festen Wegen, nur der Abstieg vom Zwanzgerhof verläuft auf einem Pfad. Kann auch bei schlechterem Wetter unternommen werden.

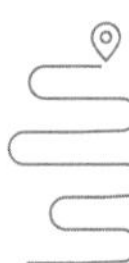

Wegverlauf

Wir parken auf dem großen Parkplatz, wo die Kletterer, die das kleine Felsmassiv Kanzianiberg besteigen, parken. Alternative Ausgangspunkte sind bei der Burgruine oder beim Gasthof Baumgartnerhof.

Vom Kanzianiberg – wo wir fast immer Kletterer beobachten können – wandern wir auf dem markierten Weg parallel zu der kleinen Straße in Richtung »Burgruine«. Wir gehen bis zur Kirche auf einem Naturlehrpfad, bei dem die Bäume erklärt sind.

Kurz nach dem Ende des Felsmassivs zieht der Weg zum »Kanzianiberg« rechts von einer Weide durch einen Schranken nach links. Gleich danach geht rechts der Weg zur Burgruine ab, hier kommen wir am Schluss auch wieder an. Wer den kürzesten Weg zur Ruine gehen will, nimmt auf dem Rückweg diesen Weg. Ansonsten gehen wir weiter entlang der Wiese zu einer Verzweigung.

Den rechten Weg nach »Pogöriach« nehmen wir nachher, erst aber steigen wir auf dem linken Weg hinauf zur Wallfahrtskirche. Dazu muss aber gesagt werden, dass sie an normalen Tagen geschlossen ist und man nur durch einen schmalen Schlitz in der Türe in ihr Inneres sehen kann. Auch die Kreuzwegstationen sind normalerweise verschlossen. Der Blick von oben nach Norden in Richtung Faaker See ist leider zugewachsen, nur nach Süden zum Mallestiger

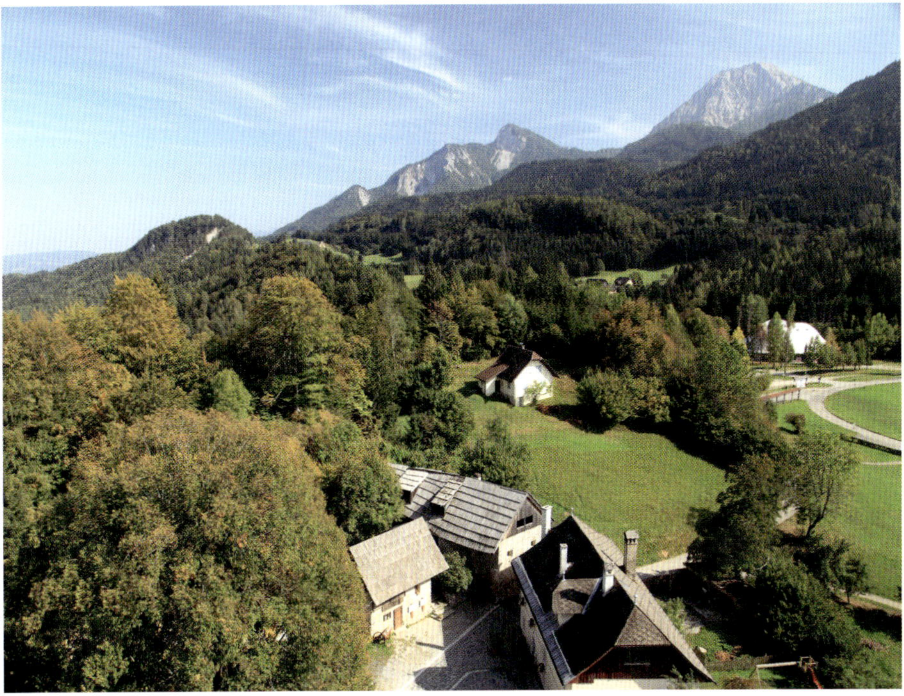

Auch vor den hohen Bergen ist die Landschaft lebhaft modelliert.

INFO

Der **Kanzianiberg** war bereits in der Jungsteinzeit besiedelt, später von den Kelten und den Römern. Der heutige Bau der 1301 erwähnten gotischen Filialkirche St. Kanzian wurde Ende des 15. Jahrhunderts errichtet und besitzt einen Zwiebelturm. Außen sieht man ein Christophorusfresko und ein römisches Relief mit einem Schreiber. Innen ist sie mit reichen Malereien, u. a. mit den Heiligen Drei Königen geschmückt. Die sehenswerte Kanzel mit den Blumenintarsien stammt von 1614. Der Hauptaltar wurde 1680 errichtet. Zur Kirche führen Kreuzwegstationen von 1780.

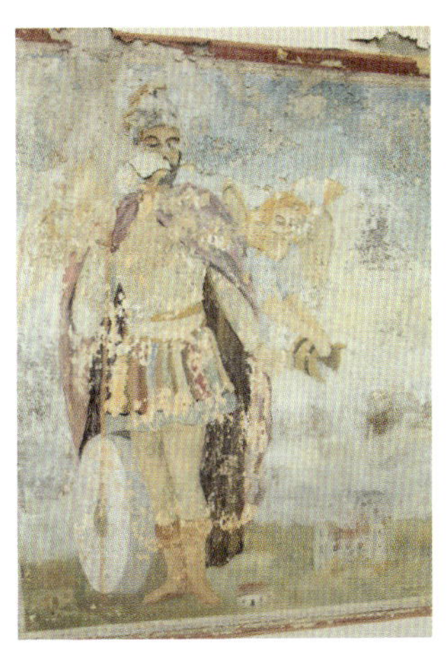

Mittagskogel und dem restlichen Bergkamm ist frei. Insofern muss man sich überlegen, ob man den Abstecher unternimmt.

Ansonsten oder danach folgt man dem Weg in Richtung »Pogöriach«. Er führt, anfangs mehrmals bezeichnet, später nur mit Farbklecksen, durch den Wald hinab. Schließlich treffen wir unten in einem Waldstück mit hässlichen, abgestorbenen Fichten, auf einen Stein, der uns nach rechts nach »Pogöriach« weist. Nun geht es eben weiter.

Wir überqueren das meist wohl trockene Bachbett des Rauschenbachs, dem man aber ansieht, welche Kraft das Wasser zu Zeiten entfalten kann. Etwas später hört links der Wald auf, nun haben wir einen freien Blick nach Norden zu den Höhenzügen, davor liegen Pferdeweiden.

Schließlich treffen wir auf das Schild »Pogöriacher Auen 615 m«, hier kann man rechts abbiegen und auf dem breiten Weg Nr. 683 hinauf zum Asphaltsträßchen steigen, das uns nach links nach Altfinkenstein führt. Wenn wir etwas weitergehen, zweigt kurz danach ein weiterer Weg rechts ab, der uns direkt zur Burgruine Finkenstein bringt.

An der Straße sehen wir einen Bildstock, hier geht der durch die Wiesen hinaufführende Weg zum Gasthof Baumgartnerhof ab. Es geht praktisch geradeaus immer hinauf, ein Stück durch das Wildgatter hindurch. Wenn das Wetter zu feucht für den Wiesenweg ist, kann man auch der Zufahrtsstraße folgen.

Oben beim Gasthof kann man ab dem Parkplatz noch einen etwa halbstündigen Abstecher zum »Wasserfall« machen. Ansonsten hält man sich rechts und folgt der schmalen Straße am Hang entlang. Beim Zwanzgerhof verzweigt sich der Weg. Vor Haus Nr. 2 a biegen wir rechts ab, halten uns aber gleich links. Es geht an dem Wegkreuz vorbei hinab, dann zieht der Weg nach rechts in den Wald. Dort geht es auf einem Steig hinab zu einer kleinen Straße. Wir biegen links ab und folgen ihr. Bald überqueren wir wieder das Bachbett. Danach führt rechts der Wanderweg parallel zur Straße in Richtung »Finkenstein«. Etwas später haben wir die bekannte Wiese wieder erreicht und gehen auf dem Anfangsweg wieder zurück zum Ausgangspunkt.

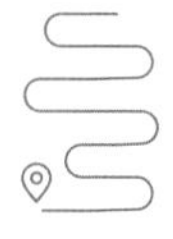

INFO

Die **Burgruine Alt-Finkenstein** wurde 1142 erstmals urkundlich erwähnt, gehörte dem Kloster Bamberg und war Lehen von Ministerialen der Kärntner Herzöge, die sich nach der Burg nannten. Hier lebte als Knabe der spätere Kaiser Maximilian I., der »letzte Ritter«, der sie später auch umbaute. Die ältesten Mauerteile der ausgedehnten Anlage stammen aus der Romanik. Erhalten sind die Außenmauern, der romanische Bergfried und gotische Baudetails. Bemerkenswert an der Westwand des Palas sind die seltenen Kielbogenarkaden. In die Hochburg führen drei Tore, von denen eines einen profilierten Kielbogen und das Dietrichsteiner Wappen mit den zwei Rebmessern aufweist. Ein interessantes Bauteil ist die im Westen liegende Abschlusswand des Hofes, die gleichzeitig die Wand des Palas ist. Der quadratische Bergfried (12. Jh.) wurde aus Bruchsteinen errichtet. Man sollte auf jeden Fall die heutige Aussichtsplattform, die durch die Gaststätte zu erreichen ist, aufsuchen. Von hier aus bietet sich eine umfassende Rundumsicht.

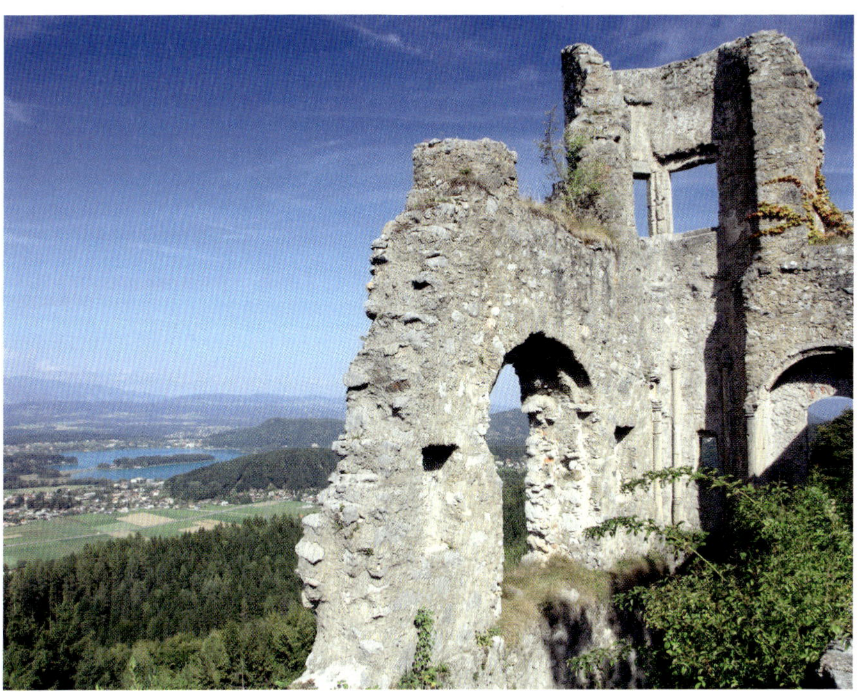

Von der Ruine hat man auch einen prächtigen Blick zum Faaker See.

Vom Dreiländereck durch den Wald

Hoch über Arnoldstein

Am Dreiländereck oberhalb von Arnoldstein bzw. Seltschach und gegenüber des Dobratsch treffen Österreich, Slowenien und Italien zusammen. Heute sind die Grenzen offen und die Wandermöglichkeiten dadurch unbeschränkt. Wir fahren mit dem Sessellift hinauf und wandern dann zurück; der Abstieg verläuft im Wald, was insbesondere an heißen Sommertagen erfreut.

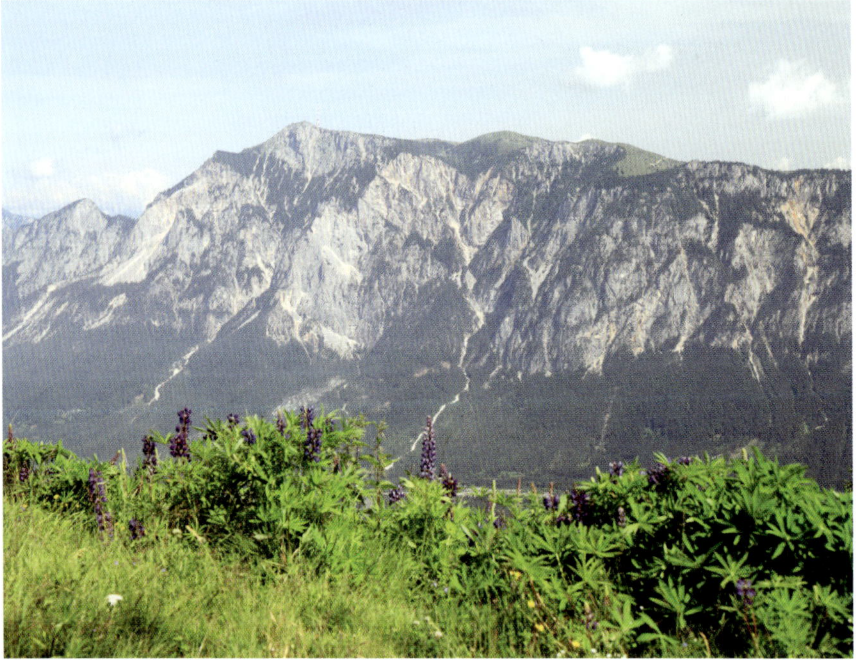

Blick zum Dobratsch/Villacher Alpe

Auf einen Blick

Seltschach (Arnoldstein)

etwa 3 Stunden

etwa 100 hm, ansonsten Abwärtswanderung

Kompass 224 Faaker See - Villach - Unteres Gailtal

Tal- und Bergstation, Dreiländer-Hütte

Wir wandern auf teilweise steilen Pfaden, am Schluss auch auf einer schmalen Straße. Der Wegverlauf ist gut bezeichnet.

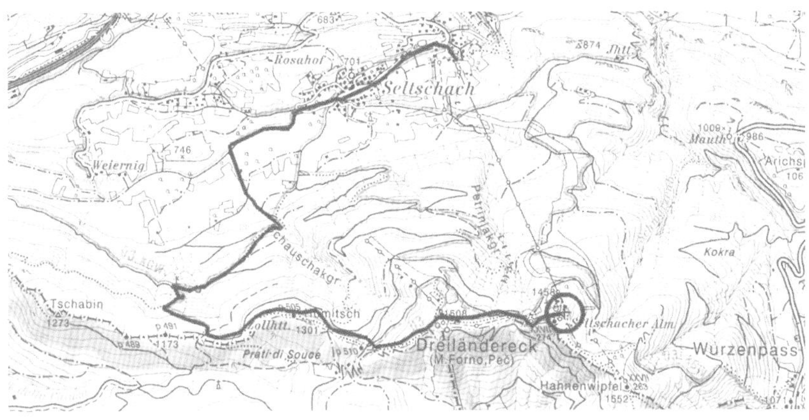

Wegverlauf

Wir nehmen den Sessellift hinauf zur Bergstation (1506 m). Dort halten wir uns rechts, gehen in 5 Minuten hinab zur Dreiländer-Hütte (1432 m) und nach ihr wieder hinauf zum Dreiländereck (1508 m). Es ist markiert durch einen Bildstock und eine Stele mit einem Text zur Völkerverständigung.

INFO

Von der **Bergstation und dem Dreiländereck** hat man ein überwältigendes Panorama: Im Norden liegen der Dobratsch und das Kärntner Seenland mit Faaker See und Wörthersee, im Süden die slowenischen und italienischen Gebirgszüge, man sieht die Julischen Alpen mit Mangart, Jalovec, Moistrocca, Ponza, die Karnischen Alpen und viele mehr.

Von hier aus hat man die Möglichkeit, in einer Stunde zur Kapelle Maria im Schnee (1227 m) auf italienischer Seite zu wandern, danach geht man wieder zurück zum Dreiländereck. Wir wandern aber geradeaus weiter in Richtung »Thörl-Maglern«, als Wegnummern sehen wir immer 603 und 522. Der Weg führt uns in den Wald, wo es praktisch immer geradeaus ständig bergab geht.

Nach etwa einer halben Stunde überqueren wir einen Forstweg in Richtung »Seltschach« (Nr. 603/693). Danach steigt es wieder leicht an, dann zieht der Pfad auf die rechte Seite des Bergrückens. Nach weiterem Bergab stoßen wir auf einen Forstweg, hier sehen wir links eine Holzhütte. Wir folgen dem Weg nach links bis zu einer Verebnung, hier werden wir mit der Nummer 03 nach rechts auf einen Pfad verwiesen.

Es geht erst kurz durch einen Hohlweg, dann im Zickzack steil bergab zu einem Forstweg. Hier halten wir uns mit der Nr. 7 rechts (»Seltschach 45 Minuten«). An der Verzweigung nach 5 Minuten halten wir uns links. Nach weiteren 5 Minuten nehmen wir den links abgehenden Steig in Richtung »Seltschach Schauschakgraben«.

Nach weiterem steilen Bergab stoßen wir auf den Wasserlauf, überqueren ihn und gehen auf seiner anderen Seite bergab. Wir ignorieren die rechts abgehenden Wege und wandern immer geradeaus abwärts. Der Weg wird breiter und schließlich stoßen wir auf einen weiteren breiten Weg, dem wir weiter abwärts folgen. Kurz darauf verlassen wir den Wald und haben über die Wiesen einen schönen Blick zum Dobratsch.

Am querenden Weg kurz danach biegen wir rechts ab; nun wandern wir auf der schmalen Straße zurück nach Seltschach und zur Talstation.

Wer noch Zeit und Lust hat, kann in Arnoldstein die gleichnamige Ruine besichtigen. Man geht von der Kirche die Marktstraße etwas nach Westen und nimmt dann den nach links abzweigenden Klosterweg. Er bringt uns hinauf zu der mächtigen Anlage.

INFO

Der einst strategisch wichtige Ort Arnoldstein unterhalb der **Ruine Arnoldstein** lag an einer bedeutenden Heeresstraße, die von Aquileia nach Virunum führte. Bereits die Römer hatten den Vorteil der Lage erkannt und errichteten hier ein Kastell. 1014 wurde die Anlage zusammen mit Villach von Heinrich II. dem Bistum Bamberg geschenkt. 1062 residierten die Eppensteiner als Herzöge von Kärnten auf der Burg und regierten von hier aus das Land. 1106 verwandelte Bischof Otto I. d. Hl. (1103–1139) die Burg in ein Benediktinerstift, das bis 1782 bestand, als es von Kaiser Joseph II. aufgelöst wurde. Die Anlage wurde 1883 durch einen Brand im Ort zerstört. Die Ruine der Klosterburg, das ehemalige Benediktinerstift, ist noch als mächtiger, abweisender Kasten erhalten. Betritt man sie, sieht man noch umfangreiche Reste der ehemaligen Gebäude mit Maßwerkfenstern, Arkadenbögen u. Ä., die ovalförmig um die 1316 erwähnte Klosterkirche St. Georg liegen.

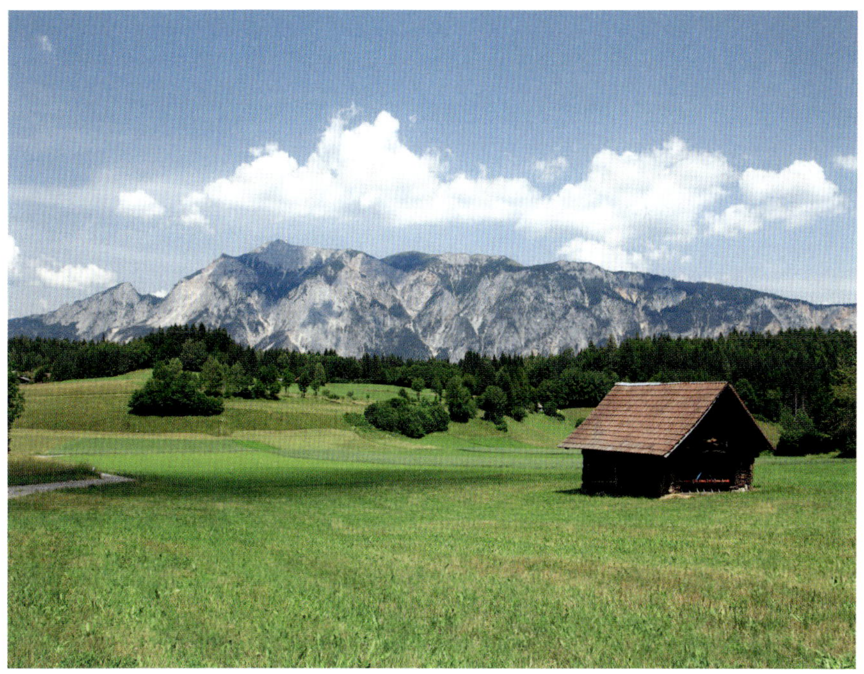

Blick über die Wiesenlandschaft zum Dobratsch/Villacher Alpe.

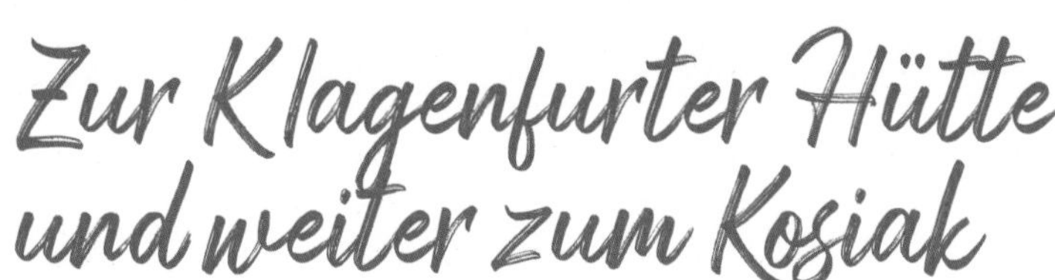

Im Bärental

Ein leicht zu erreichendes Ziel inmitten der prächtigen Felswände der Karawanken ist die Klagenfurter Hütte, zu der zwei Wege führen. Von ihr aus kann man noch den Kosiak, deutsch Geißberg, besteigen oder zur Bielschitza gehen. Wer aber nur einen einfachen Weg gehen will, begnügt sich mit der Klagenfurter Hütte als Ziel, die ja auch in prächtiger Gebirgsumgebung liegt.

Auf einen Blick

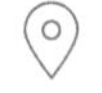

Feistritz im Rosental

Aus dem Bärental etwa 1 ¾ Stunden, aus dem Bodental etwa 3 ½ Stunden. Zurück je etwas weniger. Aufstieg zum Kosiak und zum Bielschitzasattel je etwa 1 Stunde einfach zusätzlich.

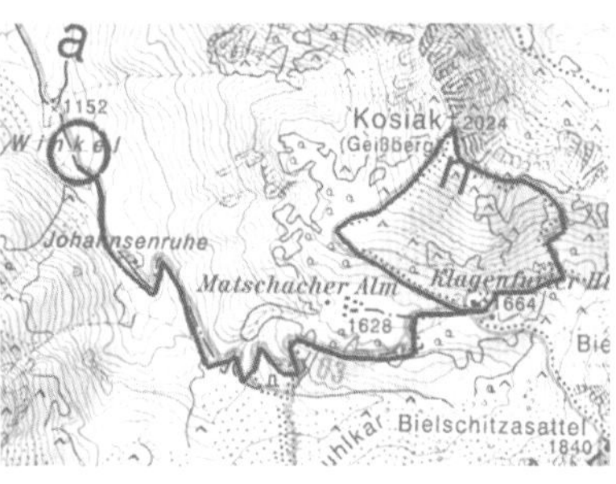

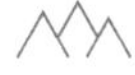

aus dem Bärental etwa 500 hm

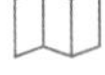

Kompass WK 61 Wörthersee - Karawanken West

Klagenfurter Hütte

Wir wandern auf festen Wegen und Naturwegen. Aus dem Bodental und hinauf auf den Kosiak und den Bielschitzasattel einige wenige ausgesetzte Stellen, die aber durch Seile entschärft sind.

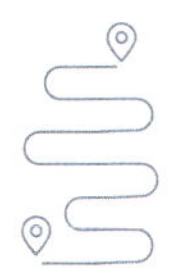

Wegverlauf

In Feistritz ist an der scharfen Kurve der Durchgangsstraße schon »Bärental« angeschrieben. Nun fahren wir auf der schmalen Straße, am Schluss unbefestigt, bis zum letzten Parkplatz (1185 m). Von dort aus folgen wir erst der Zufahrtsstraße, vorbei an der Johannsenruhe, wo wir einen ersten schönen Blick auf die Felswände haben, weichen aber bald auf den markierten Wanderweg aus, der uns hinauf zur Klagenfurter Hütte (1664 m) bringt. Den Rückweg nimmt man bequemlichkeitshalber vielleicht eher auf dem Fahrweg.

Von der Hütte aus kann man entweder den links über ihr sich erhebenden Kosiak (2024 m) besteigen. Der Friedrich-Zopp-Weg ist ab der Hütte ausgeschildert. Eine andere Möglichkeit zeigt sich, wenn man rechts der Hütte in das zwischen Bielschitza und Klagenfurter Spitze herabziehende Kar schaut: dort steigt ein Weg steil empor in die Scharte zwischen Bielschitza und Klagenfurter Spitze. Auch ein Kreuz kann man dort am Bielschitzasattel (1840 m) bereits erkennen. Für beide Möglichkeiten sind einfach je etwa 1 Stunde zu kalkulieren, zurück etwas weniger.

Eine weitere Möglichkeit zur Klagenfurter Hütte zu gelangen beginnt im Bodental beim Gasthof Sereinig. Von dort aus geht man vor dem Gasthof bei der kleinen Mühle vorbei und biegt etwas höher, wo es rechts zum Gasthof Lausegger geht, links ab. Nun folgt man der Beschilderung zu Ogrisbauer bzw. Ogrisalm, die man nach rund 45 Minuten erreicht. Eine halbe Stunde später erreicht man die Stinze und wandert auf dem Stinzesteig. Nun gehen wir durch ein steiles Wegstück, das aber mit Seilen gut begehbar gemacht worden ist. Nach dem Matschacher Sattel kann man nach rechts zum Kosiak aufsteigen und danach zur Hütte hinuntergehen.

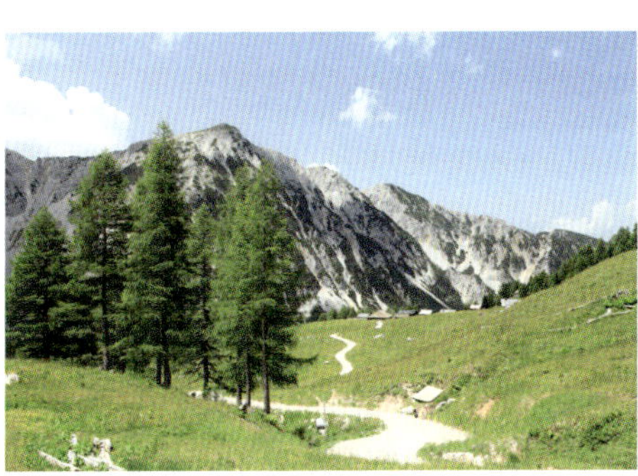

Auf dem Weg zur Klagenfurter Hütte

Viele Möglichkeiten im Bodental

Märchenwiese und mehr

Eine gemütliche kurze Familientour! Wir haben aber vom Bodental aus auch die Möglichkeit zur Klagenfurter Hütte aufzusteigen. Sie liegt in herrlicher Lage unterhalb von Hochstuhl und Klagenfurter Spitze, die zwar geübten Alpinisten vorbehalten sind, der Weg zur Hütte ist jedoch für jeden zu schaffen. Diese Möglichkeit ist in Tour 43 beschrieben. Aber auch wenn man im Tal zu Füßen der Karawanken bleibt, genießt man herrliche Landschaftseindrücke.

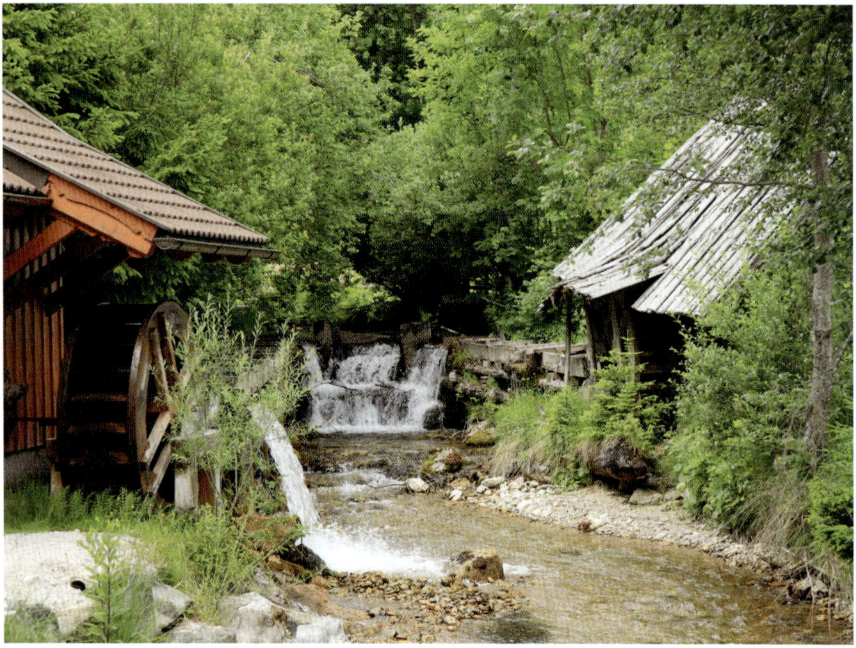

Unterwegs kommt man an einer Mühle vorbei.

Auf einen Blick

 Windisch-Bleiberg (Ferlach)

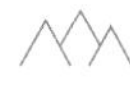 etwa 3 Stunden

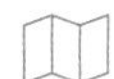 einfache Wanderung, etwa 270 hm

 Kompass WK 61 Wörthersee - Karawanken West

 Gasthöfe Sereinig und Bodenbauer, Klagenfurter Hütte

Wir wandern auf festen Wegen und Pfaden. Die einfache Wanderung kann auch bei schlechterem Wetter unternommen werden.

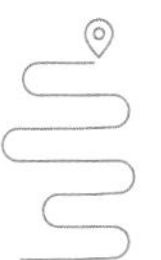

Wegverlauf

Wir fahren von Windisch-Bleiberg ins Bodental. Dort hat man verschiedene Möglichkeiten, die Tour zu beginnen, entweder ab dem Gasthof Sereinig, ab dem Parkplatz beim Meerauge oder ab dem Bodenbauer.

Vom Bodenbauer aus folgt man dem beschilderten Weg zur Märchenwiese. Es steigt erst etwas an, dann wandert man auf breitem Forstweg eben weiter. In rund einer halben Stunde hat man die Märchenwiese erreicht. Sie liegt wirklich in traumhafter Lage zu Füßen der steil abfallenden Wände der Karawankenkette.

Wer zur Klagenfurter Hütte möchte, folgt nach der Märchenwiese, wo der Wald wieder beginnt, dem nach rechts ziehenden Steig. Man steigt rund 1½ Stunden an bis zum Stinzesteig (Nr. 603), der von der rechts liegenden Ogrisalm kommt. Auf ihm hält man sich links, umgeht den Ausläufer des Kosiak und wandert weiter bis zur Klagenfurter Hütte. Zurück kann man dann den Weg über die Ogrisalm nehmen, die uns über den Ogrisbauer zum Gasthof Sereinig bringt.

Wenn man aber die einfachere Variante bevorzugt, geht man von der Märchenwiese wieder zurück. Kurz vor dem Bodenbauer

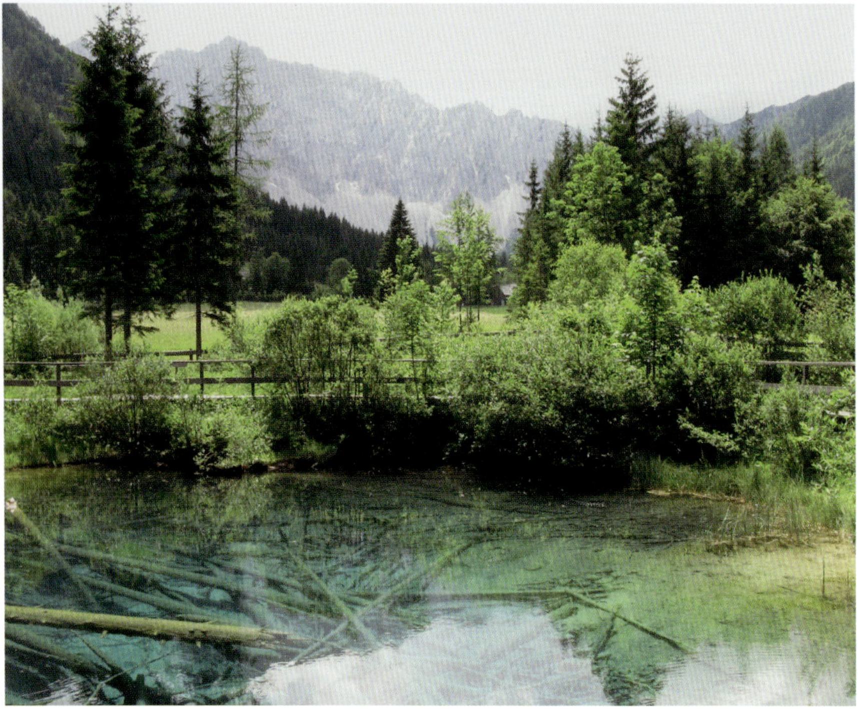

Das Meerauge und sein Farbenzauber

wird man nach links zum »Ogrisbauer« verwiesen. Man geht links der Weide zum Wald und steigt dann an zum Ogrisbauer. Dort folgt man dem bergab führenden Sträßchen.

Es gibt verschiedene Möglichkeiten, nach rechts zur Zufahrtsstraße zum Bodenbauer zu gelangen. Spätestens an der Verzweigung nach einem Bildstock bei Haus Nr. 179, wo es links zum Gasthaus Lausegger geht, hält man sich rechts und geht auf der Straße hinab zu einer Mühle. Etwas weiter rechts befindet sich der Gasthof Sereinig.

Die Straße bringt uns nach rechts zum Bodenbauer. Unterwegs kommt man an weiteren Mühlen und für diesen Teil Kärntens typischen alten Häusern vorbei. Man sollte aber nicht versäumen, einen Abstecher zum rechts des Weges liegenden Meerauge, einem kleinen Weiher mit kristallklarem, grünlich-türkis wirkendem Wasser, zu machen. Im Gastgarten des Bodenbauers, einem geschichtsträchtigen Haus, stehen zwei uralte Linden.

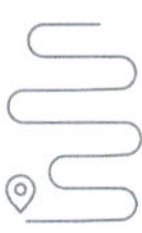

Durch die Trögerner Klamm

Wilde Natur links und rechts

»Stellen Sie hier Ihr Kraftfahrzeug ab, schützen und genießen Sie dadurch die Naturschönheit.« Derart macht der Bürgermeister am Eingang der Trögerner Klamm auf diese Sehenswürdigkeit aufmerksam. Gut so! Am Schluss wartet noch eine Überraschung für Kinder: Ein Spielplatz bei einer Jausenstation.

Auf einen Blick

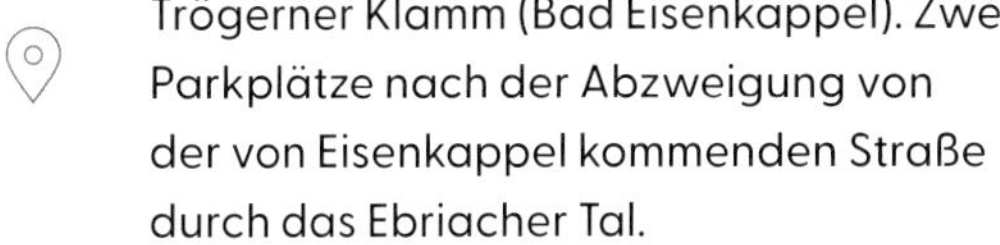

Trögerner Klamm (Bad Eisenkappel). Zwei Parkplätze nach der Abzweigung von der von Eisenkappel kommenden Straße durch das Ebriacher Tal.

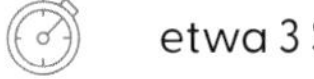

etwa 3 Stunden

etwa 50 hm bis zur Jausenstation

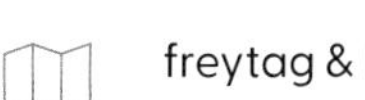

freytag & berndt WK 234, Carnica Region - Rosental - Klagenfurt am Wörthersee

Jausenstation »Imbiss für Leib und Seele« Rodica Papp

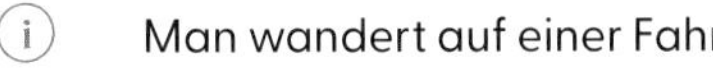

Man wandert auf einer Fahrstraße.

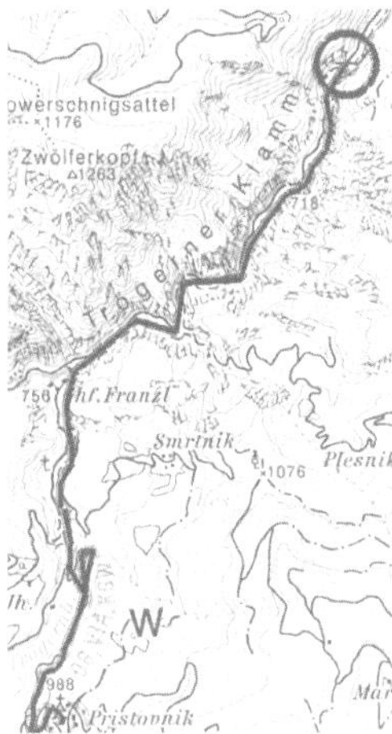

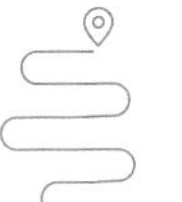

Wegverlauf

Vom Ebriacher Tal aus fährt man am Radlwirt hinein in die Trögerner Klamm und stellt das Auto auf einem der beiden Parkplätze, spätestens beim Silberbründl, ab. Hier fällt das Wasser kaskadenartig über viele Holzrinnen herab. Der schönste Teil der Klamm beginnt hier und endet bei der Jausenstation »Imbiss für Leib und Seele« von Rodica Papp. Hier gibt es für Kinder auch einen Spielplatz.

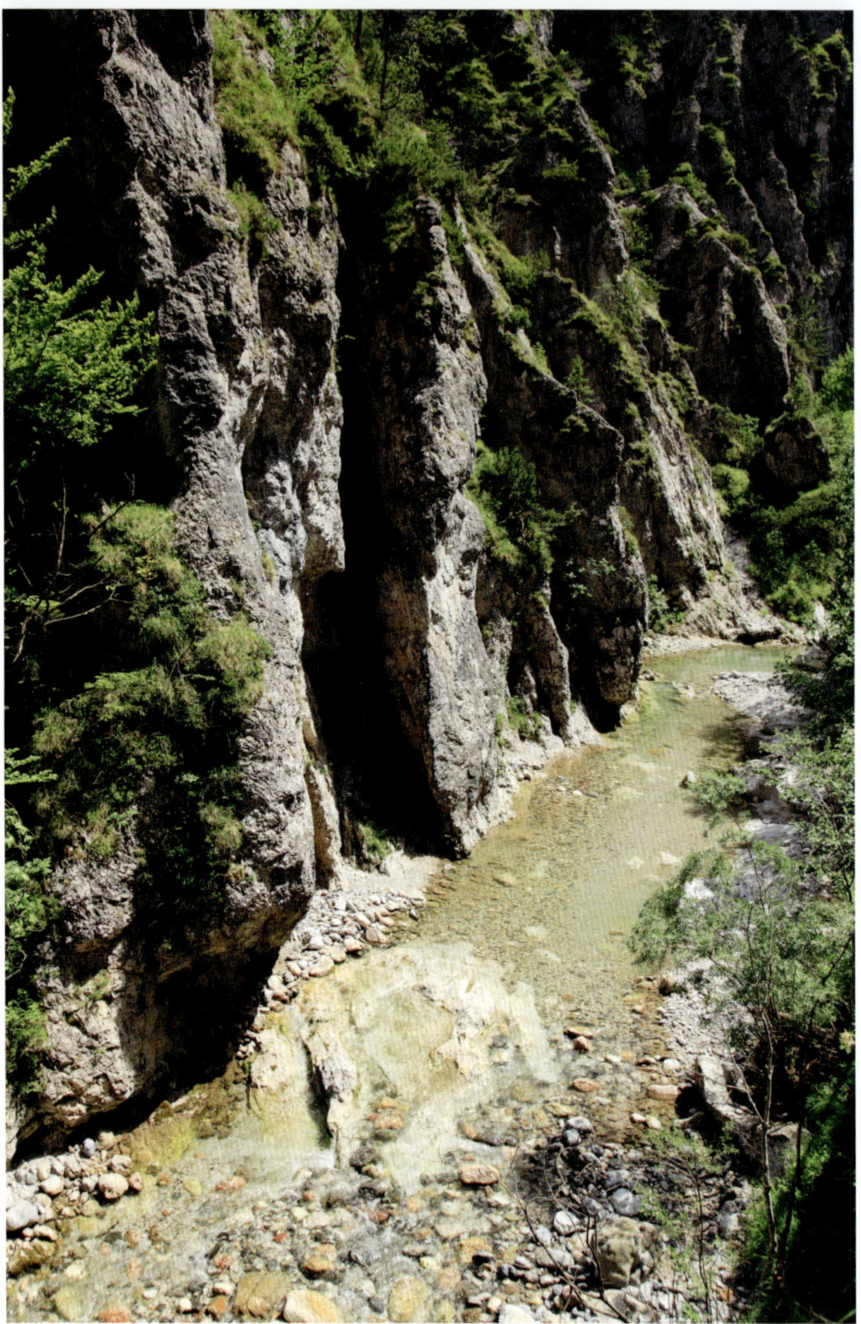

In der Trögerner Klamm wechseln sich wildere mit ruhigeren Abschnitten ab.

INFO

Die erste Straße durch die heute als Naturschutzgebiet ausgewiesene **Trögerner Klamm** wurde in den Jahren 1923 bis 1925 von Pionieren des Alpenjäger-Regiments Nr. 11 aus den Felsen gesprengt. Heute kann die Klamm auf der kaum befahrenen Straße auch von Eltern mit Kinderwagen oder Menschen mit Behinderung begangen werden. Sie schneidet sich schluchtartig in die Vorberge der Koschuta ein. Der Spaziergang durch die Klamm gleicht einer Tour durch den einstigen Meeresgrund. Die östlichen Karawanken werden nämlich durch die in West-Ost-Richtung verlaufende Periadriatische Naht zweigeteilt – diese bedeutendste Störungszone der Alpen trennt die Ostalpen von den Südalpen. Und während die Berge südlich des Ebriachbaches mit Koschuta, Seebergsattel, Uschova und der Trögerner Klamm zu den Südalpen gehören, werden Hochobir und Petzen bereits zu den Ostalpen gezählt. Der Bach ist ein wahres Paradies für Steinesammler und Naturfreunde: Sie finden hier nicht nur zahlreiche Gesteinsarten, sondern auch verschiedene Fossilien, Muschelschalen, Schnecken sowie Moostierchenkolonien und Fische.

Der Weg verläuft auf der schmalen, gewundenen Straße. Ab dem Parkplatz beim Silberbründl wandert man und hat immer wieder prächtige Tiefblicke hinab in die Klamm. Ab und zu kann man nach unten ans Wasser gelangen, was an heißen Sommertagen ein beliebtes Vergnügen ist. Für Wanderer wurden originelle Rastplätze gebaut: Man hat Felsen und Baumstämme zu Brunnen, Tischen und Sitzgelegenheiten umfunktioniert.

Bei der Jausenstation »Imbiss für Leib und Seele« kommt noch einmal eine schöne Stelle, an der man ans Wasser gelangen kann. Von hier aus könnte man noch etwa 2 Kilometer bis zu einem Fahrverbotsschild wandern, von dort geht man noch knapp einen Kilometer bis zur Trögerner Kirche. Sie ist zwar nur zu den Gottesdienstzeiten geöffnet, bietet aber einen schönen Blick auf die Klamm und zum Massiv der Koschuta.

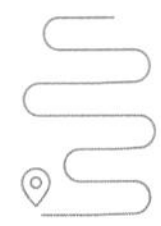

Wer sich dafür interessiert, fährt am besten zum Parkplatz bei der Jausenstation »Imbiss für Leib und Seele« oder noch weiter bis zum letzten Parkplatz unterhalb der Ansiedlung und der Kirche.

46

Hoch auf den Hochobir

Wunderbare Ausblicke

Der Hochobir ist einer der schönsten Aussichtsberge Kärntens, liegt er doch in prächtiger Alleinlage westlich von Bad Eisenkappel. Er bietet einen wunderbaren Blick ins Klagenfurter Becken und das Unterkärntner Seengebiet. Auf der durchgehend asphaltierten Mautstraße, der Hochobir Alpenstraße, gelangen wir zur Eisenkappler Hütte (1555 m). Schon diese bietet einen herrlichen Rundblick auf die Steiner Alpen und die Karawanken.

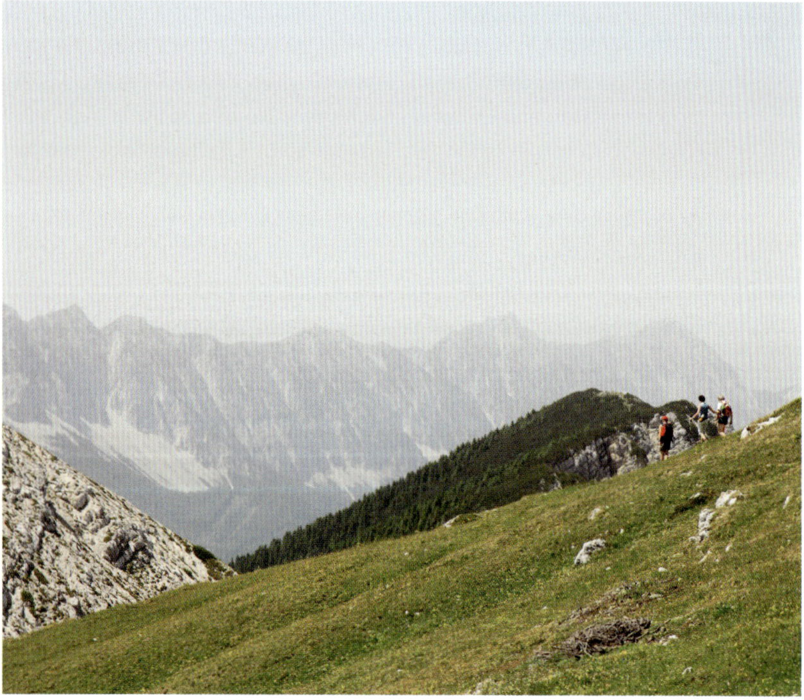

Die Karawanken und die Steiner Alpen sind immer im Blickfeld.

Auf einen Blick

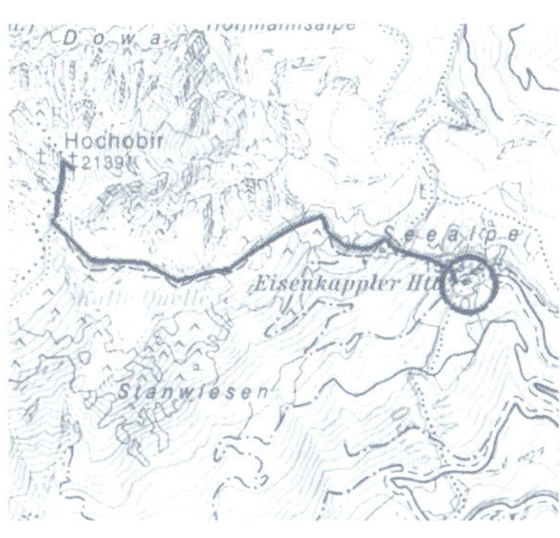

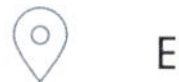 Eisenkappler Hütte

 etwa 1½ Stunden Anstieg, zurück etwas weniger

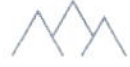 etwa 535 hm

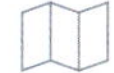 Kompass WK 65 Klopeiner See - Karawanken Ost - Steiner Alpen

 Eisenkappler Hütte

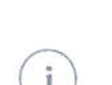 Wir wandern auf Steigen, mittelschwer. Ab der Ruine des Rainerschutzhauses kommen ein paar ausgesetzte Stellen.

INFO

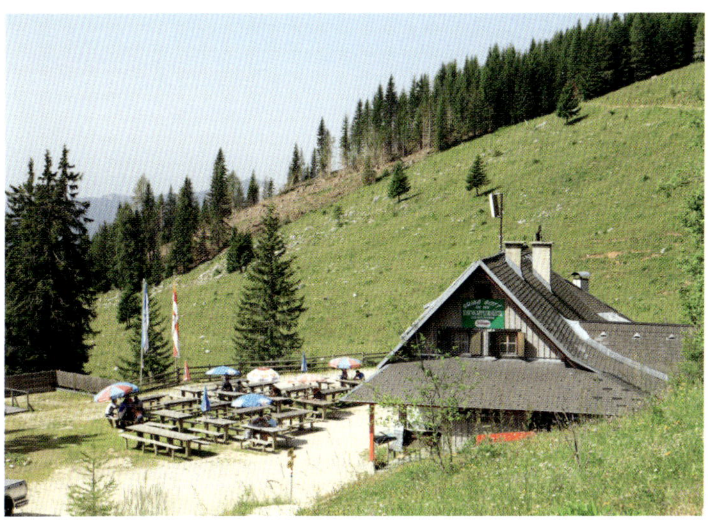

Die **Eisenkappler Hütte** wurde 1958 von Freiwilligen der Bergrettung von Bad Eisenkappel erbaut und gehört der österreichischen Touristenclub-Sektion Südkärnten. Von ihr bis zum Gipfel führt ein leichter Wanderweg, den man in 1½ Stunden bequem bewältigt. Von hier aus reicht der Blick zum Großglockner und zu den weiß leuchtenden Gletschern der Hohen Tauern.

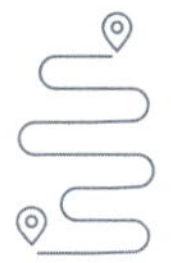

Wegverlauf

Hinter der Eisenkappler Hütte folgt man dem steil ansteigenden Steig, der in Serpentinen durch den Wald führt. Wir ignorieren die Abzweigung des Naturlehrpfades und gehen weiter zu einer Schutzhütte (1695 m), die als Rindenhütte in der Art alter Almhütten erbaut wurde. Nach dem Wald kommen wir auf die Jahnwiese/Seealpe (1830 m). Nun wandern wir über Wiesen und zwischen Latschenbeständen, den Wald haben wir hinter uns gelassen. Nach 20 Minuten kommen wir zur Kalten Quelle (1890 m), 30 Minuten später zur Ruine des Rainerschutzhauses (2042 m), das 1944 in den Wirren des letzten Krieges abbrannte. Sogar an den Ruinenresten kann man die einstige Größe erkennen. Hier gehen wir nach rechts in rund 20 Minuten hinauf zum Gipfelkreuz des Hochobir (2139 m).

INFO

Der **Hochobir** ist ein beeindruckender Aussichtsgipfel mit Blicken zum Großglockner und zu den vereisten Tauerngipfeln und auch wegen der prächtigen Alpenflora ein lohnendes Ziel. Auf dem Gipfel befindet sich die 1891 errichtete Hannwarte. Sie ist eine der ersten Wetterstationen der Alpen.

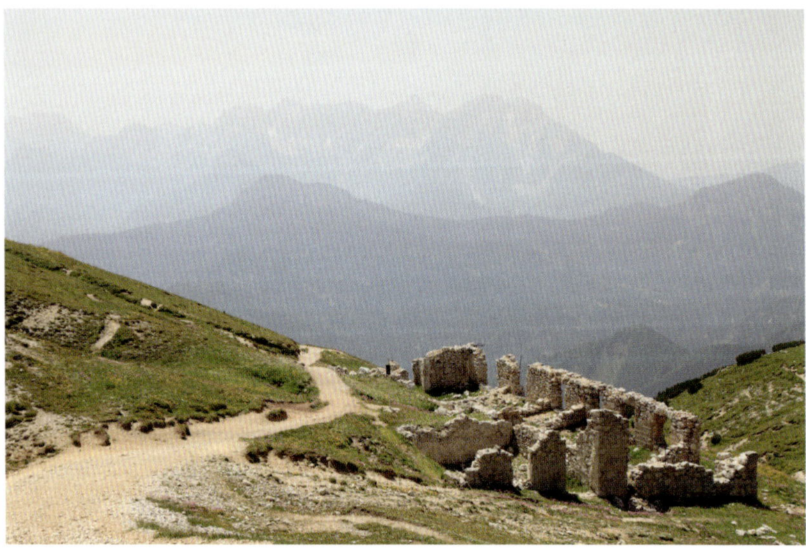

Ruinenreste weisen auf die Vergänglichkeit menschlichen Tuns hin; die Bergriesen hingegen scheinen ewig zu stehen.

Zur Ruine Sonnegg

Durch den Wald auf historischen Pfaden

Mit einem so kurzen Anmarschweg kann man wohl selten eine Burgruine besuchen – der richtige Ausflug für Kinder also. Sie werden sich hier wohlfühlen und auch für Erwachsene ist die Ruine interessant.

Auf einen Blick

Sittersdorf/Pfannsdorf

etwa 40 Minuten

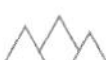
etwa 120 hm

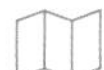
Kompass WK 065 Klopeiner See - Bad Eisenkappel

Für Kinder vor allem aufgrund des kurzen Zugangs interessante Anlage.

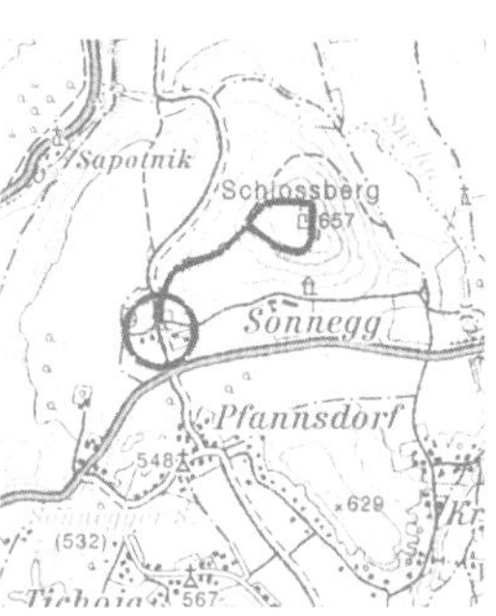

INFO

Eine Besonderheit ist der hier angebaute Wein, der **Sittersdorfer »Rötel«**, der einzige Wein, der in Kärnten wächst. Der Sage nach soll er von Christoph von Ungnad, Herr von Sonnegg, um 1470 von einer Spanienreise mitgebracht worden sein. Er war jedoch herb und sauer. Weil deshalb sechs Männer einen Trinkenden halten mussten, wurde er auch »Sittersdorfer Sieben-Männer-Wein« genannt. Als »Gesundwein«, der bei Magen- und Verdauungsbeschwerden helfen sollte, war er jedoch weithin beliebt. Angeblich soll er die Magenschmerzen des spanischen Königs Karl III. geheilt haben. Der König ließ sich den Wein sogar nach Madrid schicken.

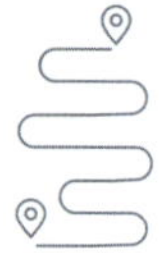

Wegverlauf

Von Pfannsdorf aus verläuft eine Straße nach Norden nach Gösselsdorf. Kurz nachdem sie die B 81 gequert hat, beginnt der Wald. Wir parken gleich rechts und folgen dem in den Wald hineinführenden Weg. Er steigt bald an und bringt uns immer ansteigend zu einem Sendemasten. Rechts von ihm sehen wir bereits erste Mauerreste der Ruine, zu den größten Resten kommen wir, wenn wir dem nach rechts führenden Weg folgen.

Zurück gehen wir denselben Weg.

INFO

Die 1267 als »castrum Iounek« erwähnte **Ruine Sonnegg** gehörte ab 1442 den Ungnad, die von Kaiser Friedrich III. mit ihrem Besitz belehnt wurden. Sie mussten als Protestanten in der Gegenreformation aber das Land verlassen. Bekannt war vor allem Hans Ungnad, der die Lutherbibel ins Slowenische übersetzen ließ. Nach Zerstörungen durch ein Erdbeben, das 1690 während eines Festes stattfand, verfällt die vorher zu einem Schloss umgebaute Anlage, die damals eine der größten Kärntens war.

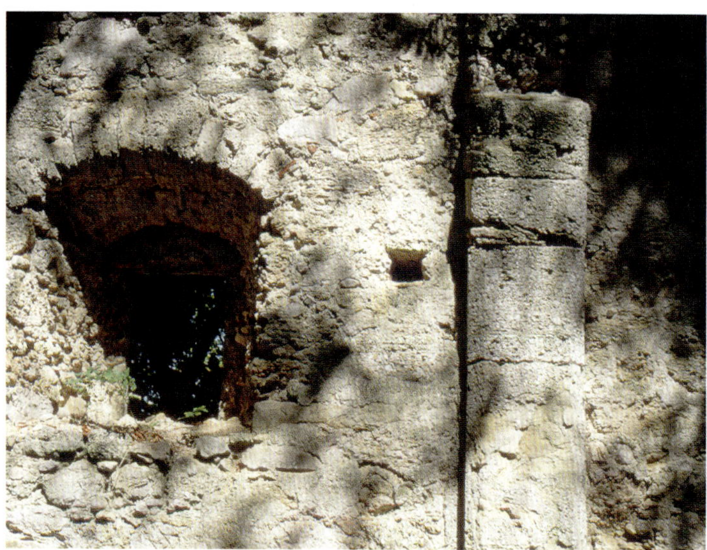

Fensteröffnung in der Ruine Sonnegg

Auf die Petzen

Ein Stück mit der Kabinenbahn

Die Petzen liegt am östlichen Ende der Karawanken, südlich von Bleiburg. Die höchsten Gipfel des mächtigen Kalksteinmassivs sind der 2126 Meter hohe Kordeschkopf – auf slowenischer Seite und nur mit gültigem Reisepass zu besuchen – und die 2114 Meter hohe Feistritzer Spitze. Mit der Petzen-Bergbahn fährt man auf 1703 Meter Seehöhe zum Aussichtspunkt Siebenhütten, von wo man einen beeindruckenden Ausblick auf das Jauntal, die Hohen Tauern mit dem Großglockner, die Nockberge, Sau- und Koralpe und die weiteren Berge, Hügel und Seen des südlichen Kärntens sowie im Osten auf die slowenischen Berge hat. Die ganze Tour zur Feistritzer Spitze ist vielleicht etwas lang, aber die Aussicht vom leichter und schneller erreichbaren Knieps steht der von der Feistritzer Spitze kaum nach.

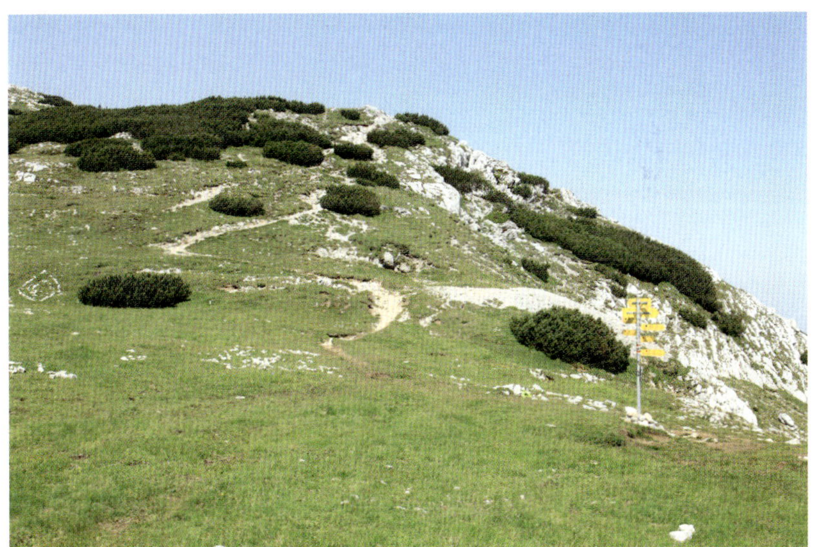

Fast unverirrbar: Der Wegweiser zeigt viele Ziele an.

Auf einen Blick

Feistritz ob Bleiburg, Bergstation Petzenbahn

etwa 2 Stunden zum Knieps, etwa 4 Stunden zur Feistritzer Spitze, zurück etwa 1 bzw. 2 Stunden

etwa 600 hm, zum Knieps etwa 400 hm

Kompass WK 65 Klopeiner See - Karawanken Ost-Steiner Alpen, 065 Klopeiner See - Bad Eisenkappel

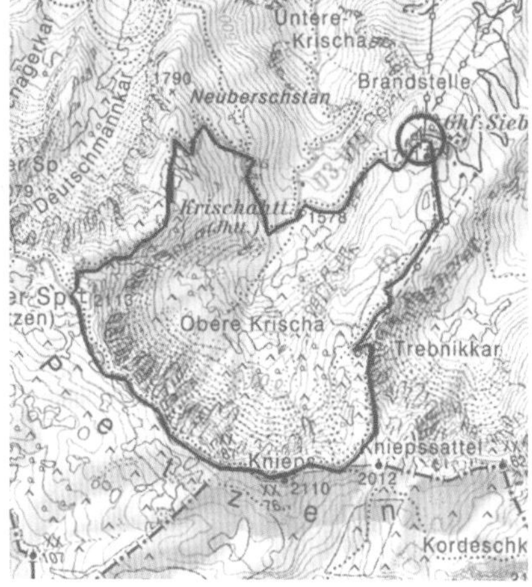

Wir wandern auf Steigen. An manchen Stellen sollte man trittsicher und schwindelfrei sein.

Wegverlauf

Man wandert von der Bergstation (1703 m) an der St.-Anna-Kapelle vorbei auf und entlang der Skipiste auf 1910 Meter Höhe, wo die Bergstation des Schleppliftes steht. Dabei hat man ab und zu einen schönen Blick auf die Nordwände des Petzenmassivs.

Nun hat man zwei Möglichkeiten. Variante 1: Nach links kann man dem schwarz markierten P4 Hochpetzensteig folgen, der auf den Kniepssattel führt. Variante 2: Nach rechts folgt man dem Rainer-Steig (rot, P 5). Nach einem Wegstück durch lichten Lärchenwald quert man ein beeindruckendes Kar, hier sollte man vorsichtig gehen. Danach folgt ein Wegstück mit Treppen, das uns über Geröllfelder steil bergauf zur Ruine der Bleiburger Hütte, wo sich auch die Kniepsquelle befindet, und über den Almboden und Latschenkieferfelder auf den Kniepssattel (2012 m) bringt. Hier teilen sich die Wege. Nach links führt der Weg in rund einer Stunde zum Kordeschkopf, der sich auf slowenischer Seite befindet – wer hier gehen will, muss einen Reisepass mit sich führen. Nach rechts steigen wir in 15 Minuten auf zum Knieps (2110 m). Von hier sieht man auch zu den

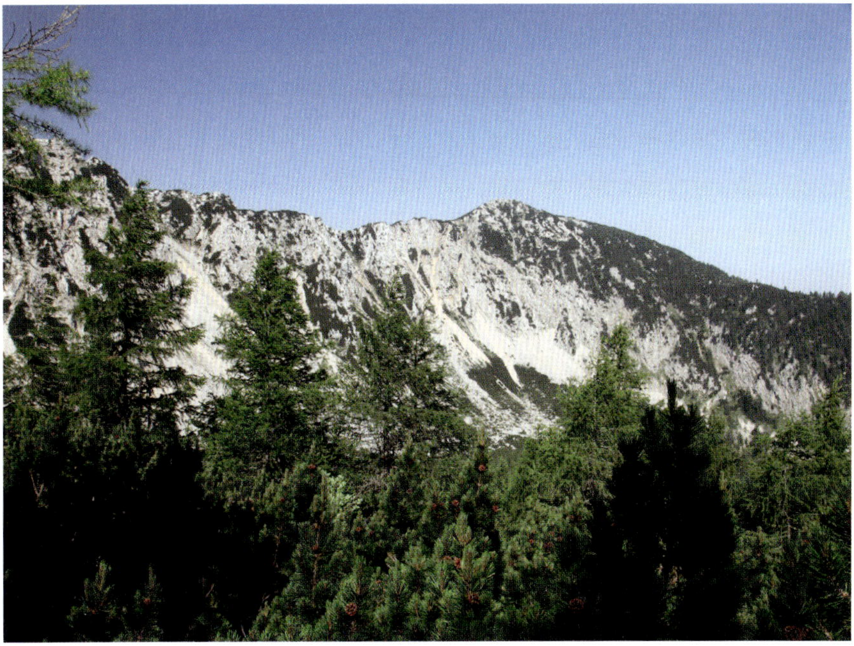

Das Bergmassiv wirkt wie ein gewaltiger Saurierrücken.

Steiner Alpen. Nun geht es am Kamm entlang – welcher gleichzeitig die Grenze zu Slowenien darstellt – zur Feistritzer Spitze. Der Wegverlauf kann bereits eingesehen werden.

Man kann vom Knieps oder der Feistritzer Spitze denselben Weg zurückgehen. Wenn man eine Rundwanderung unternehmen will, erfolgt der Abstieg ab der Feistritzer Spitze erst durch dichte Latschenfelder, danach steil hinab durch einen Lärchenwald bis in den Karboden der Krischa zur Jagdhütte (Krischahütte, 1578 m). Dort trifft man auf den Steig 603, auf dem man in einem halbstündigen Anstieg zur Bergstation zurückgeht.

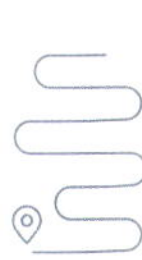

49

Hinauf zur Ruine Rabenstein

Auf altem Siedlungsboden

Hoch über dem Lavanttal und direkt über St. Paul liegt die sehenswerte Ruine Rabenstein, ein schönes und einfach zu erreichendes Wanderziel für Jung und Alt. Wer möchte, kann den Weg sogar noch abkürzen, indem er näher zum Ziel heranfährt. Die Ruine bietet einen wunderbaren Blick ins Lavanttal und auf die Koralpe.

Auf einen Blick

 St. Paul im Lavanttal

 etwa 1 Stunde

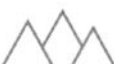 etwa 180 hm

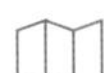 Kompass WK 219 Lavanttal - Saualpe-Koralpe

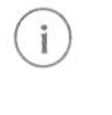 Interessante Ruine für **Kinder,** zumal sie auch mit dem Auto angefahren werden kann.

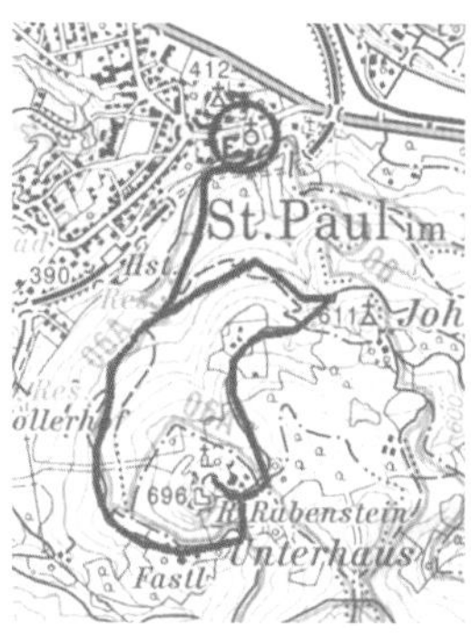

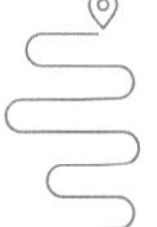

Wegverlauf

Gegenüber des Klosters beginnt eine Straße, die zur Ruine und zum Johannesberg führt. Wer will, wandert hoch. Ansonsten empfiehlt es sich, zum Johannesberg zu fahren und ab hier zu wandern.

Wir nehmen hierzu Weg Nr. 306, der rechts vom Kruzifix, das vor dem Gasthof steht, abgeht. Er führt ansteigend in den Wald und knickt dort nach rechts ab. Am nächsten Bauernhof gehen wir rechts vorbei, kurz danach kommt ein Stück Weg außerhalb des Waldes, das uns einen prächtigen Blick nach Süden beschert. Danach geht es im Wald noch etwas weiter hinauf, wir überqueren eine Leitungsschneise und gehen danach in Richtung »Gasthaus Rabensteiner« wieder bergab. Kurz darauf haben wir bereits einen herrlichen Blick zur Ruine, zu der wir vom Gasthaus aus aufsteigen.

Zurück können wir entweder denselben Weg gehen oder auf dem abwärtsführenden breiten Weg.

INFO

Die 1091 als »Ramestein« errichtete und zwischen 1096 und 1105 genannte **Burg Rabenstein** wurde von den Spanheimern zum Schutz des Klosters St. Paul errichtet. Vorher war sie vielleicht nur ein Beobachtungsturm für die Burg Lavant. Die Burg wurde in Fehden mehrmals zerstört, dann aber wieder aufgebaut. Ab 1459 kaufte Kaiser Friedrich III. die Burg, danach hatte sie verschiedene Besitzer. 1636 brannte sie ab und wurde nicht mehr aufgebaut. Im 19. Jahrhundert kam sie in bäuerlichen Besitz.

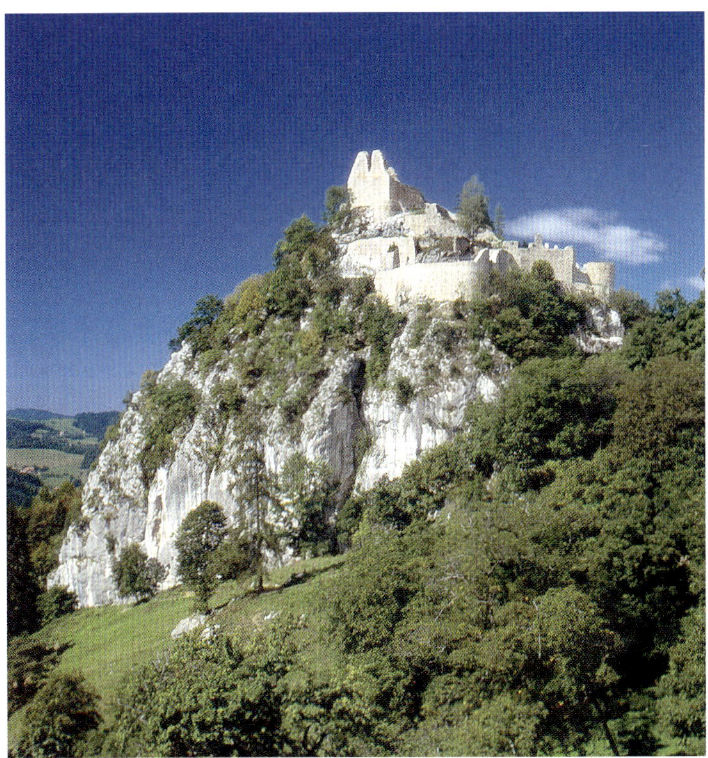

50

Rasch zur Ruine Reichenfels

Mit reicher Geschichte

Eine zwar kleine, aber interessante Anlage ist die Ruine Reichenfels, zu der diese Wanderung führt. Sie ist nicht lang, kann aber je nach Interesse noch erweitert werden. Ansehen sollte man sich auch die Kirche im Ort Reichenfels.

Auf einen Blick

Reichenfels

etwa 1 Stunde

etwa 80 hm

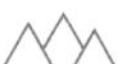

Kompass WK 219 Lavanttal - Saualpe-Koralpe

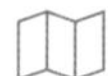

Durch kurzen Zugang auch für **Kinder** interessante kleine Anlage.

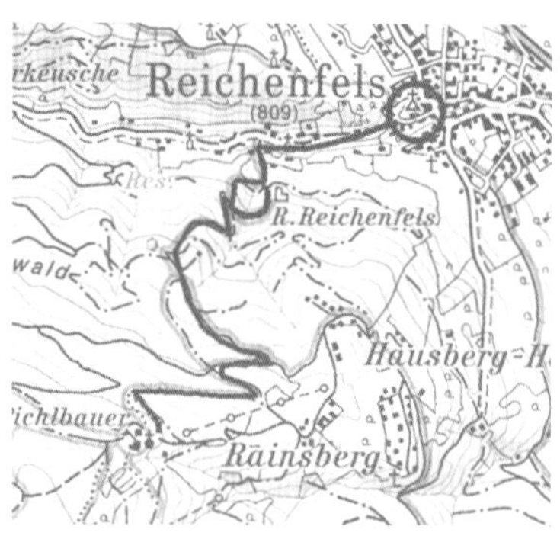

INFO

Die ehemalige Burg und heutige **Ruine Reichenfels** hat eine reichhaltige Geschichte vorzuweisen. Unter Karl dem Großen war das Lavanttal eine eigene Grafschaft im fränkischen Reich, danach kamen die sächsischen Könige, deren letzter Heinrich II. der Heilige war. Im Südosten der kleinen Ruine stehen zwei hoch aufragende Mauerteile, davor die Reste weiterer Gebäude mit zwei großen Rundbogen. Um die Anlage liegen noch Reste der mittelalterlichen Ummauerung mit einem großen Rundbogeneingangsportal. Auf der Hangseite befindet sich ein breiter Halsgraben.

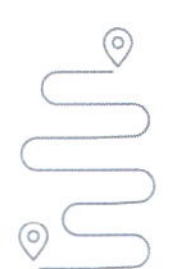

Wegverlauf

Wir wandern auf dem hinter der Kirche nach Westen führenden Weg entlang des Sommeraubaches. Etwas später nehmen wir den Weg, der in Richtung »Jausenstation Pichlbauer« nach links über den Bach zieht. Es geht steil bergauf, dann verzweigt sich der Weg. Nach rechts führt Weg Nr. 2 weiter, wir nehmen den linken Weg, der uns in wenigen Minuten zur Burgruine bringt.

Zurück gehen wir denselben Weg. Wer eine etwas längere Tour unternehmen will, folgt anschließend an der Verzweigung Weg Nr. 2 und steigt auf zum Pichlbauer.

Zurück geht man dann denselben Weg.

Anschließend könnte man sich noch in Reichenfels im Lavanttal umsehen oder zumindest die Kirche besichtigen.

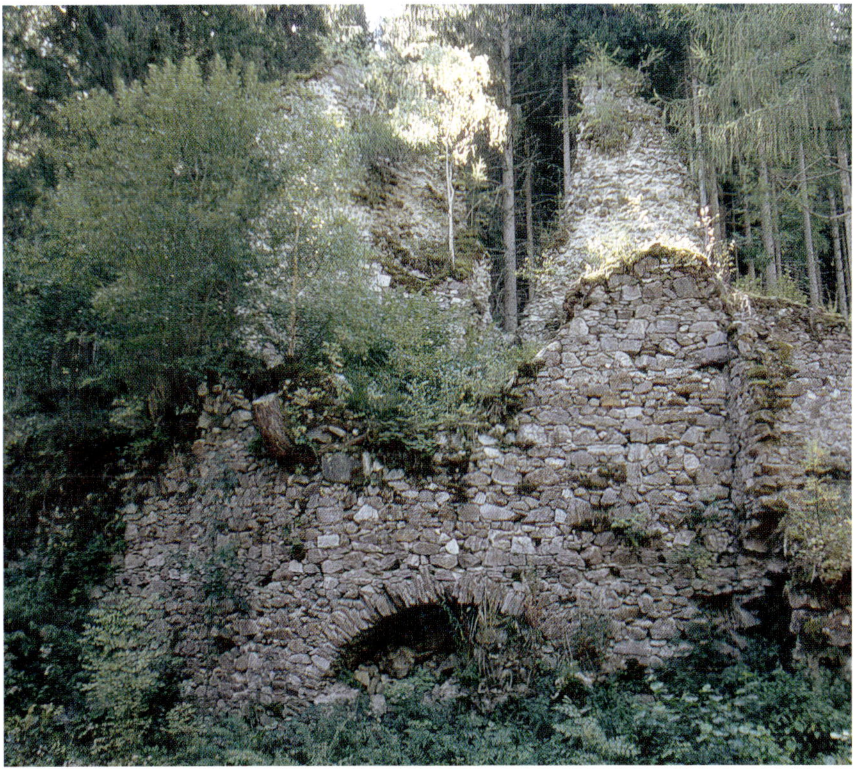

Die Ruine Reichenfels liegt geheimisvoll versteckt im dichten Wald.

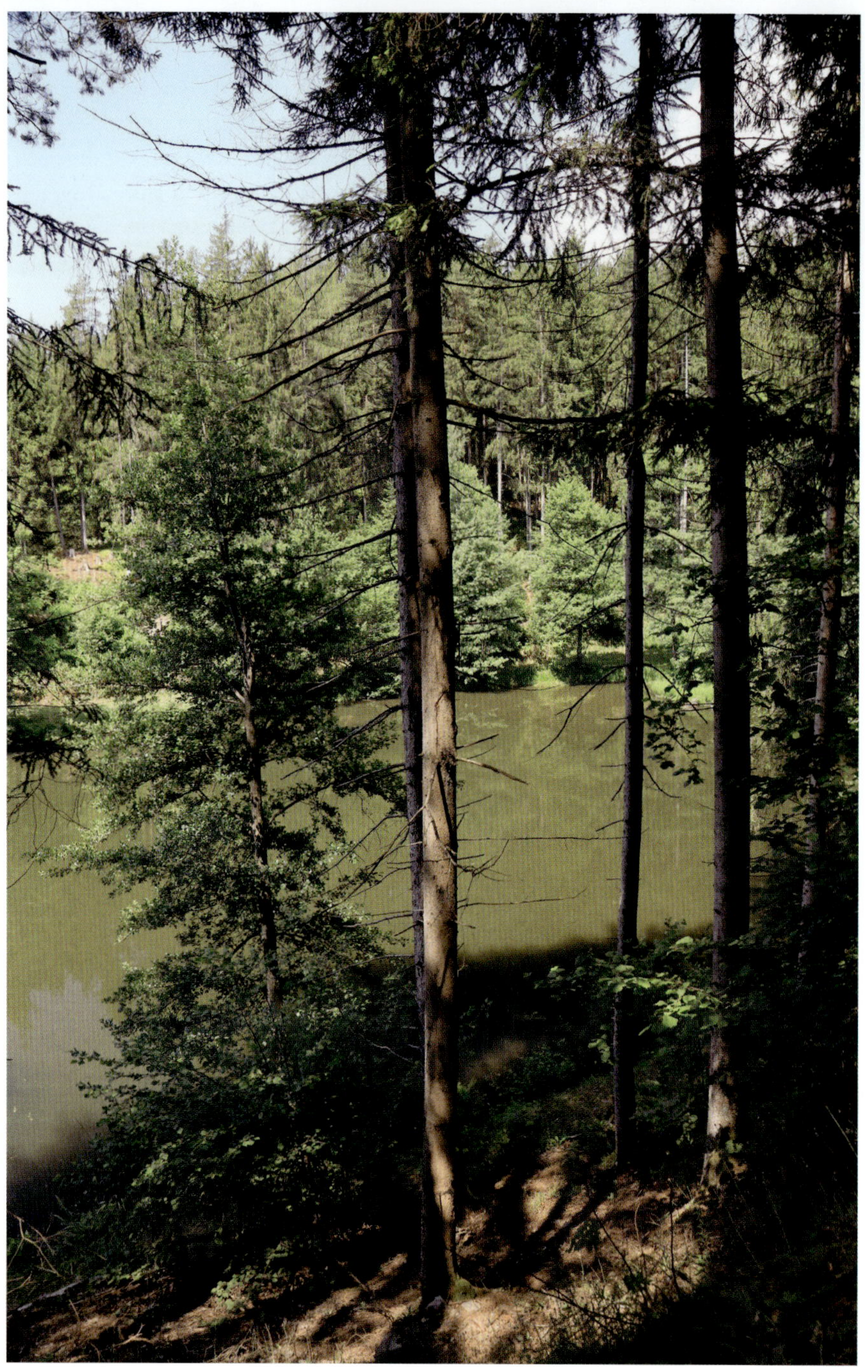

Malerischer Zwergsee

Register

Alle Routen wurden von mir persönlich abgegangen und die Informationen mit größtmöglicher Sorgfalt zusammengestellt. Dennoch appelliere ich an das individuelle Augenmaß und die Selbstverantwortung der Wanderer. Sowohl ich als auch der Verlag schließen jeden Haftungsanspruch aus.
Dieter Buck

Hat Ihnen dieses Buch gefallen? Wünschen Sie weitere Informationen zum Thema? Oder möchten Sie mit Dieter Buck in Kontakt treten? Wir freuen uns auf Austausch und Anregung unter **leserstimme@styriabooks.at**
Inspiration, Geschenkideen und gute Geschichten finden Sie auf **www.styriabooks.at**

STYRIA
BUCHVERLAGE

ISBN 978-3-222-13679-5
Überarbeitete Neuauflage (Erstausgabe 2013)

Bücher aus der Verlagsgruppe Styria gibt es in jeder Buchhandlung und im Online-Shop **www.styriabooks.at**

Fotos: alle Dieter Buck
(außer: Cover & S. 10: Christopher Moswitzer/iStock/Getty Images Plus. S. 18: Imgorthand/iStock/Getty Images Plus/lizenzfrei. S. 20: SolStock/iStock/Getty Images Plus/lizenzfrei. S. 45: Weissensee Information. S. 46 Pictures-and-Pixels/iStock/Getty Images Plus/lizenzfrei.)
Cover & Buchgestaltung, Überblickskarte: Birgit Mayer/extraplan.at
Kartenausschnitte: © BEV – 2021, Bundesamt für Eich- und Vermessungswesen in Wien, N86323
Projektleitung: Elisabeth Blasch
Lektorat: Philipp Rissel, Nicole Richter

Druck und Bindung: Finidr
7 6 5 4 3 2 1
Printed in the EU